秩序构建与日本的战略应对

Order Construction and Japan's Strategic Response

徐万胜／张光新／栗 硕 等■著

时事出版社

北京

目　　录

第一章 地缘安全与日本 "西南防御" 战略

从地缘安全的视角来看，东亚地区长期存在着以中国为代表的陆权地缘战略和以日本为代表的海权地缘战略。作为域外国家的美国，则是本地区安全事务至关重要的参与方，在诸多层面还发挥着主导作用。冷战结束之后，尤其是 21 世纪以来，随着综合国力的增长和海外利益的拓展，作为传统陆权国家的中国逐步走向海洋，以获取更为广阔的发展空间。虽然中国一再表明将坚持走和平发展的道路，但美国及其主要盟友日本却认为，中国的崛起将削弱美日同盟在该地区安全事务上的影响力，进而冲击以美国为主导的现有区域和国际秩序。作为应对措施，美国试图通过 "亚太再平衡" 战略部分抵消中国崛起带来的影响，并重申其对盟国的安保承诺。日本作为美国在东亚地区至为重要的军事盟国，出于对美国亚太战略调整的配合，也基于自身的战略判断和利益诉求，在 21 世纪加速调整其军事部署，最终形成了以强化西南诸岛①"防御"为牵引

① 西南诸岛散布在日本九州至中国台湾之间，自北向南包括由大隅诸岛、吐噶喇列岛、奄美诸岛构成的萨南诸岛（属鹿儿岛县），以及冲绳诸岛和先岛诸岛（属冲绳县）。"西南诸岛"这一名称是明治政府水路部于 1887 年左右所起的官制地名，在 1888 年刊行的《日本水路志》中首次正式使用，并在水路部印制的"海图"和"水路志"中成为固定名称。但是，这一名称直到二战时期一直鲜有人知，也未被认可为地理学上的专门用语。即使是冲绳被美国移交给日本的 1972 年之后，冲绳县内也基本不使用"西南诸岛"这一名称。总体而言，这一名称行政意味较强。在学术用语上，"西南诸岛"多与"琉球群岛"或"琉球弧"同义，且此种语境下的琉球群岛不包含大东诸岛、"尖阁诸岛"（作者注："尖阁诸岛"即中国固有领土钓鱼岛及其附属岛屿，本章使用"西南诸岛"仅为论述之便，其所指不含钓鱼岛及其附属岛屿）。参见：「角川日本地名大辞典」编纂委员会：『角川日本地名大辞典 47·冲绳县』、角川书店 1991 年版、第 550 页。

的新防卫战略，即所谓的"西南防御"战略。本章即试对该战略的形成脉络、具体实施、现状及走向作一梳理和分析，以管窥日本近中期的国家安全政策走向。

"西南防御"战略，是日本防卫战略调整的关键一环。该战略主要指21世纪以来，日本以防御西南诸岛为名，对其威胁判断、战略指向、兵力部署和军备建设进行大幅调整，已愈发明晰地形成了超出既有政策属性的新战略架构。西南诸岛西临东亚大陆，东濒太平洋，南北分别临近中国台湾、钓鱼岛和朝鲜半岛，其附近海空域既是东亚大陆进出太平洋的必经通道，也是东北亚地区往来东南亚和印度洋的交通要道，战略位置十分重要。二战末期，美国曾在这一地区同日军展开激战，并在战后将西南诸岛的大部分从日本分离。1953年和1972年，美国先后将奄美群岛和冲绳诸岛移交给日本，西南诸岛由此纳入自卫队防卫范围。不过，直至冷战末期，出于对抗和遏制苏联的考量，日本长期将北部地区作为防御重点，自卫队在西南诸岛的军事部署相对薄弱。苏联解体之后，俄罗斯在远东地区的军事部署一度呈收缩态势，日美安保同盟对北部威胁的防范力度也大为降低。20世纪90年代，日美两国将双方的安保协作由日本拓展至"周边"地区，并以朝鲜半岛和台湾为重点。与之相应，日本也将其防御重心从北方逐渐南移。进入21世纪，日本防卫战略明确以西南地区为重点，军备建设调整步伐也明显加速。其具体表现包括：频繁修订《防卫计划大纲》等纲领性政策文件；对自卫队体制和编成进行大幅改组，着重强化以快速机动、综合运用、攻势防御为指向的作战能力建设；将军备建设目标从注重均衡配置的"基础防卫"转向"岛屿防御"，进而明确转向"西南防御"。日本的系列举措，名义上是强化西南诸岛的"防御"，实际上则是借此推动军力配置以及军备建设的全面升级，进而以防卫战略的外向型转变推动"正常国家化"目标的实现。在这一过程中，包含日本政府多重考量的"西南防御"战略已经悄然成形，并在持续完善之中。该战略不仅指导着自卫队作战方针的转变，也体现着日本国家安全战略的走向。作为冷战后日本防卫战略的一次重大调整，"西南防御"战略的形成与演进既与日本亚太政策的调整密切相关，也将给东亚地缘安全形势带来诸多影响。

第一节　日本"西南防御"战略的提出背景

战后恢复军备以来，日本在安保领域长期以苏联为主要防范对象，自卫队的建设和部署也以此为中心而展开。苏联解体之后，东亚地缘安全格局发生重大变化，尤其是中国加速崛起和日本相对衰落使区域秩序重构的趋势日益明朗。在这一背景下，日本将其主要威胁判断从北方转向西南，逐渐形成了以"防御"西南诸岛为名的新安全战略。

一、地区局势及日本安全认知发生变化

（一）中日综合国力对比呈现历史性逆转

冷战结束之后，日美两国继续秉持冷战思维，东亚地区安全格局依旧相对严峻。1989 年，美苏两国首脑在地中海的马耳他宣布冷战终结，但东亚地区的冷战阴云并未消散。从日俄领土争议、朝鲜半岛局势、钓鱼岛主权争端、台湾问题再到南海岛礁纷争，这些源自战后处置的遗留问题依旧影响着东亚地区的安全和稳定。在亚太地区，美国依靠位于第一岛链（以日本横须贺和冲绳为中心）、第二岛链（以关岛为中心）以及东南亚地区（以新加坡为中心）的三大基地群，并通过美日、美韩、美菲同盟等双边安全机制和"与台湾关系法"，深入介入地区安全事务。日本

在积极配合美国的同时，不断摸索其冷战之后的新防卫战略，并逐渐将关注重点转向西南地区。尤其是 21 世纪以来，日本在钓鱼岛问题上屡次挑起事端，强硬应对朝鲜半岛事务，积极介入台海局势和南海问题，在西南诸岛及其周边的军事行动愈发活跃。此外，日本在强化日美同盟基轴作用的同时，不断推进与菲律宾、越南、印度、澳大利亚等国的防卫协作，使地区安全局势更趋复杂。日美两国的冷战思维，阻碍了地区多边安全机制的发展，也严重影响区域安全格局的缓和。

中日综合国力对比易位，日本对华心理落差增大。明治维新以来，日本长期维持着东亚地区的军事强国地位。二战之后，作为战败国的日本得益于美国的军事保护和经济扶持，在短时间内再度崛起为资本主义世界的经济强国，这也给日本谋求政治大国地位以极大自信。冷战末期，日本外务省次官栗山尚一曾提出"五五三理论"①，主张冷战之后的国际秩序应是以美国、欧共体、日本为主导的三极体系，由三方共享决策权，共同承担国际责任。不过，冷战之后的国际格局演变，严重偏离日本的预想。冷战结束不久，日本经济泡沫即宣告破灭，并陷入长期停滞状态。与之形成鲜明对比的是，中国自实行改革开放以来，经济连续多年保持高速增长。2010 年，中国的国内生产总值（GDP）首次超过日本，成为仅次于美国的世界第二大经济体。2016 年，中国 GDP 总量已达日本的约 2.3 倍，双方经济体量上的差距进一步扩大（参见表 1—1）。虽然中日两国在人均 GDP、以及部分科技领域等方面仍然存在较大差距，但经济总量的易位，给日本决策者带来的心理冲击仍是巨大的。随着综合国力的增长，中国国防建

---

① 五五三理论：栗山尚一指出，冷战末期，全球年度经济总量约为 20 万亿美元。其中美国、欧共体、日本所占份额分别约为 5 万亿、5 万亿、3 万亿美元。栗山据此提出应由美、欧、日三方主导冷战之后的国际秩序。

设逐步摆脱长期以来"大陆军"和"黄水海军"的落后面貌。对中国综合国力的提升,日本不断炒作所谓"中国威胁",并以此为其扩充军备和防卫战略转型渲染舆论。因日本的对抗性举措,东亚地区遏制和反遏制的地缘安全格局没有明显改观,中日两国面临的安全困境也难以缓解。

表1—1 中日两国国民生产总值对比(2001—2016)单位:亿美元

年份	2001	2002	2003	2004	2005	2006	2007	2008
中国	13394	14706	16603	19553	22860	27521	35522	45982
日本	43034	41176	44457	48460	47581	45301	45151	50375
中国	51099	61006	75726	85605	96073	104823	110077	112183
日本	52332	57002	61572	62018	51541	48531	43836	49386

资料来源:内阁府:『GDPの国际比较』,http://www.esri.cao.go.jp/jp/sna/menu.html。

(二)日本主要威胁判断由北方转向西南

冷战时期,日本将北方的苏联视为主要安全威胁。

军事层面的安全威胁,通常可以分为潜在威胁和现实威胁。前者指具有发动进攻的军事能力,但没有进攻意图;后者则指既有进攻能力又有进攻意图。在美苏对峙的冷战格局下,日本认为,苏联在远东地区的庞大驻军对其国家安全构成严重的"潜在威胁"。为防备苏联可能发起的大规模对日登陆作战,日本自卫队部署明显呈"北重南轻"态势。从日本《防卫白皮书》中,也可以明确看出冷战时期日本政府的安全认知。1976年版《防卫白皮书》对苏联的描述为:"苏联在远东地区部署着其16个军管区的2个、4个主力舰队的1个、航空兵力总量的1/4……远东苏军的地面部队是直面中国、日本和美国的第一线作战兵力。"相较而言,该版白皮书对中国的关注则轻描淡写地多:"中国当面最大的对手是苏联,因此中国意图强化对苏战备,其武器装备现代化的主要目的也在于增强对苏联的作战力量。此外，中国军队中陆军占总兵力的90%左右，其海军一向仅具备沿岸防卫特征和能力，但正在推进现代化。"① 从中可以看出，当时日本防卫厅认为中国军备建设的主要指向是应对苏联威胁，且从实力上看尚不足以构成对日本的安全挑战。1979年苏联入侵阿富汗，包括日本在内的资本主义阵营对苏联的担忧和遏制措施进一步加强。1980年版《防卫白皮书》指出："当前，苏联正进一步从数量和质量等方面增强其远东驻军的作战能力，并在继续强化快速反应态势。此外，苏联在'北方四岛'中的三岛部署地面部队……对日本安全保障的潜在威胁不断加大。"② 基于这一威胁判断，日美两国于1981年联合制定"5051作战计划"，其主要内容即是在假想苏联进攻北海道情况下的联合作战。③ 冷战末期，苏联在美苏对峙中愈发力不从心，试图改善与西方世界的关系。1989年，苏联领导人戈尔巴乔夫宣布将在远东地区进行大规模裁军，其中包括裁减约12万驻军以及太平洋舰队的16艘军舰。④ 即便如此，日本对苏联的威胁判断并没有发生明显变化，1989年版《防卫白皮书》指出："苏联在临近日本的地区依旧部署着其远东驻军的大半，戈尔巴乔夫的裁军计划尚不明朗，而且苏联有可能借机加速军事力量现代化……远东苏军不仅是日本的潜在威胁，也是使本地区军事形势更加严峻的主要原因。"⑤ 在美苏两国首脑宣布冷战终结之

---

① 防衛庁：『昭和51年版防衛白書』、http：//www. clearing. mod. go. jp/hakusho_data/1976/w1976_01. html。

② 防衛庁：『昭和55年版防衛白書』、http：//www. clearing. mod. go. jp/hakusho_data/1980/w1980_01. html。

③ 福田毅：『日米防衛協力における3つの転機——1978年ガイドラインから「日米同盟の変革」までの道程』、『レファレンス』2006年7月号、第143—172頁。

④ 長谷川毅著：『北方領土と日露関係』、筑摩書房2000年版、第156頁。

⑤ 防衛庁：『平成1年版防衛白書』、http：//www. clearing. mod. go. jp/hakusho_data/1989/w1989_01. html。

后，1990 年版《防卫白皮书》首次不再使用"潜在威胁"来描述远东苏军，而是代之以"压力"和"依旧严峻"等表述。这表明日本政府开始调整其安全政策认知。

冷战结束之后，日本的威胁判断逐渐由"北方"转向"西南"。由于苏联解体，日本对俄罗斯的威胁判断明显降低。20 世纪 90 年代，日本依旧将俄罗斯的远东驻军视为地区不稳定因素，但已明显降低对其关注度。进入 21 世纪，随着俄罗斯经济情况好转以及国内政局趋于稳定，其在远东地区的军事活动呈再度活跃态势。日本依旧认为，"在可预见的将来，远东地区俄军恢复冷战时期苏军规模和态势的可能性较小"。① 与此相对，日本持续炒作朝鲜的"核导威胁"，为自己的防卫战略调整寻找依托。与朝鲜半岛隔海相望的日本，追随美国采取对朝强硬政策。2013 年 12 月，安倍晋三内阁在新制定的《防卫计划大纲》中宣称："朝鲜的核、导弹开发，以及暗示对日本进行导弹攻击的挑唆言行，已构成对日本安全的重大和迫切威胁。"② 在朝鲜核导问题之外，"中国威胁"也成为日本极力渲染的议题。围绕军费增幅和军事透明度，日本声称中国已成为"地区和国际社会的担忧事项"。日本 2004 年的《防卫计划大纲》指出："中国正在推进其核技术和导弹能力的发展，正在推进海军和空军现代化进程，正在扩大海上活动，对本地区的安全有重大影响，有必要关注这些动向。"③ 这是 1976 年日本制定首部"防卫计划大纲"以来，首次出现针对中国的此类描述。同时，美国也对日本政府的威胁认知

---

① 防衛省：『平成 19 年版防衛白書』，http://www.clearing.mod.go.jp/hakusho_data/2007/2007/index.html。

② 『平成 26 年度以降に係る防衛計画の大綱について』，http://www.mod.go.jp/j/approach/agenda/guideline/2014/。

③ 『平成 17 年度以降に係る防衛計画の大綱』，http://www.mod.go.jp/j/approach/agenda/guideline/2005/index.html。

转向推波助澜。2004 年 12 月，驻日美军司令瓦斯科宣称，对日本而言的三个主要威胁是朝鲜、崛起中的中国与恐怖主义。[①] 在这一背景下，日本明确将其主要威胁认知从"北方"转向"西南"，并以此为指导加速强化在西南方向的军事部署。2013 年，安倍政府在战后日本首部《国家安全保障战略》中提出："中国企图通过实力改变东海和南海地区现状……台海两岸军事平衡发生变化，中国的对外政策和军事动向是包括日本在内的国际社会的担忧事项"。[②] 2013 年 10 月 26 日，安倍晋三在接受美国《华尔街日报》采访时毫不讳言日本的对华遏制政策，安倍表示："过去 15 年来，日本一直过多地关注国内事务，现在的日本希望对改善世界境况作出更大贡献，日本'作出贡献'的途径之一就是在亚洲对抗中国。"[③]

（三） 日本企图强化对争议岛屿的管控力度

日本在同韩国和俄罗斯的领土争端中处境被动，在钓鱼岛问题上不断挑起事端。作为战后对日处置的遗留问题，日本同多个邻国存在领土争议，主要包括同中国的钓鱼岛（日称"尖阁列岛"）争端、同韩国的独岛（日称"竹岛"）争端、以及同俄罗斯的南千岛群岛（日称"北方四岛"）争端。独岛和南千岛群岛分别在韩国和俄罗斯的实际控制之下，日本在这两处领土争议中难以取得进展。关于钓鱼岛问题，1972 年，中国领导人邓小平同日本首相田中角荣在建交谈判中提议搁置这一争议，

---

① Gen Waskow Interview with Bill Hemmer, USFJ, December13, 2004. http://usfj. mil/newsreleases/transcripts/200 4/wascow_cnn_041213. rtf.

② 『国家安全保障戦略について』、http://www. mod. go. jp/j/approach/agenda/guideline/security_strategy. html。

③ 《安倍声称不容中国"武力崛起"》，http://news. xinhuanet. com/world/2013 - 10/28/c_125607405. htm。

田中表示同意。① 但是，其后的历届日本政府不仅不承认两国搁置争议的共识，更是否认钓鱼岛主权争端的存在。进入 21 世纪的第二个十年，日本在钓鱼岛问题上的挑衅力度不断加大。2010年，日本在钓鱼岛海域"撞船事件"中抓扣中国渔民，并根据其国内法进行起诉。2012 年，野田佳彦内阁对钓鱼岛部分岛屿实施所谓"国有化"闹剧。此后，中日两国围绕钓鱼岛争端及东海问题的紧张局势难以缓和。

日本的挑衅行为旨在积累对钓鱼岛的所谓"实际控制成果"，此举打破了钓鱼岛局势此前相对平静的局面。作为反制措施，中国派遣公务船在钓鱼岛附近海域展开常态化巡航，逐步打破日本事实上的单方管控。对此，日本不仅拒绝同中国展开正面对话，反而持续强化海上保安厅在钓鱼岛的部署，并试图以海上自卫队介入其中。随着日本针对钓鱼岛海域的"巡逻"力度不断扩大，2016 年，日本政府对海上保安厅下辖的石垣岛保安部进行大幅扩编，组建编有 12 艘巡视船和 700 余人的钓鱼岛专属队，使之成为日本规模最大的保安部。② 为使海上自卫队等军事力量能够协助海上保安厅介入钓鱼岛局势，日本还提出"灰色事态"概念，完善自卫队介入岛屿和海洋纷争的体制。钓鱼岛局势的升级使中日关系持续紧张，日本反而视之为在西南方向进行军备扩张的"依据"。近年来，日本以"离岛防御"和"离岛夺还"为名，不断强化针对钓鱼岛及东海争议海域的军事部署，并借机推动攻势军力的建设。

---

① ［日］矢吹晋著：《钓鱼岛问题的核心——日中关系的走向》，马俊威等译，社会科学文献出版社，2015 年版，第 2 页。

② 沖縄タイムス：『尖閣警備を強化　石垣海上保安部の船艇基地披露』、http://www.okinawatimes.co.jp/articles/-/27974。

二、日本军备建设和防卫战略转向主动

（一）日本视军事力量为谋求大国地位重要手段

冷战时期，军事问题长期被日本政府"淡化处理"。战后，日本社会长期存在较强的"反战"和"非军"舆论。在"1955 年体制"时期的日本政坛，社会党、日本共产党等革新政党势力对军备扩张也发挥了较好的抑制作用。因此，冷战时期日本在致力于推进自卫队建设的同时，极力避免军备问题成为国内外舆论的关注焦点。至 1970 年代中期，日本先后制定并基本完成 4 个"长期防卫力量整备计划"（即"一次防"到"四次防"），以"专守防卫"为指导的军备建设初见成效。随着经济实力的迅速提升，日本政治家希望获得相应的政治大国地位，并提升在安全事务领域的发言权。在"四次防"制定过程中，防卫厅长官中曾根康弘就提出要"建设自主防卫力量"，以减少对美国的依赖。[①] 1982 年，首相中曾根康弘提出"政治总决算"的口号，声称"日本要分担对世界的安全责任"，试图将军事能力作为谋求政治大国地位的支撑。不过，受冷战格局以及日美安保框架的限制，这一时期日本的防卫战略依旧处于"建设力量"多于"运用力量"的阶段。

冷战结束后，日本政府逐渐将运用军事力量作为支撑其政治大国战略的重要手段，迫不及待地突破此前被视为禁区的"海外派兵"。在 1990 年 8 月至次年 2 月的海湾危机期间，美国曾敦促日本政府通过派遣自卫队来提供盟友支持，但海部内阁因国内强烈反对而最终拒绝出兵。[②] 尽管日本对此次海湾战争和战后重建

---

① 栗田昌之：『「基盤的防衛力構想」の策定とその意義——70 年代の防衛行政における制作と戦略』、法政大学大学院『公共政策志林』2016 年第 4 号，第 48 页。

② Andrew Bennett et al, Burden-Sharing in the Persian Gulf War, International Organization, Vol. 48, No. 1,（Winter 1994），pp. 62 – 65.

累计出资 130 亿美元，但依旧受到美国为首的西方国家"出钱不出力"的指责。由此，日本政府更加坚定了以军事力量支撑政治大国地位的决心。在伊拉克境内的主要战事结束之后，日本政府于 1991 年 4 月派遣扫雷部队前往波斯湾。这也是战后日本首次公开派遣军事人员赴海外执行任务。此后，日本以维和、重建、救灾等名义，陆续将自卫队派往柬埔寨、伊拉克、菲律宾、南苏丹等诸多海外地区，实现了海外派兵的常态化。2003 年，防卫厅在《防卫白皮书》首次提出，将参与国际维和活动作为自卫队的主体任务。① 除借助"海外派兵"提高在国际社会的影响力之外，日本还不断强化自卫队的对外干预能力建设，试图以军事力量的积极前出提高日本的国际地位。为此，日本政府在进入 21 世纪以来先后修订了三个版本的《防卫计划大纲》，不断推进防卫战略的外向型转变。同时，借助日美安保协作这一平台，不断扩大自卫队的任务职能和活动空间，试图以此带动"正常国家化"目标的早日实现。

（二）军备建设由"基础防卫"转向"联合机动"

基础防卫力量构想，是战后日本承前启后的防卫战略。再军备之后至 20 世纪 70 年代，日本以苏联为主要假想敌，军力建设的首要目标是将自卫队打造成一支能够在先期独自迟滞外来侵略，尔后等待美军支援的"威胁对抗型"军事力量。随着 1976 年"四次防"的基本完成，自卫队初步具备应对较大规模外来入侵的能力。在此前后，为给日本下一阶段的军备建设明确目标并提供理论支撑，防卫厅在经过数年争论之后，在 1976 年的首部《防卫计划大纲》中正式提出"基础防卫力量构想"。这一构想的

---

① 『平成 15 年度防衛白書』、http：//www. clearing. mod. go. jp/hakusho_data/2003/2003/index. html。

主要内容可以概括为：与其同日本面临的军事威胁直接对抗，不如保持必要最小限度的防卫力量，以免日本出现力量真空而招致外来侵略。为此，需构建一支足以应对有限的小规模进攻，不使其轻易造成既成事实的防卫力量。① 也就是说，日本的军备建设目标从应对特定威胁转向不以具体威胁为前提，转向全面而均衡地建设"自主防卫力量"；从依靠美军转向以自卫队为主，以最终实现自主防卫力量对日本（本土）的无缝覆盖。这一构想因其完整性和独立性，被誉为"战后日本唯一全面而凝练的防卫战略构想"。② 冷战结束后，日本军备建设进入新一轮的摸索调整期，"基础防卫力量构想"在新的防卫战略尚未明晰之前一度得以继续沿用。1995 年的《防卫计划大纲》指出，冷战结束后的国际局势依旧不明朗，需要继承"基础防卫力量构想"，以免日本出现军备建设空白。③

"联合机动防卫力量"的提出，标志着日本军备建设进入新阶段。在"基础防卫力量构想"实施近 30 年之后，日本根据自卫队建设情况以及内外形势变化，再次调整军备建设目标，其标志就是 2004 年版《防卫计划大纲》（简称"04 大纲"）的出台。"04 大纲"在继承"基础防卫力量构想"有效部分的同时，提出要建设"复合、灵活、高效的防卫力量"。④ 这一表述既是对"基础防卫力量构想"的部分变革，也从侧面表明日本新的防卫战略

① 『昭和 52 年度以降に係る防衛計画の大綱』、http：//worldjpn. grips. ac. jp/documents/texts/docs/19761029. 01J. html。

② 道下德成：『戦略思想としての「基盤的防衛力構想」』、『戦争史研究国際フォーラム報告書第二回』2004 年 3 月，第 166 頁。

③ 『平成 8 年度以降に係る防衛計画の大綱』、http：//www. mod. go. jp/j/approach/agenda/guideline/1996_taikou/index. html。

④ 『平成 17 年度以降に係る防衛計画の大綱』、http：//www. mod. go. jp/j/approach/agenda/guideline/2005/index. html。

依旧处于摸索状态。2009 年，民主党取代自民党上台执政，鸠山由纪夫就任首相之初即宣布将制定新的《防卫计划大纲》，以彰显其不同于自民党的防卫政策。次年，菅直人内阁颁布 2010 年版《防卫计划大纲》（简称"10 大纲"），明确提出脱离"基础防卫力量构想"，建设"动态防卫力量"的新目标。这一目标的主要内容是：为更具实效地抑制和应对日本面临的各种事态，需要构建一支快速、机动、灵活、持续、复合的，具有高技术能力和信息能力的防卫力量。[①] 不过，"动态防卫力量"的实施仅持续两年。2012 年 12 月，重新上台的自民党政权宣布冻结"10 大纲"。次年，安倍晋三内阁在 2013 年版《防卫计划大纲》（简称"13 大纲"）中，正式提出"联合机动防卫力量"的建设目标。其主要内容是，在确保"质"和"量"的同时，从综合运用的角度发挥自卫队作为一个整体的机能，以应对和处理日本面临的各种事态。[②] 由此，日本再次确立了稳定而明晰的防卫力量建设目标，这也对日本防卫战略的调整产生了重大影响。此前的"基础防卫力量构想"，其目的是实现自卫队对日本本土的"静态"覆盖。在南北纵深约 1100 千米的西南诸岛地区，因岛屿众多且面积狭小，自卫队的军力部署依旧相对薄弱。而"联合机动防卫力量"，旨在提升陆海空三自卫队的联合作战和机动能力，以使自卫队具备在日本全境乃至海外的动态增援和处置能力。为实现这一目标，战略位置极其重要的西南诸岛，自然成为日本新一轮军备建设的最佳依托。

---

① 『平成 23 年度以降に係る防衛計画の大綱』、http://www.mod.go.jp/j/approach/agenda/guideline/2011/index.html。

② 『平成 26 年度以降に係る防衛計画の大綱』、http://www.mod.go.jp/j/approach/agenda/guideline/2014/index.html。

（三）作战方针从"专守防卫"转向"主动先制"

防卫战略外向型转变的过程中，日本在事实上早已废弃"专守防卫"。战后日本长期宣扬坚守"专守防卫"原则，其主要内容是，日本只有在遭受对方武力攻击后才能行使防卫力量，这种行使应限于自卫所需的必要最小限度，所保持的防卫力也只能限于自卫所需的必要最小限度，即采取基于宪法精神的被动防御战略。① 不过，早在 1956 年 2 月 29 日的众议院答辩中，时任防卫厅长官船田中就曾对"专守防卫"发表不同看法。船田表示：我并不认为宪法的宗旨是在导弹等攻击日本时，依旧坐以待毙。为防御导弹等的攻击，我认为在没有其他手段的情况下，攻击敌方导弹基地亦属法理上的自卫范畴。② 随着自卫队建设的推进以及内外形势的变化，自卫队的作战方针也正在朝着船田中所称的"攻击敌方导弹基地"，亦即"主动先制"的方向迈进。20 世纪 80 年代初，日本提出从台湾海峡到大阪、从关岛到东京的海域都是日本的海上生命线，是日本要着重控制的海上交通线。③ 1983 年版《防卫白皮书》首次提出"海上歼敌"的作战方针，明确指出"日本周围数百海里、海上航线 1000 海里左右，这些海域都是日本防卫的地理范围"。④ 从以上动向可以看出，冷战时期的日本防卫政策已在渐进突破"专守防卫"原则。

---

① 防卫省：『平成 28 年版防衛白書』、http：//www. clearing. mod. go. jp/hakusho_data/2016/html/n1244000. html。

② 『防衛庁長官·船田中、24 回衆議院、内閣委員会』（1956 年 2 月 29 日）。斉藤直樹：『北朝鮮危機と敵基地攻撃についての一考察』、『慶應義塾大学日吉紀要』2008 年 23 号、第 129 頁。

③ 戦略問題研究会：『戦後世界軍事史（1974—1980 年）』、原書房 1981 年版、第 376—378 頁。

④ 吴怀中：《从"防卫白皮书"看日本防卫政策》，《日本学刊》2008 年第 5 期，第 43 页。

冷战结束后，日本的"防御"前沿进一步拓展，远洋和远空作战成为自卫队谋求的新目标。苏联解体后，日美安保分工随亚太局势的变化而不断调整。自卫队从国土防御型的军事力量，逐步蜕变为美国干预周边、乃至全球事务的辅助者，"专守防卫"也就成为日本防卫战略外向型转变的一大障碍。于是，以朝鲜弹道导弹威胁为由，日本不断为"主动先制"制造舆论。1998年夏，日本认为朝鲜试射了可覆盖日本全境的"大浦洞"导弹，其安全面临严峻挑战，遂酝酿从法制上突破"专守防卫"。1999年4月，日本国会通过《周边事态法》，为自卫队支援美军在日本"周边"地区遂行军事行动提供法律依据。其后，日本不断扩大对"周边"以及"事态"这两个概念的界定。小泉纯一郎内阁执政时期，日本国会于2003年通过《武力攻击事态法》等"有事三法案"，规定在预见紧急事态即将发生的情况下，即可通过武力应对行使自卫权。① 2004年，日本防卫研究所发布的《东亚战略概观》主张，在敌方准备以弹道导弹展开攻击之时，即使日本没有遭到现实损害，但在没有其他手段排除此种威胁的情况下，从法理上也可以行使武力，攻击敌方导弹基地。② 也就是说，日本酝酿将行使自卫权的时间节点，从"遭受攻击后"提前至"即

---

① 《武力攻击事态法》第一章"总则"第二条，将日本面临的武力威胁分为"武力攻击、武力攻击事态、武力攻击预测事态、存立危机事态"等四种情况。其中，"武力攻击"指"针对日本的来自外部的武力攻击"，"武力攻击事态"指"发生武力攻击的事态、或发生武力攻击的危险明确且十分迫近的事态"，"武力攻击预测事态"指"未发展至武力攻击，但事态紧迫、预测将发生武力攻击的事态"，"存立危机事态"指"发生针对与日本关系密切的他国的武力攻击，日本的存立受到威胁，国民的生命、自由及追求幸福的权利存在被彻底颠覆的明确危险的事态"。但是，"武力攻击"之外的其他三种"事态"，判定标准十分主观，这就为日本政府相机行使"自卫权"预留了操作空间。法案全文参见：http：//law. e-gov. go. jp/htmldata/H15/H15HO079. html。

② 防衛省防衛研究所：『東アジア戦略概観 2004』、http：//www. nids. mod. go. jp/publication/east-asian/index. html。

将遭受攻击时"。不过，这一标准的断定过于主观，也就意味着日本在朝着事实上的"主动先制"迈进。前防卫厅长官石破茂、内阁法制局长官高辻正己等政要也多次宣称，当对方为导弹加注燃料时，日本即可攻击敌导弹基地。[①] 在渲染朝鲜导弹威胁的同时，日本还以"西南防御"为依托，不断发展攻势军力。在这一背景下，长期以来"日本为盾，美国为矛"的日美安保分工，正在发生根本变化。而随着"集体自卫权"的解禁，日本今后还能以防卫美军基地和装备为由，对他国发起主动攻击。

三、日本积极配合美国的亚太战略调整

（一）日本视美国"亚太再平衡"为战略机遇

美国霸权的相对衰落，引发日本对美国安保承诺的担忧。苏联解体之后，美国成为唯一的超级大国。2001 年"9·11 事件"之后，美国对外推行"单边主义"政策，先后在阿富汗、中东、北非等地主导多起军事行动，对亚太地区安全事务的关注相对下降。同时，以中国为代表的新兴经济体迅速成长，以及因"次贷问题"引发的金融危机，也使美国的影响力相对下降。对此，试图通过防卫战略升级以抗衡中国崛起的日本深感忧虑。日本政要屡次寻求美国对"钓鱼岛是否适用日美安保条约"进行确认，就是这种担忧的表现之一。对日本而言，其以"西南防御"为牵引的新防卫战略布局尚未完成，当前阶段依旧需要将"日美同盟"作为其地缘安全政策的重要依靠。因此，奥巴马政府时期，美国提出"亚太再平衡"，被日本视为重大战略机遇。

美国"抑中扶日"以平衡亚太，日本加速防卫战略调整。鉴

---

① 等雄一郎：『専守防衛論議の現段階——憲法第9条、日米同盟、そして国際安全保障の間に揺れる原則』、『レファレンス』2006 年5 月号、第20、32 頁。

于日美两国的特殊关系，战后日本防卫战略的历次调整，均离不开美国因素的影响。冷战结束以来，中国的崛起与日本的相对衰落形成鲜明对比，东亚地区旧有的安全格局逐渐发生变化。为此，美国提出"亚太再平衡"战略，以强化美国在地区事务中的影响力。2009年7月，美国国务卿希拉里访问泰国期间，在东盟论坛上高调宣称美国将"重返亚洲"，继续维持美国对亚洲盟友的承诺。2011年11月，美国总统奥巴马在澳大利亚国会发表演讲，表示美国将把亚太地区作为最优先事项，对于21世纪的亚太"美国将全面介入"（the United States of America is all in）。① 以美国此次全球战略调整为契机，日美安保协作的广度和深度明显增强。2012年12月，安倍晋三再次执政之后，在国际安全事务领域宣扬"积极和平主义"，以推动日本在军事领域的主动作为。对此，2014年12月19日，日美两国外长和防长会议（即"2+2会议"）指出，美国的"亚太再平衡"战略与日本的"积极和平主义"政策，均致力于确保与维护亚太地区的和平与繁荣。因此，美国对日本政府于2014年7月1日通过的"安保法制建设"相关内阁决议，以及安保领域的实际行动表示欢迎和支持。② 2015年9月19日，日本正式解禁集体自卫权，为进一步拓展日美防卫协作奠定基础。不过，美国在强化对亚太地区事务介入能力的同时，更乐于担当"离岸平衡者"，并将更多的责任和义务转嫁给日本。对日本而言，美国"重返亚洲"可以为其防卫战略的升级，提供缓冲时间和外部支撑。因此，在"西南防御"战略的构建中，日本还会持续强化同美国的安保协作。

---

① The White House, "Remarks by President Obama to the Australian Parliament," November 17, 2011。

② 徐万胜、栗硕：《2015年版日美防卫合作指针剖析》，《和平与发展》2015年第4期，第16页。

（二）借日美安保重构拓展自卫队活动空间

20 世纪 90 年代，日本借日美安保再定义之机，将自卫队活动范围由防御日本拓展到"周边事态"。苏联解体之后，失去共同防范对象的日美安保同盟，也经历了从"漂流"到再定义的过程。1993 年，朝鲜第一次宣布退出《不扩散核武器条约》，半岛局势趋于紧张。当时，美国曾考虑对朝鲜核设施进行外科手术式打击。时任总统克林顿对日本表示，紧急情况下须使用冲绳的美军基地，希望日本能够完备国内体制。日本审视国内法制之后答复称，根据现行国内法，无法保障美军利用日本基地展开（防卫日本之外的）军事行动。[①] 其后，日美安保协作的再定义进入实际操作阶段。1995 年 2 月，美国国防部发布《东亚战略报告》，明确寻求重新界定美日安保分工。1997 年 9 月，日美两国以"朝鲜有事"为背景，制定新《防卫合作指针》，将两国的防卫协作分为"平时、日本遭受攻击、周边事态"三类，并且将"周边事态"作为核心。[②] 由此，借助日美安保这一平台，日本将自卫队任务职能拓展至"周边"地区。

进入 21 世纪，日美安保协作进一步破除地理范围和任务属性等限制，由"周边"拓展到全球。这一拓展，既是"西南防御"战略的背景因素，也是日本长期谋求的战略目标之一。"9·11"事件之后，美国在反恐战争以及全球战略调整过程中，希望作为盟国的日本提供更多支持。2005 年，日美两国签署题为"日美同盟：面向未来的变革和再编"的共同声明，提出将日美安保协作

---

① 林贤参：『セキュリティ・ジレンマの緩和を目指す日中関係——戦略的互恵関係の構築を求めて』、『問題と研究』2010 年第 39 巻 4 号、第 91 頁。
② 五百旗頭真著：『日米関係史』、有斐閣 2008 年版、第 304 頁。

从地区同盟升格为全球战略同盟。① 在美国的明确支持下，日本政府加速防卫战略调整步伐，日美两国也不断升级双边安保协作。2015 年 4 月 27 日，日美两国制定新的《防卫合作指针》（简称"15 指针"），将双方为确保日本安全而进行的安保协作，进一步区分为"平时、重要影响事态、存立危机事态、战时"等四种情况。其中，对"存立危机事态"的界定为：即使日本没有遭受攻击，但该事态足以影响日本的生存和发展，那么自卫队就可以基于集体自卫权，与美国共同采取行动。此外，"15 指针"还将日美安保协作，从"周边事态"扩展到"全球和平与安全"以及"宇宙和网络空间"，并规定自卫队和美军在进行训练和演习等有助于日本防卫的活动时，可互相提供防护。② 同年 9 月 30 日，日本国会对《自卫队法》第 95 条第 2 项进行修订，新增"为防护美军等的武器装备等而行使武力"的条款。据此，日本扫除了为美军提供"驰援护卫"的法律障碍，自卫队的活动范围和任务职能均得到进一步拓展。

（三）借美军冲绳基地整编将自卫队前移

美国收缩其驻冲绳军事基地，自卫队部署则不断前移。西南诸岛中部的冲绳岛，是美国在亚太地区最为重要的军事基地之一。21 世纪以来，美国加速调整其全球兵力部署，以图在减轻自身负担的同时，维持美国在重点地区的影响力。随着中程导弹等精确打击武器的发展，美国愈发担忧其亚太地区前沿驻军的安全问题。美国国防部就此指出，随着信息技术进步以及军队机动能力的提高，在以精确制导武器为主的中远程打击手段快速发展的

---

① 外务省：『日米同盟：未来のための変革と再編』、http：//www. mofa. go. jp/mofaj/area/usa/hosho/henkaku_saihen_k. html。

② 『日米防衛協力のための指針（2015. 4. 27）』、http：//www. mod. go. jp/j/approach/anpo/shishin/shishin_20150427j. html。

背景下，美军无需在前沿保持大量人员存在，仅保留在战时可迅速启用的"半基地"即可。① 基于这一认识，美国意图将其部分兵力从冲绳东移至以关岛为中心的第二岛链，同时推动日本在第一岛链地区承担更多防卫责任。对此，日本既希望捆绑美国共同打造"西南防御"战略，也在不断强化自卫队在这一地区的部署。早在 2002 年 9 月，防卫厅长官石破茂曾表示：我们应具有依靠自卫队来守卫冲绳的气概，应基于日本独立主权之立场由自卫队而不是美军来守卫。②

驻冲绳美军基地搬迁虽一波三折，但自卫队却加速进驻西南诸岛。2006 年 5 月 1 日，根据日美安全协商委员会发布的《日美实施再编路线图》，美国将归还位于冲绳本岛人口密集区的普天间基地，并在岛内另建替代基地；驻冲绳的美海军陆战队及家属共计 1.7 万余人将迁往关岛等地；冲绳岛的瑞庆览、桑江等多个美军基地也将全部或部分返还。③ 不过，2009 年民主党上台执政之后，试图兑现"至少将基地迁至冲绳县外"的选举承诺，此举因美国反对而受挫，冲绳美军基地搬迁问题也随之陷入停顿。根据公开资料，截至 2011 年 6 月，驻日美军总数为 50159 人，其中驻冲绳 25843 人（含海军陆战队 15365 人）。④ 截至 2017 年 1 月，冲绳本岛的美军基地面积为 186.092 平方千米，占美军驻日基地

---

① 福田毅：『米軍の変革と在日米軍の再編』、『調査と情報』2004 年第 455 号、第 5 頁。

② 藤中寛之：『陸上自衛隊「島嶼専門即応部隊」の沖縄移駐の可能性——在沖縄海兵隊撤退後の抑止論とセキュリティ・ディレンマ』、『沖縄大学地域研究所所報』2003 年 2 月、第 79 頁。

③ 外務省：『再編実施のための日米のロードマップ』、http：//www. mofa. go. jp/mofaj/kaidan/g_aso/ubl_06/2plus2_map. html。

④ 沖縄県：『沖縄の米軍及び自衛隊基地（統計資料集 2015 年 3 月）』、http：//www. pref. okinawa. jp/site/chijiko/kichitai/toukeisiryousyu2703. html。

总面积的 70.6%。[①] 停顿数年之后，日美双方决定重启美军基地搬迁事宜。根据 2016 年日美"2 + 2 会议"达成的协议，冲绳美军基地搬迁最早将于 21 世纪 20 年代前半期付诸实施，冲绳地区最终将保留约 1 万名美国海军陆战队。[②] 随着地区局势和日美双方亚太战略的变化，这一计划能否完全实施仍是未知之数。尽管如此，美军冲绳基地的收缩计划，依旧为自卫队强化西南诸岛军事部署，弥补所谓"力量真空"提供了依据。

第二节　日本"西南防御"战略的具体实施

进入 21 世纪，在东亚地缘安全格局发生重大变革、日美两国试图维持双方在地区安全事务中主导权的背景下，日本加速"西南防御"战略的实施。日本政府先后制定三版《防卫计划大纲》、通过战后首部《国家安全保障战略》，与美国再次修订《日美防卫合作指针》，为防卫战略转型确立明确的指导方针。同时，持续强化陆海空三自卫队在西南诸岛的兵力部署，并以"岛屿防御"和"离岛夺还"为指向，全面推进外向型军力建设。

一、21 世纪以来"西南防御"战略愈发明晰

（一）冷战后初期军备建设目标调整缓慢

冷战期间，日本军备建设以应对北方威胁为主要指向。因此，再军备之后的日本军力配置，长期呈"北重南轻"态势。例

---

① 防衛省：『在日米軍施設・区域（専用施設）面積』、http：//www. mod. go. jp/j/approach/zaibeigun/us_sisetsu/。

② 防衛省：『平成 28 年度防衛白書』、http：//www. clearing. mod. go. jp/hakusho_data/2016/html/n1244000. html。

如，陆上自卫队唯一的重型装甲部队——第 7 混成团（1962 年扩编为第 7 师团），自 1954 年成立起即常驻北海道。冷战期间，陆上自卫队 13 个师团中的 4 个也长期部署在北海道，另有 2 个师团部署在本州岛东北地区。与之相比，1972 年 5 月美国向日本移交冲绳之后，自卫队仅派驻少量兵力进驻冲绳本岛等主要大岛。苏联解体之后，日本军力部署在经历较长的调整期之后，逐渐从"北重南轻"向西南方向倾斜。

冷战结束至"04 大纲"颁布之前，日本新的防卫战略尚未明晰，自卫队的变革也就相对缓慢。1995 年，日本政府在冷战结束后首次修订的《防卫计划大纲》（即"95 大纲"）中指出，"以压倒性军力为背景的东西军事对峙格局已经解体……俄罗斯正削减远东军力，其军事态势正在发生变化"。[①] 基于这一形势判断，日本认为其北部地区面临大规模登陆进攻的可能性显著下降。同时，以应对台海两岸军力对比失衡和"朝鲜半岛有事"为由，日本将防御重点逐渐向九州等西部地区倾斜，并着手对陆上自卫队进行以"减量提质"为指向的改革。根据"95 大纲"，陆上自卫队主干兵力将改组为 8 个师团（不含第 7 师团）加 6 个旅团的新体制，另编 1 个空降团、1 个直升机团以及 8 个地对空导弹部队（也称高射特科群），同时大幅裁减此前为抗登陆作战而大量装备的坦克和火炮等老旧装备。日本此举意在通过部队规模的小型化，对过于偏重北部地区的兵力部署进行均衡配置，并适当增强机动支援能力。不过，因新的防卫战略尚未明晰，此次军力部署的调整相对缓慢。直至 1999 年，防卫厅才将驻广岛的第 13 师团，缩编为陆上自卫队首个旅团。2000 年，日本依据"95 大纲"制定第 2 个"中期防卫力量整备计划（2001—2005 年）"，陆上自

---

① 『平成 8 年度以降に係る防衛計画の大綱』、http：//www. mod. go. jp/j/approach/agen-da/guideline/1996_taikou/index. html.

卫队的旅团化改编继续推进，但进展依旧迟缓。2000 年和 2003 年，防卫厅将驻北海道的第 12 师团和第 5 师团缩编为旅团之后，改编进程再度停滞。截至 2004 年 12 月，陆上自卫队依旧停留在 10 个师团、3 个旅团、2 个混成团的阶段。"04 大纲"明确提出强化"岛屿防御"之后，日本防卫战略的西南指向愈发明晰，其军力部署的调整步伐也明显加速。

（二）"防卫计划大纲"不断强化西南指向

从"04 大纲"到"10 大纲"，"岛屿防御"升格为"西南防御"。冷战后，日本防卫战略经历了一段时期的摸索和调整。《防卫计划大纲》作为日本中长期安全保障政策的指导性文件，规定着日本防卫力量的规模和建设目标，从中可以梳理出日本防御重心和防卫战略的变化。21 世纪以来，日本于 2004 年、2010 年、2013 年先后颁布三版《防卫计划大纲》。"大纲"的频繁修订，既有政权交替的因素，也反映出日本防卫战略调整的不断深化。对这三版"大纲"加以比较，可以发现其中的"西南"指向愈发明晰。自民党政权颁布的"04 大纲"，在"防卫力的作用·应对岛屿侵略"一节指出：为应对针对岛屿地区的侵略，日本需要确立"能够将部队机动输送和实现前方迅速展开，从而进行及时应对和实效处置"的体制。① 这也是日本首次明确提出"岛屿防御"问题。2010 年 12 月，民主党的菅直人内阁颁布"10 大纲"，其中关于"岛屿防御"部分的表述，与其说是对自民党防卫政策的否定，不如说是在继承基础上的提升。"10 大纲"中，将自民党政权提出的"岛屿防御"明确升格为"西南防御"，指出日本有必要"强化在西南诸岛方向的防御态势"。大纲在"自卫队体制"

---

① 『平成 17 年度以降に係る防衛計画の大綱』、http：//www. mod. go. jp/j/approach/a-genda/guideline/2005/index. html。

一节，还列举了加强"西南防御"的具体举措，包括"重点整备警戒监视、海上侦察、防空、弹道导弹应对、输送、指挥通信等能力"，"在岛屿地区配置必要且最小限度的部队"，"整备活动据点，提高机动能力、输送能力以及实效应对处置能力"，"强化对攻击行为的应对能力，确保周边海空域的安全"等。值得指出的是，"10 大纲"明确提出，要在临近台湾的先岛群岛等"自卫队部署空白地区"，配备"必要且最小限度的防卫力量"。① 至此，日本已明确将"西南防御"作为防卫战略调整过程中的重点内涵。

"13 大纲"提出强化夺岛能力，"西南防御"战略进一步完善。2012 年 12 月，安倍晋三率领自民党重新夺取政权，执政之初即宣布冻结"10 大纲"，并在 2013 年颁布新大纲。自民、民主两党虽然存在诸多政见上的不同，但二者在推进"西南防御"战略这一问题上，却是互相配合与接力推进。"13 大纲"在"各种事态·应对岛屿攻击"一节中首次提出，不仅要阻止和排除对岛屿地区的侵扰，还要在岛屿遭到入侵时予以夺回。也就是说，日本不仅要强化对岛屿地区的防御，还要强化自卫队的进攻能力，尤其是以夺岛为中心的陆海空联合作战能力。为此，"13 大纲"提出要在西南诸岛着重强化"情报收集和监控能力、前沿应对能力、后方部队输送和一线展开能力"的建设；要强化遂行"海上拒止"的综合能力，整备"能够确保迅速登陆、夺回、控制的真正的水陆两栖部队"；"为使自卫队能够迅速且持续应对西南地区的战事，要提高后方支援能力"。② 从这些具体章节内容中可看

---

① 『平成 23 年度以降に係る防衛計画の大綱』、http：//www. mod. go. jp/j/approach/a-genda/guideline/2011/index. html。

② 『平成 26 年度以降に係る防衛計画の大綱』、http：//www. mod. go. jp/j/approach/a-genda/guideline/2014/index. html。

出，安倍政府对"西南防御"的政策构想已相当完备。

（三）调整日美安保分工以共同防御西南

《日美安保条约》和《防卫合作指针》，规定了日美安保同盟和安保协作的基本框架。根据签订于 1960 年的现行《日美安保条约》，美国负有保卫日本的义务，但双方的安保分工并不明确。因此，日美双方自 1978 年至今先后制定了三部《日美防卫合作指针》，对自卫队和美军战时的具体协作进行基本规定。1978 年的第 1 部"指针"（即"78 指针"），以日本遭受大规模登陆入侵为想定，首次明确日美两军战时的基本分工；1997 年的第 2 部"指针"（即"97 指针"），以朝核危机和台海问题为背景，将日美双方的战时协作由防卫日本扩大至"周边事态"；2015 年的第 3 部"指针"（即"15 指针"），制定于东亚区域秩序重构的大背景下，既体现了美国希望日本承担更多防卫责任的目的，也基本实现了日本捆绑美国、共同"防御"西南诸岛的意图。

"15 指针"首次写入"岛屿防御"，体现了日本政府将美国纳入其"西南防御"战略轨道的决策意图。根据日美安保条约，美国对"针对日本施政下区域的攻击"负有防卫义务，日本施政下的岛屿自然也包含在内，但日本对这一文本并不满足。"97 指针"中，关于"日美两国共同防卫日本"部分的表述为："以自卫队为主体，为阻止和排除对日本的着陆和登陆入侵而实施作战……美军主要实施对自卫队能力进行补充的作战。"在日美双方"亚太再平衡"和"西南防御"战略的实施过程中，双方均以西南诸岛为重要支撑平台，在这一地区的安保协作也不断深化。在"15 指针"中，明确增加了"岛屿防御、共同侦察、自卫队防护美国军舰"等新内容，而这些均与日本防卫战略的转型关联密切。其中关于岛屿部分的表述为："以自卫队为主体，为阻止和排除包括针对岛屿在内的陆上攻击，而实施作战……美军为对自卫队的作战进行支援和补充而实施作战"。（参见表1—2）"15指针"刻意提及美军支援自卫队进行岛屿防御作战，与安保条约中规定美国防卫日本似有重叠。但考虑到日本正在推进"西南防

表1—2　"97指针"和"15指针""作战构想"部分的比较

1997年《日美防卫合作指针》	2015年《日美防卫合作指针》
Ⅳ. 日本遭武力攻击时的应对处理行动等	Ⅳ. 无缝确保日本的和平与安全
2. 对日本的武力攻击遂行后	2. 对日本的武力攻击发生后
（2）作战构想	b. 作战构想
①为应对处理对日本的航空入侵的作战 ②为防卫日本周边海域及保护海上交通的作战 ③为应对处理对日本的着陆及登陆入侵的作战 　自卫队及美军为应对处理对日本的着陆和登陆入侵，共同实施作战。 　自卫队为主体，为阻止、排除对日本的着陆和登陆入侵而实施作战。 　美军主要实施为对自卫队能力进行补充的作战。届时，美国根据入侵的规模、形式及其他要素，尽力、尽早派军来援，支援自卫队的作战。 ④应对其他威胁 　应对游击队·突击队等渗透到日本领域内发起的非常规攻击、以及弹道导弹攻击。	i. 为防卫空域的作战 ii. 应对处理弹道导弹攻击的作战 iii. 为防卫海域的作战 iv. 为应对处理陆上攻击的作战 　自卫队及美军为应对和处理针对日本的陆上攻击，使用陆、海、空及水陆两栖部队，实施共同作战。 　自卫队为主体，为阻止、排除包括针对岛屿在内的陆上攻击而实施作战。必要情况下，自卫队将实施以夺回岛屿为目的的作战。为此，自卫队将为阻止和排除登陆侵袭，实施包括水陆两栖作战及部队迅速展开等（但不限于此内容的）必要行动。 　自卫队还将与相关机构协作并以自身为主体，击破发生在日本的、包括渗透在内的由特殊部队发起的非常规攻击。 　美军为对自卫队的作战进行支援和补充而实施作战。

　　资料来源：笘米地真理：『安保新時代における「尖閣問題」の政策課題：新ガイドラインを中心に』、『法政大学大学院紀要』2016年76号、第94頁。

御"战略这一背景因素，则不难理解日本捆绑美国，明确双方共同"防御"西南诸岛的企图。同时，日本此举也可以为其防卫战略转型赢得外部支持，并借助日美安保协作扩展自卫队活动空间。

二、军事部署和军备建设侧重点向西南倾斜

（一）陆上自卫队加速调整填补西南兵力空白

陆上兵力"北缩南扩"，填补西南诸岛部属空白。随着"西南防御"战略日渐明晰和具体化，自卫队在西南方向的军事部署也不断增强。如前所述，"04大纲"颁布之后，自卫队对北部地区的军力压缩明显提速。2007年，防卫省将驻北海道的第11师团缩编为旅团。2013年，将北海道的第7师团改编为快速反应师团，并取消其下辖的第1战车群。至此，陆上自卫队驻北海道的4个师团全部完成缩编，北部地区相对庞大的兵力部署明显下降，以至北海道多个地方议会向国会请愿，要求维持当地的自卫队驻军规模。[①] 与此形成对比的是，陆上自卫队在西南诸岛，以及九州和四国等邻近地区持续强化兵力部署。2002年，防卫厅以应对特种部队和间谍船侵扰为由，将北九州的第4师团（驻地福冈县春日市）改编为"沿岸警备师团"，重点增配装甲车和直升机等机动性较强的武器装备。2005年，将驻四国岛香川县的第2混成团扩编为第14旅团。2009年，将驻冲绳本岛的第1混成团扩编为第15旅团，兵力从1800人增加到2100人。[②]

"10大纲"提出"在自卫队部署空白的岛屿地区，新配必要

---

① 衆議院事務局：『第162回国会衆議院安全保障委員会議録第三号』、2005年3月25日。

② 防衛省：『我が国の防衛と予算：平成21年度予算の概要』，第10頁，http：//www. mod. go. jp/j/yosan/yosan. html。

最小限度的部队"之后，陆上自卫队在西南诸岛西半部的部署也提上日程。2016 年 3 月 28 日，陆上自卫队第 303 沿岸监视队在与那国岛正式成立，该岛距钓鱼岛约 150 公里，距台湾约 110 公里。该监视队装备先进的"E-2D 鹰眼"系列预警机，以及"全球鹰"滞空型无人机，可对附近海空域实施全天候监视。此外，自卫队还计划截至 2018 年年末，在奄美大岛的两处基地部署约 550 人的地面部队，在宫古岛部署 700—800 人规模的兵力。2019 年以后，还将在临近钓鱼岛的石垣岛部署 500—600 人规模的警备及导弹部队。① 按照这一趋势，日本将在西南诸岛，尤其是靠近台湾和钓鱼岛的先岛群岛形成完备的侦察监控和打击体系。这些此前的兵力部署空白地区，将步冲绳本岛后尘，陆续转变为"基地之岛"。

（二）海上自卫队构建西南地区立体侦察网络

"西南防御"战略推进过程中，海上自卫队重点采购潜艇和侦察装备，构建海空立体侦察网。海上自卫队的主干兵力，主要包括自卫舰队（相当于旧日本海军的联合舰队，下辖护卫舰队、航空集群、潜艇部队等）以及 5 个地方队，另有各类学校以及航空教育集群等附属部队。其中，佐世保地方队负责西南方向海域的防卫任务，在西南诸岛的奄美和冲绳两地设有分队；航空集群在冲绳岛的那霸设有第 5 航空群。1999 年的"能登半岛可疑船只事件"② 之后，海上自卫队不断强化在西南方向的警戒态势，并与海上保安厅建立联合应对机制。2001 年 3 月，日本仿照美军的

---

① 『与那国島　陸自が初配備　沿岸監視隊駐屯地が開設』、http://mainichi.jp/articles/20160328/k00/00e/010/153000c。

② 能登半岛可疑船只事件：1999 年 3 月，两艘疑似间谍船在日本本州岛中北部的能登半岛海域活动。23 日，日本海上保安厅和海上自卫队展开联合追击，海上自卫队还发布其成立以来的首个"海上警备行动"命令。追击过程中，航空自卫队派遣"E-2C"预警机和"P-3C"侦察机进行支援，其间自卫队曾进行海上射击、空中投弹在内的警告攻击行为。此次事件之后，日本迅速强化海上自卫队在西部地区的警戒态势。

海豹突击队，在广岛县江田岛成立"特别警备队"，作为海上自卫队在西南方向的特种部队。在民主党和自民党政权将"岛屿防御"接力升格为"西南防御"的过程中，海上自卫队将西南诸岛的空中、海面、水下立体监控体系，以及跨区机动作战能力作为建设重点。"10 大纲"指出："要将此前按地域配置的护卫舰部队转换为能够跨区活动的新体制，并将其运用到西南方向的警戒监视以及国际维和活动中去。"也就是说，海上自卫队将逐步打破此前的辖区限制，强化可在紧急状况下驰援西南的机动能力。该大纲还提出，将把潜艇数量从 16 艘大幅增至 22 艘，潜艇部队从 4 个扩编为 6 个。扩编之后的潜艇部队，"将重点部署在日本海和东海的交通要道，以充实西南地区的侦察和警戒态势"。[①] 其后的"13 大纲"基本继承这一海上力量建设规划，并在《中期防卫力量整备计划（2014—2018）》中制定以潜艇和侦察能力为主的装备建设目标。（参见表 1—3）

表 1—3　日本海上自卫队装备建设规划（2014—2018）

	类别	采购数量
海上自卫队	护卫舰	5 艘
	其中搭载宙斯盾系统的	2 艘
	潜艇	5 艘
	其他舰艇	5 艘
	自卫舰建造小计（吨数）	15 艘（约 5.2 万吨）
	固定翼侦察机（P－1）	23 架
	反潜直升机（SH－60K）	23 架
	多用途直升机（舰载型）	9 架

① 『平成 23 年度以降に係る防衛計画の大綱』、http：//www. mod. go. jp/j/approach/a-genda/guideline/2011/index. html。

从表1—3中可以看出，海上自卫队近期将重点采购潜艇、侦察机、反潜直升机等海空立体侦查和打击装备。其中，P－1型侦察机作为P－3C的替代机型，无论是飞行性能还是探测能力都要优越得多。与此同时，海上自卫队还持续加强水下侦察网的建设。2016年，防卫省投入85亿日元，用于研发新型可变深度声纳系统，以加强在周边海域对潜艇的探测和侦察能力。① 2017年，防卫省决定耗资224亿日元再建一艘"响级"音响测定舰，还拟研发水下无人机等自主监视技术以及传感器系统。② 这些技术手段和装备投入应用之后，日本在西南诸岛海域的水下侦测能力将进一步提升，对往来这一海域的潜艇将构成较大威胁。此外，2017年3月22日，海上自卫队吨位最大的护卫舰"加贺"号在横滨正式服役，该舰拥有248米长的全通甲板，是日本第4艘直升机航母。"加贺"号服役之后，日本主流媒体之一的《产经新闻》毫不掩饰地评论称：该舰可搭载多种用途的直升机以及可垂直起降的"MV22鱼鹰"运输机，在以西南诸岛为主的"离岛防御"以及灾害派遣中将发挥重要作用。③

（三）航空自卫队大幅强化西南地区空战实力

通过移防和换防，航空自卫队大幅扩编西南地区军力。在诸如岛屿攻防等战斗模式中，可以说无制空权则无制海权，无制海权则无法遂行登陆作战。因此，在强化"西南防御"的过程中，自卫队十分重视空中优势的获取。早在1969年，日本就在西南方

---

① 防衛省：『我が国の防衛と予算：平成28年度予算の概要』、第7頁、http://www.mod.go.jp/j/yosan/2016/yosan.pdf。

② 防衛省：『我が国の防衛と予算：平成29年度予算の概要』、第40頁、http://www.mod.go.jp/j/yosan/2017/yosan.pdf。

③ 『海自最大の空母型護衛艦「かが」が就役　南西諸島などの防衛に対応』、http://www.sankei.com/photo/photojournal/news/170322/jnl1703220001－n1.html。

向空域单方划定防空识别区。1972 年，美国向日本移交冲绳防务期间，日本将自卫队战斗机的作战范围从"地面"扩大至"公海"，以扩大日本的防空纵深和作战半径。① 不过，因西南诸岛长期以来并非日本的防御重心，航空自卫队在这一地区的存在也就相对薄弱。21 世纪以来，日本不断通过移防和换防等形式，加强自卫队在这一地区的空中战力。2003 年 3 月，航空自卫队将宫古岛的第 53 警戒群扩编为警戒队，以强化对钓鱼岛海域和东海的常态、持续警戒监视能力。② 2005 年，防卫厅在冲绳本岛的那霸基地新编第 83 航空队。2008 年，日本自卫队又将那霸基地的第 302 飞行队（装备 F－4 战斗机）与百里基地（位于本州中部的茨城县）的第 204 飞行队（装备 F－15 战斗机）进行换防，以"确保在岛屿地区有效应对侵略和侵犯日本领空的行为"。③ 2009 年，防卫省将九州北部筑城基地的第 304 飞行队（装备 F－15 战斗机）移防那霸。2016 年 1 月 31 日，以第 304 和第 204 飞行队为基础，将第 83 航空队扩编为第 9 航空团。这也是 1958 年以来，航空自卫队首次新编航空团级别的作战力量。④

"13 大纲"颁布之后，防卫省继续强化西南地区的侦察、运输、作战等空中力量。2011 年，防卫省以强化航空自卫队在"岛屿作战"中的战术输送能力为由，提出将逐步把现有的"C－1"型运输机全部替换为"C－2"型。⑤ 二者相比，"C－2"型运输

① 三木健著：『ドキュメント・沖縄返還交渉』、日本経済評論社 2000 年版、第 268 頁。

② 宫古分屯基地：『基地沿革』、http://www.mod.go.jp/asdf/miyako/sub2/sub2.html。

③ 防衛省：『我が国の防衛と予算：2008 年度予算の概要』、第 18 頁、http://www.mod.go.jp/j/yosan/2008/yosan_gaiyou.pdf。

④ 防衛省：『我が国の防衛と予算：2015 年度予算の概要』、第 6 頁、http://www.mod.go.jp/j/yosan/2015/yosan.pdf。

⑤ 防衛省：『我が国の防衛と予算：2011 年度予算の概要』、第 3－4 頁、http://www.mod.go.jp/j/yosan/2011/yosan.pdf。

机的最大运载量和续航距离分别为 30 吨和 6500 千米，远优于
"C-1"型的 8 吨和 1700 千米，这将极大增强包括两栖部队在内
的投送能力。2014 年 4 月，防卫省将航空自卫队总队直属的警戒
航空队（位于本州东北的三泽基地）一分为二，将其中一部移防
那霸并组建第 603 飞行队，以其装备的"鹰眼（E-2C）"预警
机充实西南地区的警戒监视体制。① 2016 年，日本再次通过移防
和换防的形式，强化九州地区航空部队的实力。主要措施包括：
将三泽基地的第 8 飞行队（装备 F-2 战斗机）移防至九州的筑
城基地，将九州新田原基地的第 301 飞行队（装备 F-4 机型）
和百里基地的第 305 飞行队（装备 F-15 机型）换防。② 通过这
些措施，日本将多个较为先进的 F-15 战斗机飞行队部署至九州
和冲绳，从质量和数量上强化航空自卫队在西南地区的制空能
力。随着西南地区空中力量的迅速扩张，防卫省于 2017 年提出，
为"进一步强化西南地区的防空态势"，决定将以西南航空混成
团为基础，扩编组建西南航空方面队。扩编之后，作为航空自卫
队主干兵力的方面队将从 3 个增加至 4 个，这也将是航空总队成
立以来最大规模的扩编。③ 随着西南地区自卫队兵力的不断增加，
防卫省于 2017 年还决定加快推进冲绳的医疗据点建设。④

---

① 防衛省：『2014 年度防衛白書』、http：//www. mod. go. jp/j/publication/wp/wp2014/
pc/2014/html/nc007000. html。

② 防衛省：『我が国の防衛と予算：2016 年度予算の概要』、第 6 頁、http：//
www. mod. go. jp/j/yosan/2016/yosan. pdf。

③ 日本航空自卫队下设航空总队，总队下设以三泽、入间、春日为主要基地的北部、中
部、西部航空方面队，以及以那霸为司令部的西南航空混成团。西南航空方面队组建完成之
后，航空总队将建立四个方面队的新体制。防衛省：『我が国の防衛と予算：2017 年度予算の
概要』、第 33 頁、http：//www. mod. go. jp/j/yosan/2017/yosan. pdf。

④ 防衛省：『我が国の防衛と予算：2017 年度予算の概要』、第 29 頁、http：//
www. mod. go. jp/j/yosan/2017/yosan. pdf。

三、以"西南防御"为名培育攻势军力

（一）组建两栖部队等攻势作战力量

组建水陆两栖作战部队，着力培育进攻型军力。根据"专守防卫"原则，日本不得拥有诸如弹道导弹等进攻型武器装备，以登陆进攻为主要作战模式的海军陆战队等兵种，同样明显超出自卫所需范畴。但是，在"专守防卫"早已名存实亡，防卫重心持续转向西南诸岛的背景下，日本版的海军陆战队早已悄然成军。2001 年，防卫厅就提出要筹建名为"西部方面队普通科联队"（简称"西普联"）的新型部队，理由是在应对岛屿地区灾害时，能够"确立迅速派遣和展开态势"。① 2002 年 3 月 27 日，"西普联"在九州正式成立，直属于西部方面队。同年的《防卫白皮书》称："日本拥有约 5000 个岛屿，其中约 200 个有人岛屿中的 9 成位于西部方面队辖区（即九州岛和西南诸岛）。这些岛屿具有分布广泛且远离九州的地理特征……为在这些数量众多且分散的岛屿上灵活展开，首次成立不属于师团而是方面队直辖的普通科联队。"② "西普联"虽然名为"普通科联队"（即步兵联队），但其在人员组成上编有特种兵分队，在装备上配有诸如两栖坦克和"鱼鹰"垂直起降运输机等登陆作战所需的武器。这支以"救灾"为名成立的新型部队，无疑是日本在攻势军力培育上的又一突破。

以"西普联"为基础，扩编两栖作战力量。成立"西普联"的初衷，就是以此为基础，筹建日本版海军陆战队。"西普联"成军十余年之后，日本在"13 大纲"中提出要成立水陆机动团，

① 防衛庁：『平成 23 年度防衛力整備と予算の概要』、第 7、15 頁、http：//www. mod. go. jp/j/yosan/2001/honbun. pdf。

② 防衛庁：『平成 14 年版防衛白書』、財務省印刷局 2002 年版、第 161 頁。

并以之为两栖作战力量的主要组成部分。根据规划，拟成立的两栖作战力量将部署在九州西部，其组成主要包括水陆机动团、水陆两栖坦克部队、以及一个可供"鱼鹰"等垂直和短距起降飞机使用的机场。[①] 2016 年，防卫省正式启动水陆机动团的筹备工作，在九州的崎边和相浦两地展开基地和训练设施的建设。2017 年 3 月 27 日，"水陆机动准备队"正式成立，酝酿已久的水陆机动团进入最后筹备阶段。与之相应，同年的防卫预算显示，防卫省将采购 4 架"鱼鹰"倾旋翼飞机，以及 11 辆"AAV7 系列"两栖坦克。为提高两栖坦克的机动性能和运输效率，防卫省还安排专门预算，研制适合海上使用的大马力、小型化发动机，并继续对海上自卫队的"大隅"级运输舰进行改造，以利于登陆装备的运输。[②] 从"西普联"到"水陆机动准备队"，再到筹建中的"水陆机动团"，日本不断强化自卫队的攻势军力培育。随着"西南防御"战略的深入推进，不排除水陆机动团继续扩编和部分移驻西南诸岛的可能性。

（二）全面提升陆上自卫队机动驰援能力

根据"13 大纲"，日本将对陆上自卫队进行全面改编，在提升机动能力的同时，建立并完善统一指挥机制。冷战时期，陆上自卫队以"静态防御"和抗登陆作战为主要作战方针，大量装备坦克和火炮等相对笨重的武器装备，兵力部署和想定作战区域也相对固定。冷战之后，陆上自卫队逐步对主干部队进行缩编和机动化改编，但进展相对缓慢。其原因之一在于，在"基础防卫力量构想"指导下，日本陆上兵力已基本实现对本土的防御力量覆盖，

---

① 防衛省：『我が国の防衛と予算：平成 27 年度予算の概要』、第 9 頁、http：//www. mod. go. jp/j/yosan/2015/yosan. pdf。

② 防衛省：『我が国の防衛と予算：平成 29 年度予算の概要』、第 14、36 頁、http：//www. mod. go. jp/j/yosan/2017/yosan. pdf。

而新的军力建设目标尚未明晰。进入 21 世纪，日本将增强自卫队海外投送和运用能力作为防卫力量建设的重点之一，这也就为军备建设确立了新目标。为全面提升陆上自卫队的机动驰援能力，南北狭长的西南诸岛，也就成为掩盖日本军备扩张的依托。

2011 年 11 月，日本在九州岛举行军事演习期间，安排专门科目检验陆上自卫队的远程机动能力。具体内容为，第 7 师团从北海道出发，携带 90 式坦克在内的约 120 台车辆，经陆路纵穿日本前往九州大分县，同西部方面队联合进行应对"离岛侵扰"的演练。① 这一远程输送既是对自卫队机动能力的检验，也显示出日本"西南防御"战略的波及面之广。其后的 2013 年，防卫省再次对第 7 师团进行以增强快速反应能力为指向的改编。同年年底颁布的"13 大纲"中，也明确提出要把陆上自卫队大部分兵力改组为机动部队（参见表 1—4）此次改编幅度之大，也是陆上自卫队成立以来前所未有的。机动化改编之外，防卫省还加紧组建陆上兵力的统一指挥机制。2015 年 5 月，防卫省宣布将在东京朝霞基地筹备陆上总队司令部，预计于 2017 年年内正式设立，以对陆上自卫队进行统一指挥。② 该司令部成立之后，第一空降团、第一直升机团、水陆机动团等机动性极强的部队，将划归总队直接管辖。③ "13 大纲"提出的改编计划完成之后，陆上自卫队的统一指挥和机动驰援能力都将得到大幅提升。届时，一旦西南诸岛乃至域外地区"有事"，陆上自卫队可在短时间内迅速做出应对。

---

① 《日自卫队大规模军演针对中国》，http：//news. xinhuanet. com/world/2011 – 11/07/c_122246241. html。

② 『陸上総隊司令部の朝霞駐屯地への新編について』、http：//www. mod. go. jp/j/press/news/2015/05/15b. html。

③ 防衛省：『我が国の防衛と予算：平成 29 年度予算の概要』、第 10 頁、http：//www. mod. go. jp/j/yosan/2017/yosan. pdf。

表1—4 "13大纲"有关陆上自卫队的建设规划

	类别		现状（2013年末）	将来
陆上自卫队	编制 常备自卫官 紧急预备自卫官		约15.9万人 约15.1万人 约0.8万人	约15.9万人 约15.1万人 约0.8万人
	主干部队	机动运用部队	中央快速反应集团 1个装甲师团	3个机动师团 4个机动旅团 1个装甲师团 1个空降团 1个水陆机动团 1个直升机团
		区域配属部队	8个师团 6个旅团	5个师团 2个旅团
		地对舰导弹部队	5个地对舰导弹联队	5个地对舰导弹联队
		地对空导弹部队	8个高射特科群/联队	7个高射特科群/联队

资料来源：『平成26年度以降に係る防衛計画の大綱』、http：//www. mod. go. jp/j/ap-proach/agenda/guideline/2014/index. html。

（三）以"夺岛"为名强化自卫队进攻能力

推进"西南防御"战略的过程中，日本以"夺岛"为名，着重强化自卫队进攻作战能力。早在2004年，防卫厅就以西南"有事"为背景，制定"西南诸岛防卫行动计划"对策方案。① 该方案假想西南诸岛遭外国军队"入侵"，防卫厅从日本本土派遣陆海空三自卫队进行联合作战，计划动用兵力多达5.5万人。如此庞大的作战计划，其指向和意图明显不限于西南诸岛，而且其中蕴含的进攻意图远大于日本所称的"防御"

---

① 江新凤：《评析"西南岛屿有事对策"》，《世界知识》2005年第4期，第34—35页。

和"反击"。其后，"西南防御"战略的推进过程中，日本以"离岛夺还"为名，通过多边和双边演习，着重培育自卫队的进攻能力。

"西普联"成立之后，自2005年起，每年都会前往加利福尼亚的彭德尔顿基地，同美国海军陆战队进行"铁拳"系列年度联合登陆作战演练。进入21世纪的第二个十年，自卫队以"夺岛"为指向的演习更加频繁，规模也不断扩大。其中代表性较强的有，2010年12月，日美双方在九州的"日出生台演习场"举行联合演习，"西普联"首次同自卫队第1空降团联训，以强化双方在登陆作战环节的相互配合。2012年起，自卫队在年度例行的"富士综合火力演习"中，增加"岛屿作战"等科目。① 2013年6月10—26日，在彭德尔顿基地举行的"黎明闪电"年度演习中，陆海空三自卫队首次与美军协同进行登岛演习。此次演习还包含一个细节，美军在成功夺岛之后，将岛屿交给自卫队接管。防卫大臣小野寺五典观摩此次演习之后表示：为进行离岛防卫，水陆两栖部队是必要的，再次肯定日本组建两栖作战力量的意义。② 同年11月1—18日，自卫队出动多达3.4万兵力在九州和冲绳地区展开演习。③ 此次演习分为两个阶段，具体实施与前述"西南诸岛防卫行动计划"颇为相似。第一阶段，航空自卫队、海上自卫队协同作战，对前线的假想敌进行袭扰；第二阶段，从九州地区调派部队前往增援，夺回被占岛屿并进行实际控制。期间，自卫队还在冲绳以东的冲大东岛，实地展开登岛演练。2017年，日

---

① 陆上自衛隊：『過去に行われた富士総合火力演習』、http://www.mod.go.jp/gsdf/e-vent/fire_power/backnumber/fire_power_26.html。

② 《日媒曝夺岛演习细节：美军夺岛后交日方接管》，http://mil.huanqiu.com/world/2013－06/4053207.html。

③ 『自衛隊が沖縄の無人島で大規模な離島奪還訓練——「中国への刺激」を懸念』、http://www.kinyobi.co.jp/kinyobinews/? p＝3890。

美双方在东亚地区的演习更加频繁，针对性也更为明确。例如，2017年3月7—10日，自卫队同以"卡尔·文森"号核动力航母为中心的美军编队，在东海地区举行联合演习。日媒对此评论称："美军航母同自卫队进行联合训练十分罕见，其目的在于牵制中国的海洋进出以及屡次试射弹道导弹的朝鲜。"① 同月14日，日美韩三方在日本海再次举行导弹防御和拦截演练，其具体指向不言而喻。通过类似演习，日本不仅强化了陆海空三自卫队的联合"夺岛"能力，也增强了日美两军在岛屿作战中的协同与配合。

第三节　日本"西南防御"战略的效果评估

从政策文件和现实举措来看，"西南防御"战略既有特定指向，也包含日本防卫战略的整体升级。这一战略的主要意图包括：强化西南地区军事部署，加强对岛链地区的掌控；借"西南防御"推动"联合动态防卫力量"建设，提升自卫队联合作战和快速反应能力；捆绑美国实现"借船出海"，以西南诸岛为中心干预周边乃至域外事务；建设外向型军事力量，推动"正常国家化"和政治大国目标的实现。这些意图环环相扣，层层推进，因此可以说"西南防御"战略是继"基础防卫力量构想"之后，日本又一明晰而完整的防卫战略。也正因这一战略之庞大，其对东亚地缘安全格局也将产生诸多负面影响。

---

① 『海自と米空母が今月2度目の共同訓練東シナ海で異例の実施中国を牽制』http://www.sankei.com/politics/news/170329/plt1703290031-n1.html。

一、日本"西南防御"战略的主要意图

（一）强化对岛链及附近海空域的掌控

"西南防御"战略，其直接目的是强化对争议岛屿和相关海域的管控能力。日本与周边邻国的争议领土之中，只有钓鱼岛尚无人驻守。2004 年 3 月 24 日，中国大陆 7 位民间人士登上钓鱼岛，遭冲绳县警方逮捕。同年，"04 大纲"明确提出要强化"岛屿防御"，海上保安厅以及自卫队舰机在钓鱼岛附近海空域的活动明显增多。而发生"撞船事件"和"国有化"闹剧以来，中日双方执法力量在钓鱼岛附近海域的对峙局面逐渐成为常态。对此，安倍晋三再度执政之后，针对"离岛纠纷"提出既非战时也非平时的"灰色事态"概念，试图以军事力量介入钓鱼岛问题。2016 年 11 月 13 日，日本以离岛地区发生"灰色事态"为假想，首次组织海上自卫队和海上保安厅进行联合应对训练。[①] 随着西南地区军事力量的增强，尤其是两栖部队的壮大，日本针对钓鱼岛和东海的军事部署也将持续强化。

"西南防御"战略的主要目的，是强化对岛链及其附近海域的掌控。面向东亚大陆，西太平洋地区存在两条天然岛链。其中，第一岛链主要指由西南诸岛、台湾岛、菲律宾、以及马来群岛构成的链状岛弧。而西南诸岛中的宫古水道等海峡，是东亚大陆进出太平洋的主要通道。随着国防现代化的推进，中国海军正逐步摆脱此前的近岸防御状态，越来越多地跨过第一岛链，走向太平洋。对此，日本在"13 大纲"中宣称："中国在东海、南海等海空域的活动呈急速扩大和活跃态势……中国军队的舰艇和飞

---

① 『「グレーゾーン」初訓練　警察、海保、自衛隊の3 機関連携』、http：//www.tokyo-np. co. jp/article/politics/list/201611/CK2016111302000107. html。

机进出太平洋已经常态化。"为此，大纲要求海上自卫队建设常态且持续的监视能力，增强以反潜为主的作战能力，从平时即有效进行"情报收集、警戒监视、侦察活动"。在"西南防御"战略的构建过程中，陆海空自卫队大力强化在第一岛链中的西南诸岛的军事存在。在此基础上，"13 大纲"还首次提出要"强化太平洋一侧岛屿的防空态势"，[①] 防卫省也着手推进第二岛链的基地建设。第二岛链自南向北主要包括马里亚纳群岛、日本的小笠原诸岛和伊豆群岛。其中，马里亚纳南端的关岛是美国在西太平洋的重要军事基地，也是冲绳美军东迁的主要承接地。日本则在小笠原诸岛中的父岛和硫磺岛，分别设有海上自卫队和航空自卫队基地。2013 年 10 月，时任防卫大臣小野寺五典前往小笠原诸岛，视察监控来往舰机的通信基地以及硫磺岛雷达基地建设情况。当时，小野寺表示，中国在太平洋的活动日益活跃，为此有必要建设情报收集设施。[②] 在日本固执于对华遏制思维的情况下，随着"西南防御"战略的推进，第二岛链将成为自卫队下一阶段的军备建设重心所在。

（二）借助日美安保同盟实现"借船出海"

捆绑美国共同"防御"钓鱼岛，以为"西南防御"战略减轻后顾之忧。根据签订于 1960 年的现行《日美安全保障条约》第五条，美日共同防卫的地域范围被限定在"日本国施政的领域下"。通过这一限制条款，日本同韩国和俄罗斯的争议岛屿被排除在日美安保范围之外，而如何界定钓鱼岛则相对模糊。美国在将冲绳移交给日本时就曾表示：美国移交的是施政权，并不损害

---

① 『平成 26 年度以降に係る防衛計画の大綱について』、http://www.mod.go.jp/j/approach/agenda/guideline/2014/。

② 『対中で通信傍受施設「必要不可欠だ」防衛相が硫黄島視察』、http://www.sankei.com/region/news/131006/rgn1310060001 – n1.html。

当事方的权利主张。① 也就是说，美国在钓鱼岛主权问题上不持立场。但是，在强化"西南防御"的过程中，日本对钓鱼岛是否适用日美安保条约深感不安，屡次向美国寻求安保承诺。2016 年 12 月 27 日，安倍晋三在夏威夷同时任美国总统奥巴马会晤时，再次提及钓鱼岛与安保条约的关系。奥巴马回应称：美方认为钓鱼岛属于安保条约第五条适用范围。② 日本对这一口头承诺并不满足，2017 年 2 月 10 日，安倍晋三访美时同美国新任总统特朗普发表"日美联合声明"，指出"两国首脑确认《日美安全保障条约》第五条适用于'尖阁诸岛'（即钓鱼岛），反对任何试图损害日本对该诸岛施政的单方行动"。③ 安倍晋三回国之后，于 2 月 14 日在众议院预算委员会上表示："日美共同声明中明确载入冲绳县'尖阁诸岛'属于日美安保条约适用范围，而该条约规定美国负有防卫日本的义务，因此今后没有必要再次确认。"同时，安倍强调，将日美两国在东海地区的协作写入共同声明，是"极有意义的、是划时代的"。④ 通过以书面形式确认日美共同"防御"钓鱼岛，日本暂时实现了其捆绑美国，共同强化"西南防御"的企图。

借助日美安保平台，实现自卫队"借船出海"。对于冲绳基地的战略价值，《防卫白皮书》中指出：冲绳本岛基本位于西南诸岛的中央部位，临近日本海上运输线，对日本的安全保障意义重大；冲绳本岛同台湾海峡、朝鲜半岛等事关日本安保的潜在纷

---

① 『米国が沖縄返還で「尖閣諸島は日本に施政権」とニクソン大統領が返還直前に決断し、これが安保条約適用の論拠』、http：//sankei. jp. msn. com/world/news/120928/amr12092807220001 - n1. htm。

② 《安倍与奥巴马再提钓鱼岛"适用于"安保条约》，http：//news. china. com/international/1000/20161228/30122737. html。

③ 『共同声明』、http：//www. mofa. go. jp/mofaj/files/000227766. pdf。

④ 『尖閣防衛義務「いちいち再確認する必要なくなった」安倍晋三首相、日米首脳会談の成果強調』、http：//www. sankei. com/politics/news/170214/plt1702140020 - n1. html。

争发生区域距离适中，既有利于部队防护，也可迅速派遣部队前往；从周边国家视角来看，无论是从大陆进入太平洋，还是阻止从太平洋返回大陆，冲绳都占据着重要的战略位置。① 正因冲绳的战略地位，虽然经过数次"基地返还"，冲绳本岛依旧因美军基地遍布而被称为"基地中的冲绳"。日本在强化"西南防御"的过程中，也大幅增加在这一地区的军力存在，西南诸岛已经演变为日美两军基地遍布的"列岛防线"，这也强化了日本协防美军基地、以及日美双方共同干预"周边事态"的能力。通过在军事部署和防卫协作上不断加深与驻冲绳美军的融合，日本也在借助日美安保协作这一平台，不断拓展自卫队的海外活动范围。对于"周边事态"，日美两国声称，"周边"并非地理概念而是基于事态的概念，并称这是一种战略和军事的现实常识。② 而进入 21 世纪，日美安保升级为全球协作的同时，日本通过这一平台，不断扩大自卫队的海外活动空间。根据日美安保分工和部分解禁的"集体自卫权"，自卫队不仅可以对"进行有助于日本防卫"的美军提供支援，还可以为美国的军事装备提供护卫。比如，2017 年 5 月 1—3 日，日本根据"集体自卫权"原则，首次为美国补给舰提供护航保障。这一行动虽然发生在日本海域，但也是自卫队职能在实践中的又一突破。西南诸岛作为美国亚太战略和日本"西南防御"战略的地理交汇点，今后，日美双方在这一地区及其"周边"的防卫协作将不断拓展。不过，根据日美《防卫合作指针》，自卫队在现阶段只有在美国展开军事行动时，才可能采取支援行动。这一限制既约束着日本的军事活动，也为日美防卫协作的未来走向埋下一定变数。

---

① 防衛省：『平成 28 年度防衛白書』、http：//www. clearing. mod. go. jp/hakusho_data/2016/html/n1244000. html。

② 江畑謙介著：『日本の安全保障』、講談社 1997 年版、第 197 頁。

（三）推动防卫战略的外向型转变

以"西南防御"为名，行防卫战略转型之实。二战之后，日本攻势军力发展和军力前出海外受到诸多限制。"西南防御"战略的构建，则是进一步突破这些限制的过程。与此前的防卫战略以"特定威胁"为指向不同，"西南防御"战略主要以既定目的为牵引而展开。虽然日本不断渲染周边邻国的"威胁"，为其扩充军备制造舆论。但从"西南防御"战略的实际举措和主要意图可以看出，日本早已明确防卫战略外向型转变的既定目标。

通过"西南防御"战略，拓展自卫队任务职能和活动空间。战后，日本军事力量的任务职能长期被限定在自卫范畴。但借助日美安保同盟，日本不断拓展自卫队的职能和活动范围。冷战后日美安保再定义的过程中，双方将防卫协作重点转向"周边事态"，并在"97 指针"中将其明文化。1999 年，日本国会通过《周边事态法》，为自卫队在"周边地区"支援美军提供法律依据。在"西南防御"战略的推进过程中，尤其是安倍晋三再度执政以来，日本防卫战略的外向型转变加速推进。2014 年 7 月 1 日，安倍内阁通过"关于整备安全保障法制的内阁决议"，其中提出三种"既非完全平时也非有事的事态"，具体包括：日本周边发生不至于发展为武力攻击，但严重影响日本安全的事态；离岛周边地区警察力量缺位，或发生警察力量无法应对的事态；美军在从事有助于日本防卫的活动（包括共同训练在内）时，遭到攻击的事态。对于上述事态，安倍内阁提出，要尽快完善"自卫队可以行使武力或协同警察力量进行应对"的相关法制。[①] 其后，防卫省在 2015 年版《防卫白皮书》中明确提出"灰色事态"概

---

① 森川幸一：『グレーゾーン事態対処の射程とその法的性質』、『国際問題』2016 年、No. 648（2016 年 1、2 月）、第 29—38 頁。

念，将其界定为"围绕领土或主权、海洋经济权益等，既非完全平时也非有事的事态，也可称之为准有事"。① 同年9月，日本国会通过"和平安全法制整备法"和"国际和平支援法"等法案，将《周边事态法》修订为《重要影响事态法》，标志着以解禁集体自卫权和拓展自卫队职能为主要内容的"新安保法制"基本确立。据此，日本一旦认定"离岛"或相关海域发生"灰色事态"，即可出动自卫队进行应对，从而将自卫队职能拓展到警察部门负责的领域。随着外向型军力建设的推进，日本还不断扩大自卫队的活动范围。2015年6月5日，防卫大臣中谷元在众议院接受质询时表示，"只要符合新制定的武力行使三要素，理论上在南中国海行使集体自卫权也是可能的"。② 2016年8月，美国以"航行自由作战"为名向南海派遣军舰。日本政府表示，根据新通过的"安保关联法案"，只要美军实施的活动有助于日本的防卫，那么自卫队在不共同行使武力的情况下，可以与美国共同巡航。③ 在这一背景下，自卫队在南海的活动也日趋活跃。2017年3月，海上自卫队吨位最大的"出云"号护卫舰前往南海，并先后与菲律宾海军、以及美国"里根"号航母展开共同训练。随着日本防卫战略外向型转变的继续推进，自卫队在南海以及印度洋地区的活动也将更加频繁。

---

① 防衛省：『平成27年版防衛白書』、http：//www. mod. go. jp/j/publication/wp/wp2015/w2015_00. html。

② 『日本防衛省「南シナ海紛争時は集団的自衛権の行使可能」（1）』、http：//japanese. joins. com/article/585/201585. html。其中，行使武力的"新三要件"是指安倍内阁2014年通过的内阁决议中，关于日本发动自卫权（行使武力）时应满足的三个要件：（1）发生对日本的武力攻击，或发生对同日本关系密切的他国的武力攻击，日本国民的生命、自由及追求幸福的权利有因此被彻底颠覆的确切危险；（2）没有其他适当手段可以排除此种攻击以保全日本的存立和守卫国民；（3）此种行使应限于必要最小限度。

③ 『自衛隊南シナ海派遣けん制 中国「譲れぬ一線」』、http：//www. tokyo-np. co. jp/article/politics/list/201608/CK2016082102000111. html。

二、日本"西南防御"战略的负面影响

（一）加剧东亚区域内部紧张局势

"西南防御"战略旨在构建攻势军力，推动防卫战略外向型转变，将严重阻碍地区局势的缓和。冷战结束之后，东亚区域的遗留问题依旧因第三方势力的干预而不时激化。在朝鲜半岛，坚持"先军政治"的朝鲜，将其安全筹码寄托在核武器和弹道导弹的获取上，韩国则在美国的支持下持续推进"萨德"反导系统的部署。尤其是朝核问题的反复，既有朝鲜自身因素，也同美国和日本的对朝强硬政策密不可分。1998 年 8 月 31 日，朝鲜宣布发射"光明星 1 号"卫星，火箭飞越日本列岛上空，美日两国认定该火箭实为"大浦洞 1 型"导弹。同年 12 月，日本即决定同美国联合研发弹道导弹防御系统。其后的 2003 年 12 月 19 日，小泉纯一郎内阁通过"关于弹道导弹防御系统整备等"的决议，决定优先构建以应对导弹威胁为主的防卫力量。同时，以构建反导系统为名，日本不断为主动"攻击敌国基地"渲染舆论，还将自卫权的行使拓展到外太空。2006 年 7 月，外务省下属的日本国际问题研究所发布题为"日本的导弹防御"的报告，主张只要符合"情况紧急、没有其他手段、必要最小限度"这三要素，日本就有权对敌国导弹基地以及其他相关之指挥、通讯、管制、计算机等设施展开"先制攻击"。[1] 2008 年 5 月 21 日，日本国会审查通过《宇宙基本法》，规定只要是"非侵略之和平用途，即可使用外太空"，正式承认自卫队可以利用外太空行使自卫权。[2] 此外，

---

[1]　金田秀昭ほか著：『日本のミサイル防衛—変容する戦略環境下の外交安全保障政策』、日本国際問題研究所 2006 年版、第 88 頁。

[2]　『宇宙基本法が成立 防衛目的の衛星利用可能に』、http：//www.47news.jp/CN/200805/CN2008052101000288.html。

日本还于 2011 年 1 月与韩国签订《军事情报保护协定》。日本所采取的这些对策，进一步加剧了半岛的紧张局势，使得相关方的对抗不断升级。

半岛事务之外，日本还积极介入台海问题。无论是日美两国签订于 1951 年的旧"安保条约"，还是 1960 年的新"安保条约"，其中均有所谓"远东条款"。① 随着自卫队实力的增强以及日美安保协作的再定义，这一条款也逐渐为日本介入台海和南海问题所利用。台湾岛是所谓第一岛链的关键一环，也是东亚地缘战略中一个极为特殊的存在。在 2005 年和 2011 年的"美日安保协议委员会（'2+2'会议）"中，日美两国均将"台海问题的和平解决"列为共同战略目标。对日美两国的干涉言行，台湾岛内部分政治势力也随之附和。2005 年 10 月，时任台湾当局领导人陈水扁表示：对台湾来说如何促进日美安保的强化，如何构建台美日综合安全保障对话机制是当下急务。② 不过，随着中国的崛起和东亚区域秩序重构趋势日趋明朗，不排除 20 世纪 70 年代美国"放弃"台湾再次重演的可能。比如，2011 年，美国哈佛大学肯尼迪政府学院研究员保罗·肯恩即主张，美国应终止对台军售以及对台安全承诺，换取中国解除当时所持的 1.14 万亿美元国债。③ 但是，日本在台湾问题上的介入决心相对美国更为坚决。基于其对华遏制的既定政策，日本在"西南防御"战略的构建过

---

① 远东条款：指日美旧、新"安保条约"中关于"远东"的规定。具体为：1951 年日美两国签署的旧"安保条约"第一条规定，驻日美军的目的之一是"为了维护远东地区的国际和平与安全"；1960 年签订的日美新"安保条约"第五条基本承袭这一内容，规定美国驻军日本是"为了对日本的安全以及对维持远东的国际和平与安全做出贡献"。

② 陈清泉：《台湾的地缘政治密码析论》，《东亚论坛季刊》2010 年 12 月，第 119—134 页。

③ Paul V. Kane, "To Save Our Economy, Ditch Taiwan," The New YorkTimes, November 10, 2011. http://www.nytimes.com/2011/11/11/opinion/to-save-our-economy-ditch-taiwan.html?_r=2&partner=rssnyt&emc=rss.

程中，不断强化对台干预能力并完善相关法制。2013 年 4 月 1 日，安倍内阁公布"防卫装备转移三原则"，在理论上为其向包括台湾在内的境外地区转让军事技术、装备进一步扫除障碍。此外，根据 2015 年通过的《重要影响事态法》以及解禁后的"集体自卫权"，日本干预台海"有事"的法律进一步完善。日本的这些举动加剧了地区问题的复杂性，也使本地区安全困境更为严峻。

（二）"西南防御"战略将加剧地区安全困境

日本在捆绑美国深度介入"西南防御"战略的同时，还不断强化同域外势力的军事协作。战后，日本的安全政策长期追随美国的亚太及全球战略调整。美国的"亚太再平衡"与日本的"西南防御"战略，二者有着共同的利益诉求，即维持和扩大各自在本地区的影响力。为此，日本在诸如朝鲜半岛、台海、钓鱼岛、南海等地缘安全问题上均与美国积极配合。日美双方不断加强"日美韩""日美澳""日美印"以及与东南亚部分国家的军事协作，试图打造从西南诸岛至北印度洋的对华封锁线。比如，在南海问题上，日美两国刻意将"航行自由"与"主权问题"混为一谈，以为其介入提供所谓依据。日本外务省官员曾就南海问题指出，如果中国在南海局势上掌握主导权，那么中国在钓鱼台争议与东海油气田问题上将展开攻势，南海问题并非事不关己，日本无法隔岸观火。① 因此，日本不断加强与菲律宾和越南等南海岛礁声索国的合作。2013 年 1—11 月，安倍晋三再次就任首相之后不到一年的时间里，其外访足迹已遍及东盟 10 国。同年 7 月 27 日，安倍晋三在访问菲律宾期间宣布，日本将以日元贷款形式向

---

① 分析：《日中外长会谈就"海上安全问题"分歧明显》，http://tchina. kyodonews. jp/news/2011/07/12170. html＞。

菲律宾提供巡逻舰。12 月，在东京举办的"东盟—日本"峰会上，日本不顾其早已划设防空识别区的事实，对中国划设东海防空识别区进行无端指责，要求中国确保飞行自由。2016 年 4 月 12 日，海上自卫队护卫舰首次停靠越南金兰湾。此外，日本还积极拉拢印度等域外势力介入。2016 年和 2017 年，日本和印度还分别在冲绳海域和印度洋海域，举行代号为"马拉巴尔"的年度联合军演，而且该联合演习已经制度化。日本的这些举动，使本地区、尤其是中日之间的安全困境难以缓解。

古希腊历史学家修昔底德在《伯罗奔尼撒战争史》中说，雅典的力量增强以及由此引起的斯巴达的恐惧，使得伯罗奔尼撒战争不可避免。也就是说，存在竞争关系且缺乏战略互信的国家之间，容易陷入各自追求自身安全，甚至谋求遏制对方的恶性循环之中，其结果反而导致本国陷入更不安全的境地。这一怪圈即所谓"安全困境"，也称"修昔底德陷阱"。冷战结束之后，与欧盟、东盟等地区相对完善的多边安全协作机制相比，东亚地缘安全环境并未发生明显改观。尤其是本应在苏联解体之后坐享安全红利的日本，其奉行的"与邻为敌"的安全政策，导致本地区主要国家之间的安全困境不断加剧。日本思想史研究学者泰萨·莫里斯（TessaMorris-Suzuki）曾指出：对日本来说，20 世纪 90 年代是"从两种未来选项中择一的岔路口"，其一是更加开放的日本，同亚洲邻国和其他国家强化文化和社会纽带之路；其二是封闭的日本，民族主义高涨，军备扩张，对他者的恐惧心理以及同邻国的摩擦不断增加。从现实来看，进入 21 世纪的第二个十年，日本至少在政府层面已明确踏上后者的道路，另一条通往开放的道路已黯然失色。① 鉴于日本所选择的道路，冷战后的中日关系长期

① 爱甲雄一：『新しい戦争論と東北アジア—地域平和の構築に向けて』、『アジア太平洋研究』、2014 年 11 月号、第 3—25 頁。

以"政冷经热"为基本格局。日本"西南防御"战略的构建，则使两国之间的安全困境更加严峻。近年来，"西南防御"战略的负面影响已愈发明显，朝鲜半岛局势以及中日关系乃至南海问题均深受影响，印度等域外国家对亚太安全事务的介入趋势也不断增强。鉴于日本加速推进"西南防御"战略，并试图以此为推手，强化对周边事务的威慑和干预能力，这必将进一步削弱日本同周边邻国的战略互信。

（三）增大东亚地区秩序重构中的变数

作为东亚地区的两个主要大国，中国和日本在地缘战略上的矛盾由来已久。在地缘政治上，分处欧亚大陆两端的日本与英国有许多相似之处，但与以欧洲大陆"离岸平衡者"自居的英国不同，日本一贯追求成为东亚区域秩序的唯一主导者，这也就导致东亚地缘安全和区域秩序重构必然面临诸多变数。中国和日本作为本区域的主要国家，双方为谋求自身的长远发展，都希望通过走向世界来实现自身利益。中国在走向世界的过程中希望塑造的是包容、共同发展的地区与全球格局，日本则试图通过"西南防御"战略的构建，为遏制中国崛起和阻碍区域秩序重构进行提前布局。

进入 21 世纪，东亚区域秩序重构的趋势日益明显。作为当今世界地缘政治和大国战略交互作用最为集中的区域之一，东亚地区地缘价值和安全结构的复杂性，使其一直是国际政治中的热点区域。随着中国的崛起，台海两岸实力对比的天平已明显向大陆倾斜，东海和南海局势也正在迎来新变化。东亚区域秩序的重构，将促进南海、台湾、朝鲜半岛等冷战遗留问题的和平解决，有助于地区的长久稳定。但是，美日两国认为，中国崛起将挑战现有的区域与国际秩序，削弱美日两国在地区安全事务中的影响力。因此，日本试图通过"西南防御"战略，争夺东亚地区事务的主导权，干预区域秩序重构进程。目前，自卫队正沿西南诸岛、南海、马六甲海峡、北印度洋、中东地区不断强化军事存在，加紧打造对中国进行围堵的战略布局。进而，日本希望借助"西南防御"战略，构建对外干预型的防卫战略，以进一步突破战后体制束缚，最终实现"正常国家化"。

第二章　南海争端与日本的
强化介入

南海不仅因为其地处国际交通要道而被日本一直视为其海上"生命线"，而且由于其紧靠东南亚这一对日本具有重要政治经济价值的战略要地而备受重视，同时南海对于日本战后作为海洋国家的再定位并参与海洋地缘政治竞逐也具有重要意义。从历史上看，日本对南海保持了长期的关注并有着特殊的情愫。日本在南海的存在经历了从 20 世纪初的非法掠夺、二战时的军事侵占到战后被迫放弃的历程。冷战后，随着日本对政治大国地位的追求及增强在东南亚地区政治经济影响力的需要，又开始有意识地介入南海争端当中，逐步强化对南海地区安全事务的影响。

2012 年安倍第二次执政上台后，在首访东南亚时发表了题为《开放的，大海的恩惠——日本新的外交五项原则》演讲，在其高调宣示的"东南亚外交五原则"中，首次提出有着明确南海指向的"共同维护海洋权益和航行自由"内容。[①] 此后，日本更进一步强化了对南海争端的介入力度和增加更多的作用手段，成为中国一段时间以来所面临的南海外交困局与现实安全威胁中的重要影响因素，对中国海上安全及地区和平稳定造成了不良影响。安倍内阁的南海政策既包含了日本谋求摆脱"战后体制"束缚、实现"政治大国"愿望的内在需求，又包括迎合美国亚太战略、

① 《开放的，大海的恩惠——日本新的外交五项原则》，http：//www. cn. emb-ja-pan. go. jp/fpolicy/j-c130118. htm。

制衡中国崛起、强化地区影响等外在目标，它既与日本自甲午战争以来的南海政策运筹存在延续性，又依据地区环境变化及日本国家安全战略转变进行了新的调整。

第一节　日本强化介入南海争端的地区背景

自冷战后日本对南海事务"有限介入"以来，日本政府近年来再一次对南海投以持续关注，随着日本在南海周边地区的外交安全举动趋向活跃，日本在南海地区的影响也在稳步提升。而在安倍 2012 年再次上台执政后，日本大大强化了对南海争端的粗暴干涉，介入表现更加积极，意志表达更加直接，作用手段更加多样。安倍内阁的南海政策既有对冷战结束以来日本介入南海事务的延续，更是结合了特定地区背景及日本国内状况变化下的一次"突变"。首先，南海特殊的地缘区位本就赋予其极端重要的战略价值，而冷战后亚太经济的迅速腾飞则使日本与南海相关的的经济利益更加凸显。其次，2009 年以后南海争端在域内外各方共同作用下迅速激化，地区局势的持续紧张以及部分当事国的"大国平衡"心理为日本插手提供了抓手。再次，美国奥巴马政府大力推行"亚太再平衡"战略，为弥补自身力量不足开始鼓励日本在亚太事务中发挥更大作用，为日本加大介入南海争端大开绿灯。最后，中日自 2010 年撞船事件后在东海及钓鱼岛海域的海空摩擦加剧，日本开始联动东、南两海在海洋事务上对中国采取对抗态势，促使中日间本就脆弱的安全关系进一步恶化。

一、南海地缘战略价值上升

南海是连接太平洋和印度洋、东北亚和东南亚地区的十字枢纽，也是世界上多条重要海上及航空运输通道的必经之路，其至关重要的地缘位置为其赢得了亚太地区的"地中海"之称。进入新世纪以来，亚太经济的迅猛发展，地区对外经贸联系的日益密切以及能源需求的不断扩大使得南海的地缘战略价值更加凸显。据统计，平均每年通过南海的各类船只有10万多艘，每天经过南海的原油数量超过1500万桶，每年经过南海运输的天然气超过6万亿立方米，每年通过的货物价值达6000亿美元，运输量占世界总量的1/3。南海油气资源丰富，预计地区原油储量达到110亿桶，天然气则超过190万亿立方米，此外还有储量可观的可燃冰碳氢能源。①

　　南海地理位置的重要性也引起了世界各主要大国及周边国家的觊觎和关注。其中，四面环海、资源贫乏的岛国日本对南海的战略价值有着清醒而深刻的认识。二战后日本自民党"海空技术调查会"就将太平洋战争的失利归咎于南海控制权的丧失。② 日本防卫厅曾力陈南海的重要性："东南亚包括马六甲海峡、南海和印尼与菲律宾附近海域，对转运自然资源到日本至关重要，该地区也是联系太平洋和印度洋海上交通的关键。"③ 日本防卫白皮书则明确表示"南海是日本的'生存与繁荣'之所系，这从20世纪60年代以来从未改变"。④ 甚至有日本学者宣称："哪怕将南海的安全稳定视为日本的'核心利益'也不为过。"⑤ 尽管这些说

---

① Data from analysis of energy in formation of the South China Sea, U. S. Energy Information Administration, https://www.eia.gov/beta/international/analysis_includes/regions_of_interest/South_China_Sea/south_china_sea.pdf.

② 日本海空技術調查会：『海洋国家日本の防衛』、原書房1974年版。

③ Bob Catley and Makmur Keliat, "Spratlys: The Disputein the South China Sea," Great-Britain, Biddles Limited, pp. 129. 1997.

④ 防衛省：『平成25年度日本の防衛——防衛白書』、http://www.mod.go.jp/j/publication/wp/wp2013/pc/2013/pdf/index.html。

⑤ 福田保：『南シナ海問題における日本の役割と課題』、http://www.jiia.or.jp/column/201108/08 - Fukuda_Tamotsu.html。

法或真实或有夸张的成分，但也侧面反映出南海对日本的重要意义及日本对南海的高度重视。在当前南海地缘战略价值上升的地区背景下，对日本而言，南海所具有的确保运输通畅、扩大能源开发以及维护对东南亚经贸联系的多重意义也更加突出。

日本作为资源贫乏岛国的地缘角色决定了它对南海海上通道的高度依赖。一方面日本经济发展所需能源和原料大多源自海外，仅以 2015 年为例，日本分列全球天然气与石油进口的第一与第三位，在其从中东进口的 18 亿桶原油中，超过 80% 要经过南海。而在日本消费的 4.4 万亿立方英尺天然气中，需要经过南海的超过 70%。[①] 另外，日本工业制造所需铜的 42%、铁的 17%，以及大量橡胶、木材都需要经过南海通道运至国内。[②] 另一方面日本对外贸易的产品又要经过海上交通线运出。南海通道作为日本与东亚、大洋洲、印度洋及中东各地联系的最便捷通道，是日本对欧洲、中东及东南亚地区开展贸易及货物转运的必经之路，对日本经济而言就像输血的大动脉。[③] 尽管印尼的龙目及望加锡海峡可以成为南海通道的替代选择，但更远的路程意味着经济成本以及消耗时间的增加，因此一旦发生南海通道被切断而被迫改道，日本经济有可能遭受严重打击。

此外，日本还广泛参与到与东南亚各国对南海海上油气资源的开发事业当中。双方合作自冷战期间就已开始，日本战后经济的迅速腾飞带动了对能源需求的增长，之后日本又连续遭遇两次石油危机的冲击，使其决心加大对东南亚油气资源开发的投资，

[①] Data from analysis of energy in formation of JAPAN, U. S. Energy Information Administration, https：//www.eia.gov/beta/international/analysis.cfm? iso = JPN.

[②] 吴士存、朱华友主编：《聚焦南海》，中国经济出版社，2009 年版，第 64 页。

[③] 郭熠烈著：《日本和东盟》，知识出版社，1984 年版，第 77 页。

寻求资源的稳定供应以降低对中东石油的依赖。进入 21 世纪以后，日本一方面继续推进产地多样化及对外技术合作的能源政策，另一方面则有意识地参与南海争议水域的能源项目，企图通过海上能源开发介入南海事务当中。目前在靠近中国公布的"九段线"或位于线内的离岸资源开发项目中，有日本公司或日本资本参与的，越南有 4 处，印尼有 4 处，马来西亚有 1 处，文莱有 1 处，[①] 其中日本石油、天然气金属矿产资源机构（JOGMEC）、三菱和新日本石油（Mitsubishiand Nippon Oil）、日本石油与天然气公司（JXNippon Oil & Gas）等石油公司扮演了先锋角色，而这些公司中相当一部分又具有日本经济产业省、经济贸易产业省的官方背景。[②] 可见，日本积极参与在南海争议地区的能源开发不仅有经济意义，也存在扩大与争端当事国间利益契合，以经济行为牵制中国在南海主权声索的地缘政治考量。

自战后日本借助"赔款外交"重返东南亚后，在美国的授意和支持下，日本与南海周边的东南亚国家建立起了紧密的经济联系，东南亚长时间充当着日本重要的原材料来源地、商品出口市场、投资去向及对外援助接受方，因此在日本的对外经济关系中具有举足轻重的地位。进入新世纪以来，尽管受到中国崛起及中日经济实力对比位置互换的巨大冲击，日本与南海周边东南亚国家的经济联系依然十分密切。日本仍是东南亚国家最重要的外国投资来源之一，2011—2013 年对东盟投资总金额约为 564 亿美元，占外国对东南亚各国投资金额的 17%，日本依然保持了对东

---

① Reinhard Drifte. Japan's Policy towards the South China Sea-Applying "Proactive Peace Diplomacy"？. *Peace Research Institute Frankfurt（PRIF）*, http：//www. hsfk. de/fileadmin/HSFK/hsfk_publikationen/prif140. pdf. p. 9 – 10.

② Storey Ian, "Japan's maritime security interests in South east Asiaand the South China Sea Dispute," *Political Science*, Vol. 65, pp. 146. 2013.

南亚国家政府开发援助最大提供方的地位，在 2012—2013 年度日方援助占东南亚各国的援助比例高达 20%。虽然自 2009 年以后日本的东盟最大贸易伙伴已被中国所取代，但东南亚地区仍然是日本贸易顺差获取的重要来源，2015 年，日本对东盟商品贸易顺差达到 83 亿美元，东盟是该年日本的第二大顺差来源。[①] 可以说，日本的经济繁荣很大程度上依赖于与东南亚的紧密经贸资本联系，而南海则正好处于日本与东南亚的地理位置中间，因此南海的安全稳定与日本的经济命脉直接相关。

从资源经贸联系来看，南海是决定其经济兴衰的"生命线"；从能源开发来看，南海油气开发对日本具有推进能源来源多样化以及借以插手南海事务的双重性；从对东南亚经济联系来看，南海地区稳定事关日本对其视为"战略后方"的东南亚地区的经贸联络、投资安全。不可否认，日本在南海存在一定的经济利益基础，而近年来东亚地区经济的迅速发展，促使南海对日本多重意义更加凸显，挑动着日本对南海事务的敏感神经，对日本在南海争端的关注上起了强化作用。

二、南海地区主权争端激化

尽管 1995 年中菲"美济礁事件"[②] 使南海争端在地区层面引起了一定波澜，但在中国及其他当事国的积极努力下，以 2002 年

---

① Data from Japan's International Tradein Goods in 2015, Japan External Trade Organization, https：//www.jetro.go.jp/en/reports/statistics/.

② 美济礁事件：1995 年菲律宾声称中国非法拘留菲方船只船员，并在南海美济礁上修建建筑物，以此为借口对中国"侵入"菲律宾声称主权的南海海域表示抗议。此后菲律宾无视中国的澄清及解释，采取了一系列扩大事态的行动，包括增加菲方在南海非法侵占岛礁上驻军，炸毁中国多个南海岛礁上的测量标志，袭击中国渔船并组织外国记者到美济礁进行"采访报道"，谋求借以引起国际舆论关注。菲律宾在美济礁问题上蓄意挑起各种事端一直持续到 1998 年，在中国坚持外交谈判的不懈努力以及东盟的居中协调下，该事件得以消弭降温。

中国与东盟各国签署《南海各方行为宣言》为标志，在当事国之间初步建立起了指向南海争端解决的政治规则和框架。在此阶段内，地区各国针对搁置争议与和平协商解决手段达成共识，并以加大经济合作为核心，推动中国与东盟关系持续向好发展，南海地区安全形势基本稳定可控。

然而进入 2009 年之后，南海地区主权争端却骤然激化，在域内外因素交织的共同作用下快速升温。2009 年联合国大陆架界限委员会接受沿海国家大陆架主张声索的截止时间即将到期，引发菲、越、马等南海周边国家争相抢先提交大陆架划界案，私自瓜分南海争议岛礁并纳入其主权领土，对中国的南海权益构成严重挑战，率先引爆南海争端中的主权争议潜在矛盾。其后，美国高调宣布"重返亚太"，在南海争端上采取事实上偏袒东南亚各国的政策立场，批评中国的合理权利主张并派遣军舰和侦察船只频繁骚扰中国南海，诱发中美"无瑕号事件"[①] 并在南海发生紧张对峙，内外因素的共同作用扭转了此前稳定向好的南海局势，推动南海争端升级进入了外交、舆论对战新阶段。此后，南海争端持续发酵，在地区各国媒体高度关注及民族主义情绪飙升影响下，南海逐渐进入问题高发期。[②] 2012 年菲方干扰中国渔船正常

---

① "无瑕"号事件：2009 年 3 月美国海军海洋侦测船"无瑕"号闯入距海南岛 120 千米处的中国专属经济区，疑似采取水下声呐探测的非法作业。中国紧急派出海军情报搜集船和海上执法船只连同爱国渔船共 5 艘对其进行了抵近观察和驱逐行动，并派出了海监飞机进行盘旋取证作业，之后美方"无瑕"号船对中国船只采取了高压水枪喷射动作，造成双方在该海域短时间的对峙紧张局面，之后美方"无瑕"号在中方维护海洋合法权益的坚定决心面前被迫离开。该事件引发了中美两国后续在国际法上美国是否有权进入他国专属经济区实施"科学测量"活动的激烈争论，并加剧了南海地区的紧张状态。

② 李忠林：《中国对南海战略态势的塑造及启示》，《现代国际关系》2017 年第 2 期，第 24 页。

作业，蓄意挑起"黄岩岛事件"①，企图借南海紧张局势进行"政治投机"，破坏了中国与南海其他当事国间搁置争议共识与友好协商氛围。2013 年菲律宾枉顾中方反对与国际惯例，单方面将南海争端提交国际仲裁，再次将争端推到国际舆论的风口浪尖。2014 年越南派出海上执法船只无理冲击中国 981 钻井平台在西沙海域的正常作业，之后又挑动并坐视国内的反华游行与暴力事件，造成了震惊世界的"981 事件"，进一步加深了中国与越菲等激进声索国间的立场对立。进入 2016 年，围绕南海仲裁案的审理与判决，域内外各方势力展开复杂互动博弈，以临时仲裁庭最终通过对中国的不利裁决标志着中国在南海主权争端问题上承受的国际压力达到峰值。南海一系列事件的爆发，促使地区局势逐步朝着"阶梯式"上升的紧张方向发展，而在内外因素复杂互动下形成的主权争端及大国竞争"双层博弈"，进一步加剧了南海争端的混乱状态。

南海争端近年来的持续激化除了地区主权争议潜在矛盾的倏然爆发以外，同时也有域内国家为谋求自身利益而主动作为的因素作用。由于中国与东南亚其他南海争端当事国在综合国力上存在悬殊差距，从而客观上在南海争端中构成了一种非对称性关系，使中国在南海争端处理中面临被当做制衡方的"大国困境"。这种关系实质上是南海争端下中国与其他声索国双方力量对比的客观反映，即中国无论在经济实力、军事力量还是国际舞台上的

①　黄岩岛事件：2012 年 4 月菲律宾 1 艘军舰对在黄岩岛潟湖内 12 艘中国渔船的正常作业活动实施干扰，不仅堵住后者进出潟湖的通道，并企图对中国渔民实施抓捕，之后中国 2 艘海上执法船及时赶到对我渔船进行了现场保护。在中国渔船被安全送离该海域后，双方各自增派了海上力量进行对峙。之后菲律宾不顾中国严正交涉的外交要求，继续在国内外实施一系列激化冲突的言行，包括声称要求与中国采取国际司法手段解决争端、煽动国内民众进行示威，对黄岩岛进行重命名，使事态一度出现紧张升级局面。事件发生后，中菲围绕黄岩岛在外交、安全、舆论、国际法等多个维度展开复杂博弈。

政治影响力都要超过东南亚任何一个国家。尽管中国一贯恪守独立自主的和平发展道路,然而在南海争端中与东南亚各"小国"进行政策互动当中,中国的"大国"身份不可避免会凸显出来,因而面临着地区各国对中国海洋行动及意图的深切疑虑。而部分东南亚国家为了减少中国的"大国身份"对南海争端谈判中可能获得的"优势",积极实施"大国平衡"战略引入域外大国力量,企图在各大国左右逢源中谋求利益最大化。其中,以越菲为代表,在南海争端中采取较激进立场的当事国低估了中国南海维权的决心,相反却对中国的海上行动可能受到国际社会的压力作出了过度乐观的预计,因而敢于不顾政治后果,在南海对中国采取政治投机式的强硬言行,积极推动地区局势升温。结果再一次引爆了南海主权争议中的潜在矛盾,成为造就南海局势紧张升级的源动力。

但对于日本而言,南海局势的"乱象"及以越、菲为代表的平衡吁求恰恰提供了插手南海争端的借口。2012 年底安倍上任不久就开始在媒体上公开发言,大力炒作南海版本的"中国威胁论",不仅用意味深长的"北京湖"来代称南海,而且极力渲染中国核潜艇与航母在南海的军事威胁,借此恐吓已为惊弓之鸟的东南亚各国。[1] 日本将东南亚国家视为"抵挡中国安全压力及影响力的重要前卫",[2] 企图利用东盟在面对中国快速崛起时产生的焦虑和担忧,借以牵制中国在东海的行动并提升在东南亚地区的安全影响力,加快推进国内政治军事的"自我松绑"。

---

① Shinzo Abe, "Asia's Democratic Security Diamond," *Project Syndicate*, December 27, 2012, http：//www. project-syndicate. org/commentary/a-strategic-alliance-for-japan-and-india-by-shinzo-abe.

② Ken Jimbo, "Japan and Southeast Asia: Three Pillars of a New Strategic Relationship," *The Tokyo Foundation*, May 30, 2013, http：//www. tokyofoundation. org/enarticles/2013/japan-and-southeast-asia.

三、奥巴马政府推行"亚太再平衡"战略

2009 年奥巴马总统入主白宫后，决心改变此前美国对亚太地区的"战略忽视"，大力推行战略重心东移，寻求通过政治、经济、军事综合手段运用强化对亚太地区战略投入，按照美国国家利益需要重塑亚太地区秩序，在分享亚太发展红利的同时确保美国的霸权地位。为此，奥巴马不仅宣称自己要成为"美国历史上第一位太平洋总统"，而且将确保 21 世纪仍然是"美国世纪""美国要继续充当太平洋事务的领导者"，以突出美国在亚太事务中的领导地位。[①] 但考虑到美国深陷债务危机，经济复苏缓慢而面临财政拮据与军费缩减的国内现状，美国"亚太再平衡"战略实施更加注重依托盟友支持，以及在美日同盟框架下谋划责任分工。

作为美国在亚太地区的传统盟友和"亚太战略中的基础角色"，在"亚太再平衡"战略的实施过程中，日本的地位及作用得到进一步强调，美日同盟框架被美国寄予更深切的厚望。2010年美国国务卿希拉里在刊载的《美国的太平洋世纪》一文中就表示，"与日本的联盟是亚太地区和平与稳定的基石"，必须确保"联盟的灵活性和适应能力"，以应对新的地区和全球挑战。[②] 2012 年美国战略与国际问题研究中心（CSIS）专门发布报告，再次明确了美日同盟作为"亚洲稳定基石"的重要地位，要求日本应强化在平时和战时与美国联合行动的能力，从而在亚太事务中

---

① "Remarks by President Barack Obama at Suntory Hall," White House, accessed 30 October, 2013, http：//www. whitehouse. gov/the-press-office/remarks-president-barack-obama-suntory-hall.

② Hillary Clinton, "America's Pacific Century," *Foreign Policy*, http：//foreignpolicy. com/ 2011/10/11/americas-pacific-century/.

承担更广泛的义务。① 同年，美国总统国家安全事务助理托马斯·多尼伦表示，对日安全合作属于美国"亚太再平衡"战略的核心内容，美日安保合作能力强化将成为未来一段时间内的工作重心，并对日本在亚太事务中发挥应有的作用表示期待。② 在2012 年日美共同发布的《面向未来的共同愿景》（A Shared Vision for the Future）联合声明中，双方不仅确认了互为"全球性伙伴关系"的战略定位，还表示出要在海洋、太空、网络等全球公域问题中加强合作的意向，体现出日美同盟全面升级的战略动向。

在美国的大力鼓励和支持下，日本出于自身的战略考量，对在亚太事务中承担更重要角色，特别是加大对南海事务投入关注表现出积极的态度。一是在外交舆论上紧密配合美国在南海争端上对中国的指责，如在 2010 年希拉里在东盟地区论坛上公然向中国南海政策"发难"后，日本时任外相冈田克也随后对美国表示支持，提出南海争端应在"日美参与下的'国际框架'下讨论"，借机对美附和奉承。2011 年当南海争端因菲越等国挑衅而再次加剧时，日本随即联合美国共同发布"共同战略目标声明"，以不点名方式表示"将敦促某些国家不追求部署可能对地区安全带来不稳定因素的军事力量"，影射中方在南海的维权行动。③ 二是企图借助日本对东南亚各国的援助优势，提升南海各当事国在海上与中国对抗的实力。在 2012 年美日"2 + 2"外交安全磋商中，双方确认了通过"训练 + 演习"的方式共同努力提升亚太地区伙伴国海上能力的目标，日本还承诺将推进对政府开发援助

① Richard L. Armitage and Joseph S. Nye, The U. S. – Japan Alliance: Anchoring Stability in Asia, CSIS Report, August 2012.

② 信强：《"次轴心"：日本在美国亚太安全布局中的角色转换》，《世界经济与政治》2014 年第 4 期，第 42 页。

③ 《公布共同战略目标，联手牵制中国》，http：//news. 163. com/11/0623/06/777CPM4G00014AED. html。

（ODA） "战略性运用"在国内的法律修正工作，谋求实现对ODA的"军事目的"运用。此外，日本围绕美日同盟在亚太地区谋划拼凑多边安全合作网络，首次提出打造美日印澳"民主安全菱形"的构想，企图纠合多个域外力量强化对华施压。[①] 美国因自身实力不足而放松了对日本的战略约束，鼓励日本在亚太事务中发挥更大作用，日本出于自身利益考量，活用对东南亚国家经济援助、外交影响优势对美国亚太战略实施力量不足之处作出补充，并得以借着日美同盟的名义，更肆无忌惮地介入到南海争端当中。

四、中日海权竞争加剧

日本对南海争端的政策转变同时也是近年来中日海权竞争摩擦不断积累、矛盾尖锐化外溢的作用后果。中日两国关于东海大陆架划分的海洋权益以及钓鱼岛主权归属之争早在20世纪中日建交时期就已经出现，但在中国提出的"搁置争议"建议以及中日政治家积极互动下得到了较好的管控，并未成为此后影响中日关系发展的重要因素。然而，2010年中日撞船事件及2012年日本对钓鱼岛"国有化"两大事件的爆发改变了这一局面，日本方面无视中方的严正抗议，采取了加剧事件激化的强硬措施与挑衅行为，打破中日在东海及钓鱼岛问题上原有的政治默契，对双方的战略互信构成极大损害，而为维护主权领土中国也采取了针锋相对的维权宣示行为，一时间使得中日间海权竞争激化显现。

一方面，中日近年来海空对峙摩擦不断，局面几近失控。自

---

① Shinzo Abe, "Asia's Democratic Security Diamond," *Project Syndicate*, December 27, 2012, http://www.project-syndicate.org/commentary/a-strategic-alliance-for-japan-and-india-by-shinzo-abe.

2012 年 9 月至 2017 年 2 月，为回应日方在钓鱼岛问题上的挑衅威胁，中国在面对日方执法船只冲撞危险甚至日方扬言要派军舰驱离的情况下，依然顶住压力派出公务船只在钓鱼岛海域进行不间断巡航了 577 艘次。相应的日本则加大了对中方战机进行正常巡逻行动的拦截力度，仅 2016 年 1—6 月，日本航空自卫队战机就出动了 397 次，比 2014 年增加了近 92%。① 日方甚至多次作出危险动作，不顾发生意外的极大危险，采取执法船只暴力冲撞与战斗机火控雷达扫描的行动方式展示出强硬姿态。面对中国对钓鱼岛维权的坚定决心，日本还加快了国内军事调整，以钓鱼岛东海方向为核心突出"西南诸岛防卫"，加强岛屿防卫及对周边海域的态势感知能力。② 为稳控中日海空冲突形势，中国在避免危机爆发方面做出了积极努力，早在 2007 年中国就同意就设立中日海上联络机制与日本接洽，然而日方坚持将有争议的钓鱼岛纳入机制作用范围，日方无视分歧存在的消极做法使得机制久久未能实现，意味着中日的海空对峙摩擦目前仍缺乏有效的管控手段，存在进一步激化风险。③ 可见，近年来中日海空对峙摩擦的激化很大程度上是日方一意孤行，无视中方合理权益关切及善意规劝，玩弄冲突边缘政策的直接后果。

另一方面，日本还肆意操纵海洋议题，渲染中日海上战略对冲。2011 年日本利用东亚峰会的多边场合不仅伙同东盟首次就推进海上合作主题发表联合宣言，突出维护地区航行自由及海上安全的共同关切，而且还在会上提出打造由峰会各成员国官员及专

① 『中国戦闘機、宮古海峡上空を通過空自機が緊急発進』、http://www.nikkei.com/article/DGXLASFS25H25_V20C16A9PE8000/。

② 孟晓旭：《中日安全关系发展态势及中国的应对》，《现代国际关系》2017 年第 3 期，第 24 页。

③ 程桂龙：《中日海上危机管控机制研究》，《社会科学文摘》2016 年第 8 期，第 25、26 页。

家构成的"东亚海上论坛"建议。日本希望借助这个"1.5 轨"的半官方论坛探讨地区主权冲突、国际海洋法的适用以及成员间信任措施构建问题，企图借以主导地区安全议题向海洋方向偏移，只是由于日本野心过于显露而未得到东盟国家的支持。但同年日本在另一个多边场合的外交努力则取得了成功，日本成功游说东盟防长会议（ADMM）进一步扩充，纳入中、美、日等外部成员从而搭建起东盟防长扩大会议（ADMM +）新的多边框架，从而为在海洋议题"敦促"中国遵守国际规则提供了新的场合。① 日本国内也开始出现鼓噪中日海权冲突加剧的声音，部分学者重提日本"南进"与中国"东出"海上战略方向重叠的观点，叫嚣中日海权结构性冲突不可避免。日本防卫研究所发表的 2011 年版《东亚战略概观》报告则建议日本应利用南海紧张局势密切与东南亚国家关系，从而在海洋事务上构筑对华共同立场。②

在中日海空对峙摩擦的激化与持续对双方安全关系造成了事实性损坏背景下，日方不仅未采取危机管控的有效行动，反而利用海洋议题持续对中国进行指责和攻击，渲染两国海上战略对冲，进一步固化了中日两国海洋问题上的对立立场，其影响逐渐外溢导致日本在南海争端问题上转向更加激进的政策行动。2010 年中日自撞船事件陷入外交危机后，日本在民主党两任首相菅直人和野田佳彦任期内完成了对南海政策的重大调整，不仅在南海政策立场上由之前的中立模糊化表述逐步转向渲染中国威胁，偏袒其他争端当事方，介入态势上也由低调隐蔽转向公开直接。而

---

① Shoji, Tomotaka, "The South China Sea: A View from Japan," *NIDS journal of defense and security*, Vol. 15, pp. 134. 2014.

② East Asian Strategic Review 2011, The National Institute for Defense Studies, Tokyo: *The Japan Times*, pp. 141, 146. 2011.

且，外交上日本加大了就海洋议题在东南亚穿梭外交的广度和密度，首次明确与南海争端当事方构建战略关系，在 2009 年及 2011 年先后与越南、菲律宾两国建立"战略伙伴关系"。安全上强化与东南亚各国的安全联动，创下多个在南海地区进行军事演习的"第一次"。① 日本在南海争端问题上的政策转向可以说是打开了"潘多拉的魔盒"，为其后安倍内阁的南海政策运筹提供了可引以借鉴的干涉基本范式。

第二节　日本强化介入南海争端的政策路径

为实现日本在南海地区的利益存在与多重目标，贯彻日本在南海争端上所宣示的价值立场，安倍内阁选择了从外交、援助、安全三大路径插手南海事务。正如日本防卫相稻田朋美在 2017 年第 16 届香格里拉会议上将日本当前的南海政策归纳为 3 个"C"，即以外交手段构建信任措施（confidence building），以对外援助推动能力构建（capacity building），以安保合作实现协同努力（combined effort）。② 日本一方面谋求通过灵活运用多边交流与双边合作形式，强化对其他南海声索国的外交支持并加强与各方外交政策协调，推动地区多边机制加快形成针对中国的约束规范；另一方面积极推动对东南亚与日本存在共同利益国家海上"能力构建

---

① 包括 2010 年美、日、在南海举行的代号"太平洋伙伴 2010"人道主义救援演习，2011 年美日澳在文莱附近海域进行的联合演习，同年 4 月，日本海上自卫队派出"岛风"号护卫舰在文莱参加国际海上阅兵仪式，2012 年日本海上保安厅所属巡逻机飞抵菲律宾与菲海岸警卫队就海上信息及警戒监视项目展开交流，4 月，日美菲在菲律宾巴拉望岛海域举行联合军事演习，5 月，日本海上自卫队派出 3 艘军舰对菲进行"亲善访问"。

② Ministry of Foreign Affairs, "Defense Minister's Participation in the 16th IISS Asia Security Summit and the Bilateral and Trilateral Defense Ministerial Meetings," http：//www. mod. go. jp/e/d_act/exc/iiss/pdf/16th_overall_e. pdf.

援助"，为其对华讨价还价加油打气；另外日本还以地区安保合作为主线，吸引域内外各国构筑志同道合联盟在南海争端上对抗中国，并联动日本的内外战略资源以达到其政策目的。

一、以战略性外交推动南海争端"扩大化"

利用多边外交表态及双边外交联络插手南海事务是日本自上世纪 90 年代在南海争端上一直沿用至今的重要介入手段，其目的在于炒作南海争端"中国威胁论"，阻碍当事各国推动争端和平解决的外交努力，声援争端其他声索方的诉求行动，从而阻止中国重新实现对南海的主权占有及权益行使。近年来，在南海争端激化、美国高调介入等系列背景下，日本不再满足于在双多边场合中谨慎表态，并在地区事务的南海争端中扮演次要角色，而是表现出更加"积极为地区的和平、稳定和繁荣做贡献"的姿态，通过活用双多边场合、大力支持南海仲裁实施的"战略性"外交手段运用进一步强化对南海争端的介入力度，企图推动南海争端在关注各方与影响层面的"扩大化"。

（一）以多边外交裹挟南海议题

受到日本曾在地区侵略的不光彩历史以及美日同盟中被保护者的角色限制，除 1995 年"美济礁事件"后日本在中菲两国之间穿梭外交的短暂热络以外，日本介入南海事务的外交努力最初多是通过参与及倡导多边外交的方式，以东盟地区论坛（ASEAN Regional Forum，ARF）等多边框架为平台，借着东盟国家的集体名义发声逐步渗透在地区事务上的影响，以避免引起中国不满。但随着地区环境的变化，南海地缘价值的凸显配合着东亚地区海权竞争加剧，尤其是南海争端激化与美国战略东移二者相交错，使得日本介入南海争端的空间显著增大。安倍上台后不仅继续沿用了多边外交的介入手段，而且更多地发挥出集体力量的施压效果，谋求通过搭建及利用多层次的多边框架平台，并人为创设出海洋安全、航行自由、海洋法治、中国威胁等"南海议题"裹挟其中，企图迫使中国接受美日定义下的"国际规则与惯例"，实现对中国的规制和"驯化"。

多边框架平台有着公开性、开放性以及议题可塑性特征，使其在舆论造势、道德施压、政策宣告上具有天然的优势，因此在安倍内阁南海政策的实施中也受到了特别的青睐。按照不同的影响范围及内容指向，安倍区分出三个层次予以运用，即传统的地区多边框架、新兴的海洋事务多边框架以及更广泛的国际多边平台。尽管三者内容上各有侧重，但又彼此联系，环环相扣。

在地区多边框架层面，日本进一步扩大了其对南海争端政策主张发声平台选择的多样性。除了继续活跃在传统的东盟地区论坛以外，还在包括东亚峰会（East Asia Summit，EAS）、亚洲安全会议（IISS Asia Security Summit）以及日本与东盟之间的多层级机制化会议，如外长会议、特别首脑会议、副部长级防务论坛以及日本与湄公河流域首脑峰会上积极"建言"，以强化对东盟国家在南海政策立场上的直接影响。一方面，日本依据南海局势发展精心挑选在地区多边平台的表述内容，从暗讽中国南海维权的"反对基于力量的单方面行动"、到"大力倡导法治"，再到炒作"基于规则的区域秩序"附和美国，企图影响东盟各国的南海政策倾向并谋促统一的对华立场。在2013年第八届东亚峰会上，安倍极力鼓吹"海洋秩序必须由'法律'而不是'力量'统治"，以暗讽中国的方式表示反对各方"以武力谋求单方面改变现状"。① 同年在日本与东盟特别首脑会议上通过的《愿景声明的实施计划》中，日本则力促插入"和平解决争端以及放弃武力使用

---

① Ministry of Foreign Affairs, "The Eighth East Asia Summit 2013," October 10, 2013, http://www.mofa.go.jp/region/page3e_000110.html.

上存在共同的意愿"内容，企图借助南海局势升温进一步热炒"中国威胁"。① 而进入 2013 年下半年菲律宾决定将中菲南海争端提交仲裁后，安倍转而积极炒作"法治"议题予以呼应。2014 年安倍亲赴在新加坡举行的第 13 届亚洲安全会议，以"法治"为主题发表长篇演说，首次提出"海洋法治三原则"，并对菲律宾、印尼等南海声索国"体现法治的行动"表示支持。之后，日本政府官员参与多边会晤几乎逢会必言及所谓"法治"原则，要求各方"尊重法治建立信任""以法治原则维护和加强海上秩序"。② 进入 2014 年，当中国决定在南海进行填海造岛以配合维权声索后，这一动向又迅速被安倍内阁所捕捉并成为日本在多边外交平台炒作对象的新目标。2014 年 8 月，日本外相岸田文雄在东盟地区论坛外长会议上首次提及"防止任何国家对南海采取任何可能导致不可逆物理变化的单方行动"，用以暗指中国正在进行的岛礁建设活动。是年的东亚峰会也成为安倍借以渲染中国南海造岛新威胁的舞台，安倍大力呼吁沿海国家应在划界水域"遵守国际法规定，行使自我克制，防止导致海洋环境永久性物理变化的单方面行动"。③ 其目的在于激起东盟各国的共同担忧，企图构成外压迫使中国放弃进行中的造岛行动。

　　另一方面，日本安倍内阁谋求"以旧促新"，积极利用原有的地区多边框架，倡导构建新的多边机制，培育海洋事务的具体

---

① Ministry of Foreign Affairs, "Implementation Plan of the Vision Statement on ASEAN-Japan Friendship and Cooperation: Shared Vision, Shared Identity, Shared Future," Tokyo, December 14, 2013, http://www.mofa.go.jp/mofaj/files/000022447.

② Ministry of Foreign Affairs, "The 13th IISS Asian Security Summit-The Shangri-LaDialogue-Keynote Address by Shinzo Abe, Prime Minister, Japan", May 30, 2014, http://www.mofa.go.jp/fp/nsp/page4e_000086.html.

③ Ministry of Foreign Affairs, "The 9th East Asia Summit (EAS) Meeting," November 13, 2014, http://www.mofa.go.jp/a_o/rp/page3e_000268.html.

合作。东亚峰会本是讨论地区经济合作及一体化发展的重要多边平台，然而安倍却一心要将其打造为讨论地区政治安全事务的重要论坛。自安倍第二次就任首相以来，日本每年参加东亚峰会都借机提出推动海上合作机制构建的相关建议，不仅一手推动东亚峰会框架下的海上合作从无到有，而且一步步促其步入正轨，其实际目的在于借以获取插手南海事务的有力抓手。2013 年第八届东亚峰会上，安倍提出要将"东盟海事扩大论坛"（Expanded ASEAN Marine Forum，EAMF）机制每年召开予以常态化，并建议东亚峰会的所有成员参加。在 2014 年第九届东亚峰会上，安倍又提出要建立与海洋领域相关的"东盟海员训练扩大倡议"（Expanded ASEAN Seafarers' Training，EAST），并呼吁东盟利用好各多边框架为南海地区和平稳定做出贡献。在 2015 年第十届东亚峰会上，安倍又提出了将海上合作列为峰会合作重点领域的正式提案。而在 2016 年东亚峰会外长会议上，日本外相岸田文雄进一步提出要将"东盟海事扩大论坛"并入东亚峰会作为正式部门，并得到了部分国家的支持。随着近年来亚洲安全会议（也称香格里拉对话）在地区影响的不断扩大，该会议也成为安倍内阁所重视的又一个多边框架，不仅历年都有派遣部长级别以上的高官参会，而且积极参与"建言"，企图以东亚峰会为蓝本在该会议基础上力促打造"子机制"。2014 年安倍在出席亚洲安全会议中，建议成立一个由各成员国常驻东盟代表组成的常设委员会，"为其制定路线图，以便于这个机制能够同东盟地区论坛和东盟防长扩大会议一道，在一个多层次的框架内发挥作用"。① 次年，在第 14 届亚洲安全会议上，日本防卫相中谷元又提出了所谓"香格里

① Ministry of Foreign Affairs, "The 13th IISS Asian Security Summit-The Shangri-La Dialogue-Keynote Address by Shinzo Abe, Prime Minister, Japan." May 30, 2014, http：//www. mofa. go. jp/fp/nsp/page4e_000086. html.

拉对话倡议计划"（Shangri-La Dialogue Initiative，SDI），打出促进在本地区制定共同的海上及空中规则，加强区域安全合作的旗号。实际上，按照"亚洲海事透明倡议"（Asia Maritime Transparency Initiative，AMTI）项目评论的说法，这一表态正体现了"日本要在南海争端上扮演重要角色"的勃勃野心。①

　　日本在南海争端中实施多边外交的第二个层次则借助了新兴的海洋事务多边框架平台。这些海洋事务多边框架平台均由日本外务省所组织，主要在日本和东盟国家间进行，最初多为其他多边外交机制的后续行动，以海洋法和海上能力建设研讨两大主题为主要内容，并逐渐向体系、常态化发展，发挥了解释日本新安全立法、呼应日本"海洋法治"宣传、推动日本和南海周边国家海上安保政策对接的作用。早在2013年，日本外务省在东京举行了"支援新兴国家能力建设"会议，会议以"确保海上通道安全政策"为主题，包括13国的军事将领及海上执法机构负责人参加，日本在会上向各国代表传达了就海上安保力量建设开展合作的"殷切"愿望。② 2014年9月，依据安倍当年5月在亚洲安全会议上的建议，日本外务省主办了首届"海上安全与救灾能力建设研讨会"，日本在大力宣扬其所谓"积极和平主义"战略理念的基础上，还向参会各方提供有关日本援助的具体资料，包括自卫队可能提供的能力构建援助和国防装备技术合作。2015年12月，日本外务省举办了第二届海上能力建设研讨会，推动与东盟国家海上安保的具体合作。而为了进一步传递"海洋法治"精神，强化各国对安倍提出"海洋法治三原则"的理解，日本政府

①　张晓华：《从近年来日菲关系的发展看日本南海政策调整》，《印度洋经济体研究》2016年第4期，第62页。

②　李秀石：《试析日本在太平洋和印度洋的战略扩张——从"反海盗"到"保卫"两洋海上通道》，《国际观察》2014年第2期，第129页。

自 2015 年开始连续组织了多场海洋法相关研讨会。2015 年 2 月日本外务省以"亚洲海洋法治：通向和平稳定之路"为题举办了首届海洋法国际研讨会，邀请了国内外约 290 人次的官员、学者与学生参会，并由日本外相亲自参会致辞，可见日本政府之重视。① 同年 12 月，日本外务省以东盟地区论坛附属活动为由组织了"区域信任建设和海洋法研究会"，邀请了论坛成员国的 70 名政府官员、国际法学者和国际专家参加。2016 年 2 月，日本外务省在东京组织了第二届海洋法国际学术研讨会，日本代表表示"海洋法治不仅是日本外交的重要支柱之一"，还是对"国际法框架作出最大的贡献"。② 4 月，日本海上自卫队邀请了 18 国的青年军官登上日本军舰参加海洋安全研讨会，在途中参观了在印尼举行的多国军事演习。③ 12 月，日本政府又以广岛七国集团外长会议后续行动为由，组织了第七次海上安全高层会议，由七国集团成员国及相关国际组织的专家和官员出席会议，企图借与西方国家达成一致共识为其"法治理念"寻求支撑。2017 年 2 月，日本政府组织了第三届海洋法国际研讨会，继续炒作"海洋法和发展新挑战"。

日本还谋求通过更广泛的国际场合在南海争端中刷取存在感，对南海争端"不分场合、不遗余力、不择手段地进行炒作"，谋求影响国际舆论导向。④ 日本在七国集团系列会议（G7）、亚太

① Ministry of Foreign Affairs, "International Symposiumon the Law of the Sea The Rule of Law in the Seasof Asia: Navigational Chart for Peace and Stability," March 31, 2015, http://www. mofa. go. jp/ila/ocn/page3e_000320. html.

② Ministry of Foreign Affairs, "2nd International Symposium on the Law of the Sea (Summary)," February 17, 2016, http://www. mofa. go. jp/press/release/press4e_001044. html.

③ 廉德瑰、金永明著：《日本海洋战略研究》，时事出版社，2016 年版，第 163 页。

④ 《2016 年 9 月 9 日外交部发言人华春莹主持例行记者会》，http://www. fmprc. gov. cn/web/wjdt_674879/fyrbt_674889/t1396202. shtml。

经合组织会议（APEC）、亚欧峰会以及日本太平洋岛国会议等国际场合，打着"维护地区稳定""维护国际法""维护航行自由"的幌子，将南海争端裹挟进会议议程。其中，"各相关国家应明确本国海洋权益主张的国际法依据，为避免影响地区稳定而采取自制"、"支持包括国际仲裁在内的外交及法律手段解决南海的海洋纷争"等是日本向中国施压的主要论调。2013 年 10 月，日本不顾亚太经合组织作为经贸合作论坛，多年来坚持不引入政治安全和敏感争议问题的传统，其外相岸田在外长早餐会上坚持提及海上安全问题，对中国的海上活动表示关切。2014—2016 年，日本连续 3 年在七国集团系列会议中对中国在东海、南海地区合法维权行动提出点名批评，处心积虑地向各类会议加塞南海议题，寻求西方发达国家支持。2014 年日本在七国集团峰会上，批评中国在南海和东海实施的维权行动是"单方面用实力改变现状的行动"。[①] 2015 年 4 月，在日本的极力推动下，七国集团外长会议单独发表了一份涉及南海和东海局势的《关于海洋安全的声明》，这在历史上尚属首次，并以不点名方式对中国在南海行动提出批评。"我们将继续关注东海和南海局势，对类似大规模填海造地等改变现状及制造紧张局势的任何单方面行为表示关切。我们强烈反对任何试图通过威胁、强迫或武力手段伸张领土或海洋主张的做法。"[②] 在两个月之后召开的首脑会议上日本又故伎重演，将亚洲局势与西方各国关心的乌克兰问题相联系，促动会议通过的《联合宣言》也对南海局势发表看法，"强烈反对单方面改变现

---

① 《外交部回应"G7 峰会将首次点名批评中国"》，http：//news. xinhuanet. com/mil/2014－06/04/c126576796. htm。

② 《日本强推 G7 海洋安全声明》，http：//news. 163. com/15/0417/06/ANCOPSQV00014AEF. html。

状"，"赞成外长会议通过的海上安全声明"。① 2016 年 4 月，日本利用主办七国集团系列会议之便，继续在会上恶意操纵南海议题，推动外长会议发表了《广岛宣言》和有关海洋安全的声明。"对于改变现状、加剧紧张的威吓性、高压性、挑衅性的单方面行动表示强烈反对。要求所有国家对于大规模填海、建立基地和军事利用等行动保持克制，遵循国际法开展行动。"尽管这一声明依然未点名具体国家，但却是迄今为止国际会议文件涉南海争端立场表态中最为严厉的一次。② 两个月后在七国集团峰会发布的《联合宣言》中，也以表示对南海争端的"关切"回应了先前的声明，并加入了"支持通过包括司法程序或仲裁在内的和平方式解决争端"的内容，为即将公布的南海仲裁案结果奠定舆论基础。7 月，在亚欧峰会上，借着南海仲裁案对中国不利结果的公布，安倍试图影响国际舆论逼迫中国接受仲裁结果，还闪电式地与越、菲等多国领导人举行了场外会晤，意图就南海争端取得共识。安倍这种玩弄手法，在国际会议等重要场合裹挟南海议题并推动发表联合声明以体现在南海争端上的共同立场，名为"关切"南海事务和地区稳定，实际上却是绑架集体力量贯彻自身独断意志、谋求一己私利。

（二）以双边外交强化共同关切

尽管日本在多边外交上的努力短时间内可以在南海争端上造成较大的声势，从而给中国带来舆论压力。但由于多边框架多以特定议题为限且缺少有约束力的执行机制，往往难以促动南海政策差异明显的各方成员达成一致，使得日本别有用心的多边倡议

① 《安倍 G7 峰会炒作南海亚投行问题牵制中国，欧洲却关注乌克兰》，http：//www. thepaper. cn/newsDetail_forward_1339549。

② 《G7 外长会议声明关注东海南海 日本拉拢欧洲应对中国》，http：//www. guancha. cn/Neighbors/2016_04_11_356675. shtml。

难以落实，往往只是"雷声大雨点小"。[1] 为强化日本对南海争端的介入实效，落实安倍在南海争端上的政策构想，自 2012 年安倍重新上台以后，日本在继续积极实施多边外交的同时，突出了对双边外交的运用，通过与域内外各国接触，谋求以多层次的双边外交运作突出在南海争端上的共同关切、协调一致立场。并且针对不同的外交对象，日本在推进双边外交上有意识地采取了差异性的策略。在日本推进外交关系的重点对象东盟各国方面，日本对南海声索国大力拉拢、谋筑共同对华立场。对非声索国则以利诱谋求对日方介入达成谅解。而对更广泛的域外国家，日本以价值观及海洋意识为纽带，推动南海争端进一步"国际化"。

一是大力拉拢与中国存在争端的关键南海声索国，谋求构建在南海争端上与华相对抗的共同立场。安倍自 2012 年再次就任首相以来就十分重视与东南亚国家发展外交，不仅将东南亚作为首访目的地（在访美受拒的情况下），成为首位在不到一年内完成对东盟十国访问的日本首相，而且安倍在上任之初就抛出了具有浓厚南海指向的"安倍主义"，表示要"在法治基础上采取共同努力维护作为地区公共产品的自由与开放海洋"，企图将东南亚各国绑架到南海争端上与中国相对立的路径上。其中，菲律宾（阿基诺三世政权）和越南两国由于在南海争端上立场最为激进而被日本视为在南海争端上着力支持的战略支点，在南海事务上彼此呼应，在制衡中国上步调一致。印尼尽管在南海争端上立场相对温和，但其在东盟内部相较而言的庞大体量及潜在影响使得日本将其视为南海事务合作的潜在伙伴。

由于在南海争端上互有需求，日本和菲律宾大力提升相互关系，保持在国际舞台上紧密一致的姿态，而且对各自在南海争端

---

① Céline Pajon, "'Smart' Strategic Engagement in Southeast Asia," *The Asan Forum*, http://www.theasanforum.org/japans-smart-strategic-engagement-in-southeast-asia/.

上的主张相互站台。早在 2009 年双方就已达成"战略伙伴关系"协议，并于 2011 年 9 月对"战略伙伴关系"作了进一步提升。2013 年 1 月，日本外相岸田文雄访问菲律宾时，表示"强烈支持"马尼拉致力于解决菲律宾在南海与中国的争端，特别是在斯卡伯勒浅滩（黄岩岛）问题上，而阿基诺三世政府则表示支持日本"重新武装"，以平衡中国的崛起。[①] 2014 年 6 月菲律宾总统阿基诺三世访问日本，双方会谈时突出强调了共同利用"法治"解决地区争端的重要性。2015 年 6 月阿基诺三世再次访问日本，将双边关系进一步提升为"加强战略伙伴关系"并发表联合声明，对包括大规模填海和修建哨所在内单边改变南海现状的行为表示"严重关切""要求中方保持克制"。[②] 2015 年 11 月双方在出席第 23 届亚太经合组织经济领袖会议期间，安倍与阿基诺三世又在炒作火热的南海仲裁案问题上相互支持，阿基诺三世对菲律宾正在推进的南海仲裁案程序进行了解释，而安倍则明确表示继续支持按照国际法和平解决争端，以及中菲事关南海的国际仲裁程序。而在 2016 年菲律宾完成了政权更替，新上台的杜特尔特政府作出搁置南海仲裁案结果，重回中菲双边和平协商轨道的重要决定后，南海形势开始向好的方向发展。然而，安倍仍顽固坚守原有立场，企图破坏中菲共促南海局势降温的良好形势。2016 年 7 月，日本外相岸田文雄与菲律宾外长亚赛在东盟外长会议期间会面时，敦促菲律宾与日方"密切合作"，中菲双方应"遵守裁决，

---

① Ministry of Foreign Affairs, "Prime Minister Shinzo Abe's Visitto Viet Nam（Overview），" January 17, 2013, http：//www. mofa. go. jp/region/asia-paci/pmv_1301/vietnam. html.

② Ministry of Foreign Affairs, "Japan-Philippines Joint Declaration A Strengthened Strategic Partnership for Advancing the Shared Principles and Goals of Peace, Security, and Growth in the Region and Beyond," http：//www. mofa. go. jp/files/000083585. pdf.

和平解决争端"。① 在 10 月菲律宾总统杜特尔特对日本进行访问过程中，安倍继续敦促菲方尊重南海仲裁案裁决结果，并要求其继续加强与美、日合作。2017 年 1 月，安倍对菲律宾进行回访时，在菲方此前明确表示在菲律宾任东盟轮值主席国期间不会把南海争端列入东盟会议议程的情况下，安倍坚持向菲方表示希望南海争端列入东盟峰会议程。可见日本试图继续将菲律宾绑在南海争端上与中国相对立的路径上的险恶用心。

而作为活跃在南海与中国对立"前线"的越南同样是日本在南海争端上推动政治合作的重要伙伴。日本与越南早在 2010 年就升级双方关系为"全面战略伙伴关系"达成一致。之后，2013 年 1 月安倍上任后首访越南，作为其战略性外交的第一站。安倍大谈"南海争端"，公开呼吁日越联手应对中国在本地区"日益活跃的行动"。② 2013 年 8 月，日本时任防相小野寺五典和正在访日的越南国防部副部长阮志咏会谈，大力炒作中国威胁，公然支持越方干扰中国在南海的钻探行动，而将中国海上执法维权行动诬蔑为单边的海上挑衅行动，双方同意携手应对海洋活动日趋频繁的中国。2014 年 3 月，在越南国家主席张晋创访日期间，双方决定将双边关系提升为"亚洲和平与繁荣的广泛战略伙伴关系"，并就在南海地区贯彻"法治"原则实现海上问题解决达成一致，双方将联手在早日达成南海行为准则（COC）上对中国施压。③ 2015 年 7 月，安倍会见越南总理阮晋勇，双方共同表示对中国通过在南海填海造岛等"单方面改变现状"行动表示严重关切，通

---

① Ministry of Foreign Affairs, "Japan-Philippines Foreign Ministers' Meeting," July 25, 2016, http: //www. mofa. go. jp/mofaj/s_sa/sea2/ph/page1_000222. html.

② Ministry of Foreign Affairs, "Prime Minister Shinzo Abe's Visit to Viet Nam (Overview)," January 17, 2013, http: //www. mofa. go. jp/region/asia-paci/pmv_1301/vietnam. html.

③ Ministry of Foreign Affairs, "Japan-Viet Nam Summit Meeting", March 18, 2014, http: //www. mofa. go. jp/s_sa/sea1/vn/page3e_000163. html.

过此次会见，双方再次确认在制衡中国上保持一致步调。2017 年6 月，越南总理阮晋勇访问日本，双方会晤后发表"深化日本与越南战略伙伴关系联合声明"，并在南海争端上表示各国应依据国际法并实行自我约束，对中国有着强烈的指向性。[①]

作为东盟地区人口最多、领土最大的成员，印尼也成为日本外交大力争取的优先对象。然而由于印尼一直以来对保持东盟自主性十分强调并对域外国家介入地区事务抱有警惕，自两国2006年达成"战略伙伴关系"后，除了多边反海盗框架下合作外，双边关系一度鲜有进展。但在近年来南海局势升温的背景以及日本的利诱下，两国关系及海上合作取得了一定成果。从 2011 年开始，两国开始就包括南海事务在内的地区政治安全问题开启部长级安全对话。2013 年，安倍访问印尼期间，双方首脑表示就在地区内促进法治，确保和平解决领土争端展开合作。2015 年 3 月，双方关系发展取得突破，双方发表了《以海洋合作与民主为基础进一步加强战略伙伴关系》的联合声明，并同步提高了双方的战略伙伴关系，在联合声明中强调了同为海洋国家和民主国家的共同点，并表示应保障海空航行飞行自由，以国际法为基础解决争端，决定建立"日本·印尼海洋论坛"。[②] 同年11 月，安倍与印尼总统佐科在马来西亚吉隆坡会晤时再次将南海争端塞入对话议题，并对印尼在东盟中发挥中心作用表示期望。佐科未正面回应安倍在南海争端上对印尼的角色期望，仅回答印尼尊重"海洋法"，寻求实现地区的和平与稳定。[③]

---

①　Ministry of Foreign Affairs, "Japan-Viet Nam Summit Meeting," June 6, 2017, http://www. mofa. go. jp/s_sa/sea1/vn/page4e_000626. html.

②　廉德瑰、金永明著:《日本海洋战略研究》, 时事出版社, 2016 年版, 第163 页。

③　Ministry of Foreign Affairs, "Japan-Indonesia Summit Meeting," November 22, 2015, http://www. mofa. go. jp/s_sa/sea2/id/page3e_000419. html.

二是以经济援助与实际利益诱惑东南亚非南海当事国，企求在南海争端上对日本的关切介入达成谅解。作为对东南亚地区经济援助的最大提供者，日本安倍内阁将资金援助与南海政策实施相联系在一起，利用东南亚各国尤其是柬、老、缅、泰等非南海当事国对援助的需求，以援助为诱饵以促成在双边对话中安插南海议题、要求对日本主张表态支持、培育海上防务交流一系列方式，最终达到贯彻日本南海政策意志之目的。如2013年5月安倍访问缅甸，以强化海上等各方面的防务交流为条件，向其提供了632亿日元贷款。同年11月安倍访问柬埔寨时，承诺提供500万美元用于援助清理战时遗留的地雷，相应地双方发表联合声明，共同确认和平方式解决海事争端的重要性，以及亚太地区的法治原则。2016年5月日本外相岸田文雄到访缅甸，在与昂山素季的会谈中表示，将为缅甸提供37.58亿日元作为缅甸民主政权用于改善国内少数民族民生问题，并且再次谈及南海争端的"紧要课题"。① 与此同时，岸田的出访之行还试图拉拢当年的东盟轮值主席国老挝，通过双方签署一系列有关经济援助的协议，日本得到了老挝"愿意就南海等区域事务进行合作"的回应。2016年6月，日本防相中谷元与泰国看守政府副总理兼国防部长巴维在会谈中确认了在南海保障航行自由与上空飞行自由的必要性，还一致认为不依靠武力行使来解决争端的重要性。作为回报，日本则承诺在安保相关法规定下，出动自卫队帮助泰国提高军事能力。2017年就在临近南海仲裁最后裁决结果公布之际，还爆出消息称6月底柬埔寨首相洪森对日本大使进行点名批评，称其以取消经济援助相威胁，要求柬在仲裁案结果宣布后表态支持，严重干涉

① 《岸田文雄会晤昂山素季：日方对缅甸铁路项目表关切》，http://www.chinanews.com/gj/2016/05-04/7857293.shtml。

他国内政。① 安倍对柬、老、缅、泰四国不惜投入巨资促进经济与安全合作，并力图在各国与中国之间打入楔子，用经济援助换取各国支持日本对南海事务的强化介入，采取与中国的对抗姿态。

三是以共同价值观及海洋国家意识强化与域外国家协调，进一步推高南海争端的"国际化"。从 2006 年安倍第一次当选日本首相并大力构建所谓"自由与繁荣之弧"以来，价值观外交就成为安倍用以实施国家战略利益的一个重要手段。2012 年安倍再次当选首相后，很快又重拾起价值观外交这一工具。不仅在上任之初就向东南亚国家立即抛出的"安倍主义"中的第一条，明确表示要"与东盟各国共同维护民主、自由和基本人权等基本价值观"，以强化与东南亚的关系，更重要是将民主、人权、法治、航行自由及自由贸易等有着强烈西方色彩的"普遍价值观"，与共同海洋国家身份与日本的南海政策诉求、主张相结合，试图以价值的"合理性"证明日本介入南海争端主张的"合法性"，并由此将更多的域外国家吸引到南海争端中，蓄意推高南海争端"国际化"。

2013 年 4 月，北约秘书长拉斯穆森访日。安倍在会谈中表示，日本和北约都致力于共同的价值观，并通过"追求基于规则的国际秩序来承认我们共同的战略利益"。双方同意在海上安全上强化进一步合作。② 2015 年 11 月，安倍与印度总理莫迪在APEC 会议期间会晤时，表示印度是与日本分享价值观和战略利益的重要合作伙伴，他表示要进一步加强"日印特色战略与全球

---

① 《南海仲裁案背后的日本心机：为'摆脱战后体制'布局》，http：//world. huan-qiu. com/exclusive/2016 – 07/9151838. html。

② Ministry of Foreign Affairs，" Japan-NATO Relations，" http：//www. mofa. go. jp/files/000049189. pdf.

伙伴关系",打造更加稳定和繁荣的太平洋地区,提高双方的安全合作水平,尤其是海上安全领域、促进在宣扬遵守海洋规则方面的合作。2015 年 12 月,澳大利亚总理特恩布尔访日期间,安倍再次搬出共同价值观说事,表示要基于包括民主、人权、法治、公开市场和自由贸易在内的共同价值观和战略利益,决心为建立和维护尊重普遍公认的规则和高度透明度的国际秩序作出贡献,"强烈反对"任何可能改变东海现状的强制或单方面行动上共同行动。① 2017 年 2 月,日本外相岸田与匈牙利外长举行会晤时,双方确认日匈有着共同的价值观及共同立场,"单方面尝试改变现状的强制或胁迫是不能容忍的,所有有关国家应尊重国际法,和平解决争端,国际社会应该明确地表达法治的重要性"。② 同年 4 月,首相安倍晋三访英与特蕾莎首相进行会谈,双方同意继续重视彼此作为具有普遍价值观的全球战略伙伴,确认在七国集团中推动对东亚和海上安全等事务上深化辩论,并对南海局势继续密切合作,维护基于法治的国际秩序。5 月,新西兰总理访日与安倍进行会晤时,安倍表示"新西兰是与日本分享普遍价值观的重要伙伴",并借此要求强化两国在防卫以及南海事务上合作。③ 从安倍施行价值观外交的内容宣示和对象选取来看,其本质实际上是西方各国在欧亚大陆边缘施行意识形态外交的延续,存在强烈的对华围堵及对抗的内在含义。④

---

① Ministry of Foreign Affairs, "Japan-Australia Summit Meeting," December 18, 2015, http://www. mofa. go. jp/a_o/ocn/au/page4e_000363. html.

② Ministry of Foreign Affairs, "Japan-Hungary Foreign Ministers' Meeting," February 13, 2017, http://www. mofa. go. jp/press/release/press4e_001479. html.

③ Ministry of Foreign Affairs, "Japan-New Zealand Summit Meeting," May 17, 2017, http://www. mofa. go. jp/a_o/ocn/nz/page4e_000610. html.

④ 廉德瑰:《地缘政治与安倍的价值观外交》,《日本学刊》2013 年第 2 期,第 36 页。

（三）大力支持南海仲裁案实施

自菲律宾 2013 年 1 月提起南海强制仲裁申请至 2016 年 7 月最终裁决结果公布，尽管表面看来南海仲裁案只是涉及中菲双方有关国际法的辩争，然而由于其发生在南海争端升级以及美国重返亚太的特定背景下，不仅自出现之日起就广受域内外各方的关注，并且因其糅合了法理辩争、海洋争端以及大国博弈而逐步发展成为南海争端中各方矛盾的焦点。出于自身在南海的战略利益以及牵制中国的考量，日本安倍内阁自菲律宾正式提起仲裁以来一直活跃在台前幕后，不仅积极声援菲律宾阿基诺三世政权发起并持续推进仲裁过程，而且利用掌控仲裁人事安排的有利条件在仲裁庭设置上予以配合，甚至在裁决结束南海形势已实现整体转圜之后，依然逆势而行逼迫中菲双方接受裁决结果。很大程度上南海仲裁的"政治闹剧"能够持续推进正得益于日本的卖力介入，然而仲裁案及其裁决结果本身并未给中菲及其他南海争端声索国在冲突缓和以及争端解决上带来裨益，反而一度使南海地区形势达到了危险的高点，而日本则得以获得进一步介入南海事务的切入口坐收渔利。

首先，日本利用掌控仲裁庭庭长要职之便帮助菲律宾私设仲裁法庭。2013 年 1 月，菲律宾不顾中国反对单方面将所谓中菲南海"海洋管辖权"争议发起强制仲裁后，菲律宾在美日的帮助下开始着手准备相关材料并推动启动仲裁程序。6 月 21 日，菲律宾对外宣布南海仲裁庭初步组建完成。该仲裁庭声称是依据《联合国海洋法公约》（《公约》）附件七并在海牙国际仲裁庭（ITLOS）的基础上为本案所特设成立的临时法庭，但实际上该法庭无论从机构的权威性与人员选任的中立性上都存在明显缺失，使得裁决公正性难以得到保证。一方面，提交仲裁的所谓海牙国际仲裁庭并非联合国下的海牙国际法院的附属机构，而只是一个借用海牙地盘成立甚至接受私人事务仲裁的一个非官方组织，该组织成立117 年以来，一共只接受了 16 起仲裁请求，然而仲裁协议结果的执行率却是零，缺乏公信力与权威性。① 另一方面，更重要的一点是仲裁庭的人员构成存在严重的政治化问题。由于中国早就对涉及海洋划界的争议作出了排除性声明，对仲裁案采取不接受、不参与的严正立场。该仲裁庭得以假借《公约》附件七第 3 条的规定："海牙国际仲裁庭庭长可在特定情形下指认并组建特设仲裁庭"，由时任仲裁庭庭长的日本人柳井俊二掌控了组建仲裁庭的权力。最终组建起 5 人临时仲裁庭，其中除鲁迪格·沃尔夫鲁姆（德国籍）仲裁员为菲方指派外，其余 4 人均由柳井代为指派，包括托马斯·门萨（英国与加纳双重国籍）、让·皮埃尔·科特（法国籍）、阿尔弗莱德·松斯（荷兰籍）、斯坦尼斯洛·帕夫拉克（波兰籍）。然而，这个仲裁庭主要组建者柳井俊二的政治立场本就存在明显的瑕疵。该人为日本前资深外交官，在日本外交部门工作 40 余年，曾在 2001 年美国出兵伊拉克时担任日本驻美大使，2007 年出任安倍第一届内阁设立的"安保法制恳"会长，为安倍内阁修宪、解禁集体自卫权、强化日美同盟提供智力支持，不仅是公认的日本右翼代表人物，而且曾多次在日本媒体上发表反华言论。② 因此，经由柳田所特别指派并组建的仲裁法庭本身的独立性与公正性也存在严重缺陷，决定了其仲裁结果必定是依据美日的战略企图所实施，属于"未审先判"。

其次，日本配合仲裁实施对中国施压。自仲裁提交后，日本在仲裁推进中全程与菲律宾紧密协调，利用在各个国际场合政策表态、发表声明、舰艇访问等方式不遗余力地对菲律宾提交仲裁

---

① 陈建仲：《南海仲裁案的政治效应》，《海峡評論》2016 年第 308 期，第 30—32 页。

② 《南海仲裁庭公正性存在巨大缺陷 由日本右翼一手组建》，http：//mil. news. si-na. com. cn/china/2016－07－12/doc-ifxtwiht3589535. shtml。

的行动撑腰，并鼓励其持续推进仲裁进程，企图壮大舆论声势对中国进行施压。2013 年 5 月，安倍向菲律宾阿基诺三世政权时任外长罗萨里奥表示，坚决支持菲方挑战中国"九段线"主张提请仲裁的行动。① 6 月，日本时任防相小野寺五典访菲时再次声援菲方，"日本方面完全支持这种努力"，支持菲方"保卫"其在南海有争议的领土的立场，并将加强与菲方在海洋安全方面的合作。② 2014 年 3 月，就在菲律宾向仲裁法庭提交正式诉讼书的第三天，日本还派出两艘驱逐舰到菲律宾访问，并同菲海军举行联合演练，以实际行动显示对菲的支持。同月，日本外务省新闻局就南海仲裁案发表专项声明，要求有关各方应在"法治"原则基础上采取行动，并明确支持菲方所采取的"法律程序"。③ 2015 年，安倍在第 23 届亚太经合组织首脑会议与阿基诺三世会面时，对菲方"依据国际法和平解决冲突"继续表示支持。

再次，不择手段企图逼迫中国接受裁决结果。2016 年 7 月 12 日，临时仲裁庭最终公布了对中国不利的裁决后果，否认中国提出的"九段线"拥有法律依据，否定中国部分南海岛礁"自然岛屿"的法律地位，剥夺中国对此类岛屿主张专属经济区的权利，并判决中国侵害了菲方传统渔权及南沙群岛生态系统。一时间日美等域外干涉势力高呼是国际法上对中国的一次"巨大胜利"。在裁决结果公布当天，日本外务省立即发表声明，继续以"推行

---

① "Japan Supports Philippines 'Legal Move on South China Sea Dispute'," *The Philippine Star* (23 May 2013).

② Camille Diolaand Alexis Romero, "Japan to take *Philippines'side* in South China Sea Dispute," *The Philippinesstar* (27 June 2013).

③ Ministry of Foreign Affairs, "Statement by the Press Secretary, Ministry of Foreign Affairs of Japan, on an Issue concerning the South China Sea (Arbitral Proceedings by the Philippines under the United Nations Convention on the Law of the Sea)," March 31, 2014, http://www.mofa.go.jp/press/release/press4e_000257.html.

法治原则""支持和平解决"为借口，要求有关当事国遵守"终极裁决"，企图借国际法及规则之名将此次裁决结果转化成为既成事实，使中国在南海维权中遭受巨大冲击。① 但在中国的坚决反对及国际道义面前，美日的阴谋未能实现，不仅中方"不接受、不参与、不承认、不执行"的严正立场得到了80多个国家及国际、地区组织的理解和支持，就连菲律宾新任杜特尔特政府也是第一时间表达了稳定地区局势的立场，未将仲裁结果纳入南海争端处理当中。而东盟国家与中国当月共同发表了全面有效落实《南海各方行为宣言》的联合声明，标志南海战略态势发生了有利于中国的反转，美日处心积虑构筑的南海仲裁对华攻势遭遇失败。然而，日本不甘失败，依然逆势而动，在南海仲裁结果议题上不断纠缠。在结果公布次日，日本自民党放出有意将中日东海油气田争议提交仲裁的消息，就采取国际司法手段解决中日东海争端进行试探，并继续炒作南海仲裁事件。之后，安倍内阁多位要人在不同场合发声，隔空喊话表示"强烈期待当事国接受裁决"。日本自卫队统合幕僚长河野克俊14日称，"南海仲裁案裁决分量很重，中国作为大国应该遵从国际规则"。② 日本首相安倍在16日参加亚欧峰会中不仅直接就南海争端发表看法，"我强烈呼吁南海争端各方遵守裁决结果，为南中国海问题引向和平解决的方向"，而且还闪电式地与多国领导人举行了场外会晤，意图在这次亚欧首脑会议发表的主席声明中纳入有关南海争端和仲裁

① Ministry of Foreign Affairs, "Arbitration between the Republic of the Philippines and the People's Republic of China regarding the South China Sea (Final Award by the Arbitral Tribunal) (Statement by Foreign Minister Fumio Kishida)," http: //www. mofa. go. jp/press/release/press4e_001204. html.

② 《2016 年 7 月 15 日外交部发言人陆慷主持例行记者会》，http: //www. fmprc. gov. cn/web/wjdt_674879/fyrbt_674889/t1381961. shtml。

案的内容，然而在中方以及大多数国家的抵制下未能实现。① 日本外相岸田则在 7 月接连召开的东盟地区论坛部长级会议、日本—东盟外长会议、东亚峰会外长会议等一系列国际场合中，以"南海仲裁案裁决结果"为主题打造系列外交攻势，企图借以扰乱中国与东盟已就南海争端回归和平谈判轨道所达成的默契，其背后用心非常险恶。据媒体披露，日本还以取消经济技术援助相要挟，向柬埔寨及老挝两国施压，要求其对仲裁案结果表示支持，粗暴干涉东盟国家内政。②

二、以双层援助体系加强东南亚各国海上能力建设

日本一直将向南海周边东南亚各国提供政府开发援助及其他实物支持视为强化在东南亚地区影响力的重要对外政策手段。自冷战结束以来，日本开始尝试在海上能力建设方面向东盟国家提供支持，早先主要集中在反海盗、反海上恐怖主义以及灾害救援等非传统安全方面，但近几年来其在军事安全方面协作的色彩却越发浓厚。基于东南亚各国的海上执法及监视巡航能力较弱、技术装备普遍较为落后以及各国积极寻求外部援助支持的现实情况，日本借此加强了对各国的海上能力建设支持力度。"为提高东盟各国守卫海洋的能力，要把政府开发援助（ODA）、自卫队提供的能力培训、防卫装备合作等支援项目进行组合，不间断地向东盟国家提供支援。"③ 日本将政府开发援助的战略性运用与防

---

① 《亚欧峰会：日本就南海争端向中国施压》，http：//www.bbc.com/zhongwen/simp/world/2016/07/160716_japan_pressure_china_aisaeusummit。

② 《日本拿援助要挟柬埔寨介入南海，柬总统拒绝》，http：//war.163.com/16/0704/09/BR4E1OCM00014OVF.html。

③ 外务省：『第13回アジア安全保障会議（シャングリラ・ダイアローグ）安倍内閣総理大臣の基調講演』、http：//www.mofa.go.jp/mofaj/fp/nsp/page4_000496.html。

卫装备支援结合在一起，与承袭自民主党政权的"能力构建援助"组合起来打造双层援助体系。借以提高南海周边国家的海上监视、应对能力，谋求把东盟各国打造为抵御中国不断增强的海上力量的前沿，不断增强其在外交上与中国讨价还价的砝码，并为日本在地区赢得更强的影响力。①

（一）调整政府开发援助政策

尽管自安倍2012年再次就任首相后，日本就明确了在南海争端上强化介入并加强向南海周边国家援助"输血"的政策路径。然而受限于日本国内法律关于援助使用"非军事化"的强制规定以及偏重"经济开发与民生支持"的原则指导，使得安倍试图进一步发挥ODA作用加强对南海周边国家海上能力建设支援的企图受到诸多约束。2013年日本向越南提出希望向越方出口千吨以上海上巡逻艇得到越方积极回应，然而由于2003年版《政府开发援助大纲》明确规定ODA使用应"避免用于军事用途及加剧国际争端"，使得日本不得不要求越南采取将海上警察力量从海军中分离的应变手段才得以绕过规定实现向前者提供装备。② 为避免今后在海上能力建设支援上再遇上此类繁冗程序，从而配合安倍内阁进一步拓展日本在南海争端等地区事务上的角色地位，更好地发挥ODA在政治安全领域的能量，在前期完成了国家安保战略等系列安保部署后，日本着手对政府开发援助政策进行了调整。

2015年2月，日本政府内阁会议正式通过对"开发援助大

---

① Ken Jimbo, "Japan and Southeast Asia: Three Pillars of a New Strategic Relationship," *The Tokyo Foundation*, May 30, 2013, http://tokyofoundation.org/enarticles/2013/japan-and-southeast-asia.

② Shoji, Tomotaka The South China Sea: A View from Japan. *NIDS journal of defense and security*, Vol. 15, pp. 137. 2014.

纲"进行修订的决议，并公布了更名为《开发合作大纲》的新版大纲文件。新大纲反映了2013年安倍内阁出台的国家安全保障战略相关规定，"积极并从战略高度使用政府开发援助是保障国家安全的五大战略步骤之一，为了实现人类安全保障，我国将从战略高度高效地使用ODA"。① 与以往的开发援助大纲相比，新大纲拓宽了ODA的援助内涵，突出了对构建和平、促进日本安全保障的关注，强调ODA应为日本国家利益服务，解除了以往对他国军队援助的限制，新大纲特别凸显了以下三个特点：

一是以服务国家利益为首要原则，突出ODA对国家安保战略实施的支撑作用。首次明确将国家利益写入白皮书中，一改以往彰显"维护世界和平与繁荣""消除发展中国家贫困"的高调，提出ODA应"保证为实现日本和平、繁荣的国家利益而做贡献"，体现出日本对开发援助的运用逐步从"利他"向"利己"转向的实用主义取向，以及安倍谋求实现"经济能量政治化"的政策思路，注重进一步发挥ODA综合效益的明确意图。②

二是实质上解除了ODA的非军事化援助限制，为日本向南海周边国家提供军援扫除了法制障碍。旧大纲将"避免用于军事用途及加剧国际争端"列为指导ODA使用的四项原则之一，以确保日本"和平国家"的本色不变。新大纲虽然在文本中延续了这一原则，但特别引入了可在所谓公共领域及救灾等"非军事目的"行动中向他国军队提供援助的新规定。依据该项规定，日本可以通过逐项探讨的方式对此类个案进行决策。事实上，向他国军队提供援助是否确定是"非军事目的"的判定存在巨大的可操

---

① 内阁官房：『国家安全保障战略について』、http：//www.cas.go.p/jp/siryou/131217anzen—hoshou/nss-j.pdf。

② 王萧轲：《"积极和平主义"背景下日本ODA政策的调整与影响》，《东北亚论坛》2016年第4期，第38、39页。

作空间，而且也难以确保 ODA 此后是否可能再被转用于军事目的，在这方面并没有提出相关的监督处理措施。此外，新大纲还具体列举了 ODA 可使用的广泛军事领域，包括海洋、太空、网络、扫雷、反恐等安全领域，日本由此实现了对 ODA 非军事化援助限制的突破，今后日本得以更加明目张胆地打着"对外海上安全能力建设支援"的旗号向其他南海争端当事国"输血"、打气。

三是在援助对象确定及使用方式上更为灵活，得以将各国海上力量建设需求与日本南海政策运筹紧密关联。新大纲不再把受援国的经济发展水平作为限制标准，而将马来西亚等"ODA 毕业国"的新兴经济体纳入援助范围，并确立"一事一议"的援助方式。据此安倍可以灵活按照国家战略需要调整受援对象以及援助比例，而长期作为日本对外援助重点区域的东南亚各国由此将受益良多。2013 年安倍宣布要在 5 年内向东盟提供总计达 2 万亿日元的 ODA。① 安倍对东南亚援助的持续大额投入为日本国家安保战略指导下的南海政策实施提供了强有力的政策工具，为安倍企图将南海周边各国打造成抵制中国影响力、扩大军事前哨的目标而助力。②

基于日本的政府开发援助政策已发生重大变化的情况，为配合日本战略性使用 ODA，更方便向南海周边国家提供"军援"，日本安倍政府还同步进行了相关机构的增设与调整。一方面由于 ODA 被更广泛地用于安全目的，而与原有的安全援助项目发生重叠，因此在安倍内阁政府内部建立起了安全协调委员会，以负责

① 《安倍宣布将在 5 年内向东盟提供 2 万亿日元 ODA》，http：//www. chinanews. com/gj/2013/12 - 14/5619681. shtml。

② Alexandra Sakaki, Keeping the Dragon at Bay: The South China Sea Dispute in Japan's Security Strategy, in Enrico Fels Truong-Minh Vueds, *Power Politics in Asia's Contested Waters Territorial Disputes in the South China Sea*, Springer, p. 436.

在日本外务省与防卫省援助事项方面的协调问题，每月召开一次会议。[①] 另一方面，日本海上保安厅自 2017 年 4 月开始正式设立一个专门负责提供支援及促进人才交流的新组织，该组织以"海上保安国际合作推进官"为首的 7 人构成，通过对受援国派遣职员进行实务培训，展开国际研讨以提升东南亚国家海上安全机构能力。[②] 而为了加强对外推销日本武器装备，日本防卫省还将许多与装备采办相关的分支机构合并成立了国防装备局，谋求实现武器装备研发、武器进口和出口的集中统一管理，特别是大力推进日本武器装备走向海外，加大向武器装备研发生产能力较弱东南亚各国的推销力度。[③]

（二）支援东南亚国家装备建设

为凸显日本在南海地区的军事存在感，强化对南海事态的影响，其实早在日本完成国内相关援助政策调整及机构增设之前，安倍就开始迫不及待地强化了向东南亚各国的装备技术转移力度。较此前历届政府在向南海周边国家在装备支援上的低调谨慎，安倍内阁进一步扩大了装备援助及出售规模，以赠予、低价租让等方式向东南亚国家提供"潜在"武器装备，帮助东盟国家强化海上装备技术水平，借以鼓动各国在南海争端上采取更强硬立场。

2013 年 7 月安倍访问菲律宾时承诺，将以动用 11 亿美元政府开发援助款项方式，向菲方海岸警卫队援助 10 艘海上 MRRV

---

① Céline Pajon, "'Smart' Strategic Engagement in Southeast Asia," *The Asan Forum*, http://www.theasanforum.org/japans-smart-strategic-engagement-in-southeast-asia/.

② 《日拟助东南亚提升海上保安》，http://www.zaobao.com/news/world/story20170109 - 711250。

③ 《日本将成立国防装备局 负责武器进出口与研发》，http://news.ifeng.com/a/20140603/40571273_0.shtml；《美智库分析日本未来国防装备政策》，http://pit.ifeng.com/a/20161112/50246043_0.shtml。

型巡逻艇，包括提供培训和其他后勤支持，并协助菲律宾构筑情报通信系统，以"提升后者维护海洋安全的能力"，以实现"广泛的海洋领域合作"。2014 年，日本又与越南达成协议，决定向越方赠送 6 艘二手海上巡逻船及海上安保设备，以帮助越南"提高海上执法能力"。① 同年举行的第 5 届日本—东盟副国防部长级论坛，首次把"能力构建倡议"的未来实施方向和"防卫装备及技术转让合作"列为讨论议题。8 月，日本又在东盟—日本外长会谈中高调宣布，将进一步向东南亚各国援助巡逻舰艇、通信装备及其他设施。② 2015 年日本表示将研究向马来西亚海上执法局（MMEA）提供航船模拟器，得到了马来西亚总理的支持与感谢。2016 年 2 月，日本又与菲律宾达成基本协议，向其以每年 100 万美元的价格出租 5 架 TC - 90 海上侦察机，由此可使菲律宾的海岸侦查范围扩展一倍，由现今的 300 千米提高至 600 千米，日本将为其提供人员培训、后勤整备和保修支援。2017 年，日本海保厅先后将两艘退役的大型巡逻舰无偿赠与马来西亚，并在交付之前特意翻新了船上的雷达设备，以强化马来西亚在其"水域内执行海上任务的能力"。③ 有消息披露，日马两国正就日本向马来西亚赠送退役的 P - 3C 海上反潜巡逻机项目展开磋商与评估。④ 安倍内阁还打算成立新的融资机构，专为与东南亚各国联合开发武器项目、建立防务产业合作提供资金支持。

---

① Shoji, Tomotaka The South China Sea: A View from Japan. *NIDS journal of defense and security*, Vol. 15, 2014, p. 137.

② 杨光海：《日本南海政策的历史演变及其启示》，《亚太安全与海洋研究》2015 年第 4 期，第 30 页。

③ 《马来西亚月底接收日本巡逻舰》，东博社，http://www.toutiao.com/i6421833457441178113/。

④ 《日本将修法向马来西亚捐赠反潜机 欲在南海牵制中国》，http://news.ifeng.com/a/20170506/51054801_0.shtml。

综上所述，日本近年来在向南海周边国家的装备技术支援上投入巨大，指向明确，运用其在经济援助的实力优势与政策突破加快了对东南亚各国海上能力建设的联系与支持，由于"武器出口三原则"的修改和新 ODA 大纲对军事援助的松口，日本今后有可能以隐蔽形式提供军事援助，借以带动军事装备及技术出口并扩大战略影响。

（三）强化"能力构建援助"

以"能力构建援助"配合硬件装备支援，通过提高东盟国家军事保障能力密切双方军事联系。"能力构建援助"是指由日本自卫队协助各国武装力量及相关机构提升其人道主义救援及灾害救治（HA/DR）、军事医疗、民事工程、扫雷排爆、海上安全及其他非传统军事保障领域的能力。日本对东南亚开展所谓"能力构建援助"始于民主党执政期间公布的《防卫计划大纲》（2010版防卫大纲）。其中规定，派遣自卫队"支援地区各国的能力建设"，发挥日本的能力优势，与受援国"推进实质性的合作"。[①]据此，防卫省防卫政策局在 2011 年增设"能力建设支援室"。然而，由于民主党政权执政在国内饱受诟病，日本向外提供的"能力构建援助"未得到有效落实。

安倍再次执政后，将其视为扩展对外军事影响力的重要手段，不仅将其明确写入《国家安全保障战略》，而且要求强化对"能力构建援助"的战略性运用以及在安全领域的无缝援助，而同期公布的《中期防卫力量整备计划》则明确强调扩充其援助对象国范围及援助内容。在前期投入 3000 万日元向各潜在受援国家进行"能力技术需求"调查研究的基础上，日本安倍内阁的"能

---

① Ministry of Defense, Capacity Building Assistance, http://www.mod.go.jp/e/d_act/exc/cap_build.html.

力构建援助"各项目如火如荼地开展起来。① 目前，其援助对象已扩充为越南、菲律宾、印尼、东帝汶、缅甸、马来西亚等 13 个国家，其中东南亚国家占了多数，而援助内容也扩展至航空国际法、飞行安全、海图制作、气象观测及潜水医疗等多个领域。日本陆海空自卫队均有参与，具体实施形式包括派遣自卫队军官前往受援国对其人员进行长期教育培训、与受援国代表举办短期研讨会及邀请受援国人员赴日本参加短期培训项目（日本 2012—2016 年对东南亚各国海上"能力构建援助"项目及内容见下表）。② 2015 年 9 月，缅甸 4 名军官访问了日本神奈川县横须贺市海上自卫队潜水医学实验队，一行人参观学习了潜水员从海下逃脱的训练设备及潜水病的治疗装置。据悉，缅甸正在筹建潜艇部队，而日本积极提供潜水医疗教学及其他海洋能力技术支持或成为推动缅甸下定决心的因素之一。同样接受日本潜水医学援助的还有此前从俄罗斯进口了"基洛"级潜艇的越南。③ 2016 年 11 月，日本伙同英国驻越南大使馆、越南外交学院在越南河内以"通往自由与开放的亚洲海洋：法治与国际合作"为题举办联合研讨会。研讨会有针对性地分析了 7 月中菲间关于南中国海的仲裁裁决的影响，并探讨了"尊重和促进法治"各方可能的合作形式。本次研讨会是日英两国在 2016 年"2 + 2"会议上所确定的两国在东南亚能力构建援助上的具体合作项目。④ 上述具体情况，

---

① Ministry of Defense, Capacity Building Assistance, http://www. mod. go. jp/e/d_act/exc/cap_build. html.

② Ministry of Defense, Past Programs, http://www. mod. go. jp/e/d _ act/exc/cap _ build. html.

③ 《日加速推动对外军事援助计划》，http://www. 81. cn/big5/jmywyl/2015 – 12/09/content_6806136. htm.

④ Ministry of Foreign Affairs, "Japan and the UK hold Joint Workshop in Vietnam: 'Navigating Towards the Free and Open Seas of Asia: The Rule of Law and International Cooperation'," http://www. mofa. go. jp/press/release/press4e_001371. html.

请参见表2—1。

表2—1　日本对东南亚各国海上"能力构建援助"项目内容（2012—2016年）

国家	支援项目内容	项目类别	实施时间	日方代表/培训单位	受援单位/人员
越南	潜水医疗教学	短期研讨	2012.10.22—23	海上自卫队军官3人，能力建设支援室技术指导1人	越南海军
印尼	海上气象及海洋观测教学	短期研讨	2012.02.04—06	海上自卫队军官3人，能力建设支援室技术指导1人	印尼海军、水文海洋学办公室
越南	潜水医疗教学	短期研讨	2013.05.22—24	海上自卫队军官3人，能力建设支援室技术指导1人	越南海军、国防部
印尼	海上气象及海洋观测概况（海上安全领域）	短期研讨	2013.07.03—05	海上自卫队军官3人，能力建设支援室技术指导1人（及海上保安厅官员1人）	印尼海军、水文海洋学办公室
越南	航空安全教学	短期研讨	2013.09.24—27	航空自卫队军官3人，能力建设支援室技术指导1人	越南海军、国防部
越南	潜水医疗教学	短期研讨	2014.03.17—21	海上自卫队军官3人，能力建设支援室技术指导1人	越南海军、国防部
越南	潜水医疗培训	短期参训	2013.09.19—26	海上自卫队海事局卫生规划处，水下医学实验单位，海自横须贺医院	越南海军代表5人

续表

国家	支援项目内容	项目类别	实施时间	日方代表/培训单位	受援单位/人员
印尼	海洋学及图表培训	短期参训	2014.02.03—07	防卫省（防卫政策局），海上自卫队，日本海上保安厅海洋部门，民营企业等。	印尼海军代表5人
越南	航空安全培训	短期参训	2014.03.03—05	国防部，航空自卫队航空医学实验室，入间气象中队，第1航空联队，滨松空中救援中队	越南国防部及空军代表5人
越南	航空安全教学	短期研讨	2014.11.25—29	航空自卫队军官4人，能力建设支援室技术指导1人	越南空军代表约25人
缅甸	潜水医疗教学	短期研讨	2014.12.21—24	海上自卫队军官4人，能力建设支援室技术指导1人	缅甸医务人员和海军潜水员约30人
缅甸	航空气象教学	短期研讨	2015.01.20—23	航空自卫队军官4人，能力建设支援室技术指导1人	包括飞行员在内缅甸空军人员约60人
越南	航空国际法教学	短期研讨	2015.02.03	航空自卫队军官2人，能力建设支援室技术指导1人	越南空军代表约15人
印尼	航空国际法教学	短期研讨	2015.02.05	航空自卫队军官2人，能力建设支援室技术指导1人	印尼空军代表约30人

国家	支援项目内容	项目类别	实施时间	日方代表/培训单位	受援单位/人员
越南	潜水医疗教学	短期研讨	2015.03.16—20	海上自卫队军官4人，能力建设支援室技术指导1人	越南人民武装医务人员及潜水员代表约40人
菲律宾	航空运输教学	短期参训	2015.02.17—20	防卫省，陆上自卫队习志野基地，第1空降旅，航空自卫队小牧基地第1战术空运联队	菲律宾空军代表4人
菲律宾	航空国际法教学	短期研讨	2015.06.23	航空自卫队军官3人，能力建设支援室技术指导2人	菲律宾空军代表约15人
马来西亚	航空国际法教学	短期研讨	2015.06.25	航空自卫队军官3人，能力建设支援室技术指导2人	马来西亚皇家空军代表约10人
越南	航空安全及医疗教学	短期研讨	2015.11.24—28	航空自卫队军官5人，能力建设支援室技术指导1人	越南空军代表约25人
缅甸	潜水医疗教学	短期研讨	2015.12.07—10	海上自卫队军官4人，能力建设支援室技术指导2人	不详
缅甸	访问日本航空自卫队航空气象部门	短期参训	2015.08.03—07	防卫省，航空气象服务组，日本航空自卫队府中基地中央气象服务小组，第2战术空运联队，入间基地航空气象服务小组，熊谷基地第4战术学校	缅甸空军代表4人

国家	支援项目内容	项目类别	实施时间	日方代表/培训单位	受援单位/人员
缅甸	访问日本海上自卫队潜水医疗部门	短期参训	2015.10.05—09	国防部，陆上自卫队中央快反力量，东北方面部队，有明之丘中央广域防灾据点	缅甸陆、海军代表5人
东盟成员各国	日本英国举办海洋法治研讨会	联合项目	2016.11	能力建设支援室技术指导2人	东盟政府、军事及社会人员
泰国	航空国际法教学	短期研讨	2016.04.18—19	航空自卫队军官3人，能力建设支援室技术指导2人	泰国皇家空军代表270人
越南	航空安全、医疗及搜救教学	短期研讨	2016.11.22—24	航空自卫队军官3人，国防部国际政策部门官员1人	越南防空部队及空军代表25人
缅甸	潜水医疗教学	短期研讨	2016.12.12—16	海上自卫队军官4人，国防部国际政策部门官员1人	缅甸陆军及海军代表约40人
缅甸	航空气象教学	短期研讨	2017.02.20—25	陆上自卫队军官6人，国防部国际政策部门官员1人	缅甸空军代表
缅甸	航空国际法教学	短期研讨	2017.02.20—25	陆上自卫队军官6人，国防部国际政策部门官员1人	缅甸空军代表
印尼	国际海洋法教学	短期研讨	2017.03.20—23	海上自卫队军官5人，国防部国际政策部门官员1人	印尼国防部及其他政府部门代表约30人

国家	支援项目 内容	项目类别	实施时间	日方代表/ 培训单位	受援单位/ 人员
印尼	海洋观测培训	短期参训	2017.01.23— 27	日本防卫省，横须贺地区海上自卫队及海上保安厅水文海洋部门	印尼海军代表7人
越南	航空医疗培训	短期参训	2017.03.13— 16	国防部，航空自卫队航空医学实验室	越南防空部队及空军代表5人
泰国	航空安全培训	短期参训	2016.05.26	航空自卫队航空安全服务组	泰国皇家空军代表6人

资料来源：笔者根据日本外务省网站数据制作，只列举了对东南亚国家海上能力建设援助相关的项目内容。

依据日本外务省公开数据统计，自 2012—2016 年短短几年间，日本对外实施"能力构建援助"累计达 77 次，并且呈现逐年递增趋势。其中，向南海周边国家如越、菲、印尼、马、缅提供有关海上及飞行技术支持与国际法研讨等相关援助次数占其中几近一半，可见安倍企图利用所谓"能力构建援助"强化南海周边国家海上实力对抗中国的用意所在。日本防卫省官员明言，对东南亚各国"开展能力技术指导既有助于促进东南亚地区安宁，又能够对一直加强南海活动的中国形成牵制，并可增强与日本海上交通线的邻近各国相互联系"。[①] 有消息称，日本政府正在考虑

---

① 李秀石：《试论日本对东盟的安全合作政策》，《日本学刊》2014 年第 2 期，第 51 页。

将"能力构建援助"项目纳入到政府开发援助中，以增强日本援助在国际上影响的力度与深度。近几年来，日本还谋求在推进对东南亚各国"能力构建援助"合作上加强与美澳等域外国家协调合作，多次在与安全伙伴"2＋2"对话中表示出开展合作的意愿，谋求在突出援助效能的同时，推进美日同盟基础上的亚太安全联盟网络发展。

三、以安保联动构建地区联合干预态势

冷战后在日本以反海盗及非传统安全为由逐步实现对地区安全事务影响突破的背景下，安倍上台后即以"积极和平主义"新安全战略理念为指导，结合南海争端的海洋属性导向及国家的现实战略利益需要，以机制建设与互访军演为主线密切与东南亚各国安全合作，以推动美日同盟为基础的双多边安全协调为手段拉拢域外各国介入南海事务，并与国内安保法制"松绑"相配合，企图拼凑起囊括域内外国家的宽幅安全网络以打造在南海争端上的地区联合干预态势。

（一）加强与域内国家海洋安全合作

为了配合美国亚太再平衡战略的推进以及日本扩张型海洋战略的实施，联合东南亚国家在南海争端上构筑对华统一战线，日本高度重视深化与东南亚各国政治安全领域的合作关系。2013年3月，日本防务官员在东京举行的第四届东盟——日本副防长级别安全对话会议上就表示，基于双方在经济合作上的成熟关系，应加快开展安保方面的合作。而在2013年12月公布的《国家安全保障战略》（下称《战略》）中，日本将东盟各国视为第四大外交安全合作伙伴，宣称双方共享普遍价值观，并在"维护开放、

稳定海洋"上共有战略利益。① 日本不仅首次将与东盟国家开展安全合作纳入《国家安全保障战略》，提升至国家战略高度，而且显著强化了与地区各国的海洋安全合作力度，其中突出表现为加快与各国的安全对话合作机制对接并促进军事互访及联演联训实施。

1. 加快与域内国家安保机制对接

事实上，尽管日本与东盟国家的海洋安全合作起步较晚，但自冷战结束以来日本利用反海盗等非传统安全借口已成功实现了地区安全合作零的突破，不仅在 20 世纪 90 年代发起并主导了旨在讨论地区安全事务的东盟地区论坛的成立，而且在 2004 年还拉拢亚洲 16 国签署了《关于打击亚洲海盗活动和武装劫船的地区合作协定》，积累了一定的安全合作"资产"。然而上述成果或是偏重于非传统安全议题或是缺乏有效的约束机制，在南海争端上能够对中国形成的制约力度有限。为此，安倍上台后开始加快与东南亚各国的安全对话合作机制对接，谋求以机制联系作为与各国协调南海争端立场，落实具体安全合作的重要纽带。

第一，大力升级已有对话机制，培育务实安全合作。安倍上台前，日本已经与新加坡、越南和菲律宾搭建起了"2 + 2"对话磋商机制，即由两国的外交、防卫官员定期会面的对话磋商机制。安倍则谋求将该机制进一步升级为由各国外交、防卫及海洋安全部门官员共同参与的"3 + 3"对话磋商机制，以进一步突出"南海安全"的问题导向。

以推动在马六甲海峡地区反海盗为借口，日本谋求与东南亚各国建立"2 + 2"对话机制的企图最先在新加坡实现了突破。早在 2009 年，双方签署了《防务交流备忘录》，正式建立"2 + 2"

---

① Ministry of Defense, National Security Strategy, December 17, 2013, http：//www. mod. go. jp/j/approach/agenda/guideline/pdf/security_strategy_e. pdf.

机制，决定双方开展防长定期会晤、海军互访、实施联合训练等以加强双边及多边合作。2013 年 7 月，日新两国举行第三次海上安全保障会谈，日本政府派出了由外务省、防卫省、国土交通省以及海保厅构成的代表参加，企图以日菲"3＋3"对话机制为样板推动日新对话机制升级，但遭新方冷遇未进行相应调整。2014 年，日新在新加坡举行了第四次海上安全对话，双方就地区反海盗以及东海南海争端进行了广泛的交流。日本和新加坡之间还设有特殊的"2＋1"（JSPP 21）合作框架①，作为两国在海洋安全问题上对东南亚各国进行援助的重要合作平台。

2010 年日本和越南启动了副部级"2＋2"外交防务"日越战略伙伴关系"对话，并围绕南海争端展开协商讨论。2011 年 10 月，两国防长在东京会晤，签署了强化两国防卫合作与交流备忘录，决定建立防卫部门副部长级定期对话机制并开展两军互访，越南随之成为继新加坡之后与日本签署类似协定的第二个东盟国家。2013 年 5 月，两国在河内以"海洋安全保障"为主题举行了双边对话与协商活动，并表示双方将共享关于中国海上力量发展动向的情报和分析。7 月，两国海警部门举行首次副部级磋商。2015 年在日本防卫大臣和航空自卫队幕僚长等高级官员先后访问越南金兰湾，并提出停靠该港作为补给点要求后，越南 10 月正式回复表示同意日本自卫队使用该港口，作为前往非洲东海岸执行反海盗行动的短期停靠站。

2011 年 9 月，日菲首次举行海洋事务对话，实现了"2＋2"机制的建立，并就推动两国海上力量合作互访达成协议。2012 年 7 月，藉由菲律宾国防部长加斯明访日之际，两国签署了《加强

①　2002 年 1 月日本与新加坡签订的《日本—新加坡 21 世纪伙伴计划（Japan-Singapore Partnership Program for the 21st Century)》，简称"JSPP 21"，该计划旨在密切日新在为东南亚地区各国提供援助上的帮助。

防卫合作备忘录》，就共同在南海举行军演活动达成一致，并确定建立在南海的"军事情报互换机制"。2013 年 2 月，日菲举行第二次海洋事务对话，成功将对话升级为两国外交、海军、海警及海洋事务官员一同参加的"3 + 3"机制。① 2015 年日菲两国防卫部门签署关于"防卫合作与人员交换"备忘录。同年 6 月阿基诺三世访日时对外透露，菲方将就与日本启动"部队访问协定"谈判，使得菲律宾军事基地为日本自卫队飞机、舰船提供加油、补给服务成为可能。② 2016 年，双方就防卫装备合作正式达成协议，签署了《关于防卫装备转移和技术合作协定》。目前，菲律宾是日本在东南亚各国中安全合作架构最为完善的合作伙伴，双方已打造了多层次的安全对话机制：外交部门间包括部长级会晤、副部长级战略对话、执行部门间磋商；防务部门间部长级会晤、副部长级磋商、两军高级别或官员级别磋商；外长与防长"2 + 2"对话；新建立的副部长级警察军事部门对话；日本国家安全秘书处与菲律宾国家安全委员会间对话。③ 日本通过对已有对话机制的升级，进一步扩展了与东南亚安全合作伙伴的合作内涵，并为日本借以强化对南海安全事务干涉提供了制度保障。

第二，向其他东南亚国家普及"2 + 2"对话机制，力促安全合作不留死角。相较于新加坡对南海事务的热心与越菲两国在南海争端上采取激进立场，东盟其他成员国在南海争端上所持立场相对温和。并且这些国家对域外势力干涉南海事务一直都比较警觉，因此，与日本在安全方面的合作基础也较为薄弱。但为了扩

---

① 外務省：『第 2 回日・フィリピン海洋協議の開催について（結果概要）』，http：//www. mofa. go. jp/mofaj/press/release/25/2/0222_04. html。

② 《日卖菲武器搅浑南海，两国联合声明挑衅中国》，http：//world. huanqiu. com/photo/2015－06/2779730. html。

③ Ministry of Foreign Affairs, Action Plan for Strengthening of the Strategic Partnership（Annexof the Joint Declaration），http：//www. mofa. go. jp/files/000083659. pdf.

展在东南亚地区的安全体系，自安倍再次担任首相后日本加大了对这些国家在经济、装备、人力各方面的投入力度，推动与日本建立"2+2"对话机制。2013年7月，安倍在访问马来西亚期间，提出将继续对马来西亚海上法令执行庭（MMEA）及联合国亚洲维和人员训练中心提供援助，借机向马来西亚提出了希望双方尽早制定防务合作备忘录的建议。2015年日本岸田外相与马来西亚总理会晤，同意升级两国关系为"战略伙伴关系"，并在日本持续向马来西亚提供海上能力构建援助上达成一致。近年来，日本还谋求利用中马关系在南海声索及专属经济区捕鱼争端中的微妙变化，持续与马来西亚接触，谋求推进两国在防卫合作及国防装备技术转移方面达成备忘录。[①] 在印尼方面，双方的安全合作也取得了新的突破。2013年1月，日本陆上自卫队幕僚长与印尼军方进行商讨，建议双方在促进法治、确保和平解决领土争端、加强应对自然灾害的能力上进行合作。9月，安倍访问印尼与苏西洛总统会面，向印尼提议建立"2+2"对话框架。2015年3月，两国以"海洋合作与民主"为主题发表联合声明，两国防卫部门签署了关于"防卫合作与人员交流"备忘录。12月，日本和印尼举行首次"2+2"部长级对话，并就启动装备及技术转移协定谈判达成一致。2017年1月安倍再次访问印尼，为推动"离岛开发和海上安全合作"，日本不仅再斥总额达739亿日元经济援助，表示要通过与印尼的安全合作框架共同"捍卫海域主权"，而且希望加快与印尼缔结促进防卫装备和技术转让协定的谈判进程，双方确认2017年内将举行第二次"2+2"对话。日本还力图在"对华关系友好"的柬埔寨、老挝和

----

① Reinhard Drifte. Japan's Policy towards the South China Sea-Applying "Proactive Peace Diplomacy"？ *Peace Research Institute Frankfurt* (*PRIF*)，http：//www. hsfk. de/fileadmin/HSFK/hsfk_publikationen/prif140. pdf. p. 19.

中国之间打入楔子，加大投入，力促安全合作。2013 年，作为遍访东盟十国的最后两站，柬老两国分别和日本举行了首脑会谈，安倍在会谈中均大谈所谓"南海争端"，并表示希望与两国建立安全合作框架，促进防务当局间进行合作。柬老两国政府仅表示同意就推进争端解决"希望早日缔结有实效的'行为准则'"，而且事实证明安倍的建议并未落实。此外，在对文莱的访问中安倍也向文莱国王提出过希望加强双方能源合作与防务对话的请求。

第三，以双边促多边，企图打造联动东南亚各国的安全合作网络。在普及与东南亚国家的双边安全对话合作框架持续推进过程中，安倍也没有放松在面向东盟的多边安全合作框架上"积极作为"，除了继续利用已有的东盟地区论坛及香格里拉对话等多边机制以外，还谋求建立与东盟的"10＋1"安全合作框架。自2009 年日本与东盟召开首届副防长级别安全对话以来，这一对话已经成为日本每年炒作南海争端、协调南海立场的常态化机制。近年来日本利用该机制推动安全方面务实合作的动作幅度更加明显，2014 年 2 月的第五届日本——东盟副部长级防务论坛，首次将能力构建援助与防卫装备合作纳入讨论议题。11 月日本——东盟防长圆桌对话召开，实现对话机制的强化升级。2016 年 9 月第八届副部长级防务论坛则提出要强化基于法治及和平解决冲突原则上的防务合作，提升东南亚范围内各国的海上防卫能力。为具体落实安全合作，2016 年 11 月在日本—东盟部长级非正式防务磋商会议中，日本提出强化防务合作的"万象愿景"（Vientiane Vision）防务合作倡议，以亚太地区面临严重安全挑战，期望与东盟各国构建稳定地区安全环境为由，提出从推广国际法、能力构建援助、防卫装备及技术合作、联合训练演习、人力资源援助及学术交流五大措施着手打造联动东南亚各国的防务合作网络。① 日本企图借此将东南亚各国全部"网入"其亚太安全体系设想中，把控南海地区安全形势的主导权，强化在南海争端上与中国叫板的实力。

2. 加大与地区各国的军事交流活动力度

随着南海局势推高及日本国内法制约束被逐步突破，日本安倍政府对使用军事力量介入南海争端采取了更为大胆的态度，从打着强化地区国家海上搜救、应对海盗等旗号试探参与联训联演活动可行性，到直接派出自卫队舰机在敏感海域实施有针对性的联合军事演习；从此前日本舰机在南海地域零存在到近年来对东南亚军港基地的频频出访，日本近年来强化了对地区各国的军事出访及联训联演力度，积极实施"针对中国的炮舰外交"，不仅借此实现了对南海的间接巡航以及向南海派遣兵力的重大突破，凸显在地区的军事存在及与东南亚国家的安全合作关系，而且一步步不断扩大在地区军事力量存在以及强化与东南亚国家安全务实交流的重要动向，并为今后有可能在南海海域开展军事行动预先做好技术资料储备与协同训练。

2013 年 10 月，日本海上自卫队训练舰队首次对缅甸仰光附近军港进行访问，双方开展了一系列友好交流活动。2014年 4 月，日本 2 艘驱逐舰抵达菲律宾军港进行了为期 4 天的访问，此后与菲律宾海军进行了联合机动演习。2014 年 10 月，日本首次派出 4 名海上自卫队军官作为观察员参加美菲在南沙群岛附近举行的海上夺岛联合演习，演习以反制敌方进攻岛礁行动为作战设想，被视为是在解禁集体自卫权后日本自卫队迈向未来角色的第一步。2015 年 4 月，日本海上自卫队的两艘护卫舰抵达越南广南省岘港市的仙沙港并展开访问，

① Ministry of Foreign Affairs, Vientiane Vision: Japan's Defense Cooperation Initiative with ASEAN, http://www.mod.go.jp/e/press/conference/2016/11/161116_1.pdf.

双方进行了包括官员会晤、参观越方军营以及进行海上通信演练等一系列交流活动。5月，日本海上自卫队两架 P-3C 巡逻机首次飞抵越南岘港进行访问。同月，日本与菲律宾在马尼拉湾举行主题为"反海盗"的联合演习，重点演练了合作打击海盗和应对海上武装抢劫的科目，成为日菲两国自 2012年签署"建立战略伙伴关系协议"以来举行的首次联合演习。而之后不到一周，日菲又于 5 月 12 日再度举行联合军演。菲方派出巡逻舰与日本海上自卫队的两艘驱逐舰举行联合演习，而且演习的地点十分接近中菲存在领土争议的黄岩岛，双方的军事合作色彩更加浓厚。8 月，日本同美国、菲律宾在苏比克湾进行了人道主义演练。2015 年 9 月，一艘美国导弹驱逐舰及三艘日本海上自卫队扫雷舰共同访问了马尼拉湾；2016年 4 月，日本派员观摩了美菲"肩并肩"联合军事演习，并展现出积极姿态，表示渴望"更多地参与"。同月，由一艘潜艇及两艘驱逐舰构成的日本海上自卫队混编舰队先后抵达了菲律宾苏比克湾及越南金兰湾，成为日本海上自卫队舰船 15年来首次停靠苏比克湾与首次造访金兰湾，这被外界视为日本突破国内限制向海外派兵及军事力量重返东南亚的重要标志。① 之后日本停靠在菲律宾苏比克湾的"伊势"号直升机护卫舰又参加了印度尼西亚主办的"科摩多"多国海军联合军演，这是日本时隔 4 年后再次参加与印尼共同举办的联合军事演习。2017 年 6 月，日本海上保安厅与菲律宾海岸警卫队在短短的一个月内两度举行联合演习，表示借此加强双方共同打击海盗的能力。同月，日本海上自卫队当前最大吨位的直升机护卫舰"出云"号对菲律宾进行访问，菲律宾总统杜特尔特成为首位登上

---

① 《日本潜艇 15 年后重返菲律宾，两战舰将穿南海牵制中国》，http://mil. news. sina. com. cn/china/2016－04－04/doc-ifxqxcnp8520402. shtml。

"出云号"的外国首脑，他亲自登临并在舰上与日本首相助理举行了会谈。①

值得注意的是，近年来日本试图利用海上自卫队舰队与航空自卫队 P-3C 前往非洲东海岸执行反海盗任务的机会，实现在南海海域的定期过境，借以扩大日本在南海地区的军事存在。由于日本在亚丁湾执行反海盗任务的舰机每 3 个月就必须替换一次，途中必须进行停靠补给。过去日本舰机前往补给与停靠的基地或海港主要位于新加坡和泰国等非南海争端声索国，而现在日本军方更青睐于在越南、菲律宾和马来西亚等南海争端声索国停留，并借机与该国举行军演交流。

由上可见，进入 2015 年后日本在南海的军事活动愈加频繁，其与菲律宾、越南、印尼等南海声索国的军事互动进展迅猛，日本对东南亚伙伴国进行军事出访与联合军演的数量、规模及水平都创下了纪录，演练地点又多设置在南海争议地点附近，而且内容突出两栖登陆及夺岛突袭，重点提升与东南亚各国海上力量联合作战的战役战术水平，有着强烈的针对意味，凸显出日本逐渐加强军事力量以直接介入南海的趋势。

（二）拉拢域外国家联合介入

安倍在强化与东南亚各国的海洋安全合作，企图将其打造为在南海地区对抗中国的军事前沿同时，还在美日同盟框架基础上，以地缘利益趋同为诱导，以价值观与意识形态为纽带，通过大力加强与美国亚太辐轴结构中安全伙伴的双多边安全互动，积极拉拢印、澳等域外国家共同介入南海，谋求打造海洋国家联盟

---

① Ministry of Defense, "The Visit of H. E. His Excellency Mr. Rodrigo R. Duterte, President of the Republic of the Philippines, to the JMSDF escortship 'IZUMO'," http：//www. mod. go. jp/e/press/release/2017/06/04b. html.

（Unionof Seafaring Nations）。① 安倍企图以此作为军事威慑和同盟支持的力量来源，从而阻止中国恢复在南海受侵占的主权权益，避免中国实现海洋强国崛起。②

1. 在南海争端上强化对美协调及战略对接，推动日美军事一体化

基于美日军事同盟的特殊关系，日本将美日同盟视作深度介入南海的合法性框架，不仅在南海事务的政策立场上和美国保持高度一致，而且自美国实施"亚太再平衡"战略以来积极围绕美日同盟基轴与遏制中国目标协调日美在南海的行动，谋求与美国的亚太安全战略部署相对接。日本《国家安全保障战略》明确规定，以美日同盟作为核心进行安保战略布局，推进日美军事合作与安全协调，在海洋、太空、网络等多层空间加强情报搜集、监视侦察等方面合作，从而为日本追随美国高调介入南海提供了法理依据。③ 日本大力支持美国强化在南海介入的行动，利用在各大国际场合发声机会，对美国在南海争端上的主张及开展"航行自由"行动表示支持，为其行动打气，保持双方立场一致。在2015 年 11 月 APEC 峰会期间，在与奥巴马进行的会晤中，安倍对美国向中国扩建岛礁周边 12 海里内派遣军舰的危险行动表示支持。2017 年 2 月，在特朗普当选美国总统后，美日首次举行防长磋商，日本重申了对美军在南海的"航行自由"行动的支持态

---

① Shinzo Abe, Keynote Speech: "An Alliance of Maritime Nations: The United States and Japan," Willard Intercontinental Hotel, Washington, DC, April 17, 2009). http://www.spfusa.org/program/avs/2009/4 – 17 – 09abe. pdf.

② Reinhard Drifte. Japan's Policy towards the South China Sea-Applying "Proactive Peace Diplomacy"? *Peace Research Institute Frankfurt (PRIF)*, http://www.hsfk. de/fileadmin/HSFK/hsfk_publikationen/prif140. pdf. p. 13.

③ Ministry of Defense, National Security Strategy, December 17, 2013, http://www.mod. go. jp/j/approach/agenda/guideline/pdf/security_strategy_e. pdf

度。5 月，日本首相安倍在与美国总统特朗普的首脑会晤中指出，美国的威慑是保证东南亚区域稳定的关键。在南海方面，他重视美国海军加快向该地区的转移部署及实力提升，并再次重申对美国的航行自由行动表示大力支持。①

日美两国相互支持各自的南海政策主张，谋筑一致立场。2013 年 10 月日美发表联合声明，共同承诺在东南亚地区就支持各国海上安保能力建设进行合作。美国对日本政府开发援助的战略性使用表示欢迎，"并认识到这些努力在促进区域和平与稳定方面的重要性"。② 2015 年 4 月，奥巴马总统和首相安倍晋三在发布新"日美防卫合作指针"的联合愿景声明中再次提到两国将在海上安全和"伙伴能力建设"方面进行合作，合作提升安全伙伴的海上态势感知能力。11 月，在两国首脑出席 APEC 会议期间，安倍向奥巴马介绍其以日美同盟为纽带建立"实现亚太地区和平与繁荣"安全网络的宏大设想，以及国内的安保立法情况，奥巴马总统表示日本颁布"和平与安全立法"是一项历史性的成就，并对安倍构建亚太安全网络的设想表示支持。

受制于美国军事预算裁减及实力相对下降，美国在南海周边地区的军事部署及安全支持能力受到一定制约。为确保美国在维持地区安全承诺的"可持续性"并保持伙伴盟友对美国霸权的信心，美日在南海争端上抗衡中国的共同政策目标下，利用各自优势在南海争端的应对上进行协调与分工。总体而言，美国在亚太地区军事力量、制定规则上存在优势，而日本相对在经济援助与

---

① Ministry of Foreign Affairs, "Japan-U. S. Summit Meeting," May 26, 2017, http://www. mofa. go. jp/na/na1/us/page3e_000689. html.

② Ministry of Foreign Affairs, "Toward a More Robust Alliance and Greater Shared Responsibilities," Joint Statement of the Security Consultative Committee, October 3, 2013, http://www. mofa. go. jp/mofaj/files/000016028. pdf.

能力构建支援上具备历史传统及资源优势。① 日本一方面声援美军舰机在南海展开"航行自由"行动对中国进行军事威慑，并对美国提出"基于规则的地区秩序"论调，企图对中国行动实行规制进行呼应，另一方面，日本对东南亚各国提供政府开发援助，尤其是近年来将 ODA 进行战略性运用，以提供军事装备及能力构建援助，则是对美国军事参与构成补充并形成协同效应。② 日美在南海争端上的协调与合作还表现在对有关声索国的能力建设支持上，为帮助菲律宾提高在海上抗衡中国的能力，美日两国在装备援助部门上分工明确，美国负责向菲律宾的武装力量提供武器装备，日本则负责向菲律宾的海岸警卫队提供装备。③

日美还以修订《防卫合作指针》为契机，提升两国的军事一体化水平，为日本今后军事介入南海与美军展开联合行动放宽限制。早在 2013 年美日修订《指针》启动磋商初期，就有日本政府官员放言，将大大扩展日本自卫队的活动内容，其中包括加强日常的海上警戒监视活动，而且将突破旧版指针的"周边"概念，为自卫队扩大活动范围包括南海海域埋下伏笔。7 月，日本防卫大臣小野寺五典访美时也透露，新指针将设立执行类似海军陆战队任务的"岛屿防卫部队"，并允许自卫队执行先发制人的打击，这事实上已突破了日本"专守防卫"的安全战略，一旦上述计划得以实现，日本自二战以来将再次获得可用于军事介入南海的进攻型两栖作战力量。2015 年 4 月，新《美日防卫合作指针》正式出炉，该文件取消了此前日本自卫队职能实施的"周边

---

① 归泳涛：《中美日的地区影响力竞争》，http：//www.guancha.cn/guiyongtao/2017_04_18_404188.shtml。

② Ministry of Foreign Affairs, Press Conference by Minister for Foreign Affairs Koichiro Gemba, http：//www.mofa.go.jp/announce/fm_press/2012/4/0427_01.html.

③ 朱海燕：《日本介入南海争端的动向及影响》，《国际问题研究》2016 年第 2 期，第 130 页。

地区"限制，这意味着今后日本在"积极和平主义"的名义下可以与美军在全球范围内展开军事合作，同时美日安保合作内容较之前也有极大的扩充，包括备受关注的海洋安全、反导及网络安全，美日将得以通过共同制订作战计划、分享作战情报、共同利用军事基地等方式推动两军"联合战力"和"互操作性"的提升，极大强化了两国军事一体化程度。新指针还将"应对日本以外的国家遭受武力攻击事态"纳入共同防卫范畴，其实质是准许日本行使集体自卫权，这意味着在南海争端上日本可以争端激化损害自身或东南亚地区伙伴安全或航行自由为由，对美国等"关系密切的国家"行使集体自卫权的外在限制已经去除，日本在介入南海争端上获取了更大的主动权和灵活性。

在具体落实对南海的联合干预方面，日美还就探索可能的联合巡航进行了积极互动。2015 年，正值中美由于南海"航行自由"问题陷入紧张对峙之际，多位美国高级军官向日本派遣自卫队参与海上巡航或空中巡逻发出了邀请。当年 1 月，美国第七舰队司令罗伯特·托马斯率先公开表示欢迎对日本自卫队扩大海空巡逻范围至南海，以应对中国日益崛起的海上力量。[1] 2 月，日本时任防卫大臣中谷元随即作出积极回应，表示安倍政府将对美方建议作出"积极考虑"。[2] 4 月，美国国防部长卡特在访日时提出"希望日本分担在南海地区进行常态警戒巡航"的想法，也当即得到日本军方官员的积极回应，表示"将配合日美防卫指针的修订寻求减轻美军的负担"。[3] 6 月，美国太平洋舰队司令日裔美军

---

[1] "Japan says South China Sea security impacts national interests," *Reuters*, http://www.reuters.com/article/2015/02/04/us-southchinasea-japan-idUSKBN0L80JZ20150204.

[2] 『南シナ海問題での自衛隊の警戒監視を議論します』，http://www.nhk.or.jp/news/html/20150203/k10015192681000.html。

[3] 『南シナ海での監視分担に期待米、指針改定にらみ日本に』，https://www.nikkei.com/article/DGXLASFS08H2B_Y5A400C1PP8000/。

上将哈里斯再次对日本参加南海巡航提出邀请，表示"我乐意与日本海上自卫队的舰只和飞机和空中自卫队在整个地区紧密合作"。相应的，日本政府一直谨慎地欢迎美国在南海的立场，并表示"考虑"派遣自卫队参与。自卫队统合幕僚长在接受《华尔街日报》采访时说："我们目前还没有计划在南海进行监视，但是根据情况来看，这是一个可以考虑去做的机会。"[①] 8月，日本防卫相中谷元在日本国会也提出了应在日本的新安全法下对日美在南海开展联合巡航行动予以考虑的建议。[②] 日本首相安倍晋三在2015年11月19日在马尼拉与奥巴马的会晤中，除坚定支持美国在南中国海的立场外，也提到将考虑派遣日本自卫队前往南中国海。然而时至今天，日本的表态仍十分暧昧，尽管对美国的"航行自由"行动表示大力支持，也未曾对联合巡航的可能性予以否定，但却"口惠而实不至"，迟迟未敢踏出正式派遣自卫队军力在南海实施巡航活动的一步，可见安倍在南海介入上仍有自己的打算，并对中国可能采取的反制行动及美国可能对日本战略意图的试探心存芥蒂。但仍需注意的是，在安倍政府高层及军方内部不乏积极响应美国倡议的声音，而且安倍内阁在背后对联合巡航可能性的探索并非无所作为。依据日本共产党议员小池晃2015年8月在日本参议院安保法制特别委员会曝光的消息，自卫队统合幕僚监部早在当年5月，即安倍推出的安保法案仍在审议过程中，就制定了具有"军事作战计划书"性质的内部文件，不仅就自卫队干涉东、南两海事务的方式进行了研究，而且还以"军队"自称，提出了构建连"日美防卫合作指针"和安保相关

---

① "Japan May Consider Joining US Forces in South China Sea Patrols: Military," *The Economic Times*, 25 June 2015.

② "Surveillance in South China Sea Should Be Considered: Japan Defense Chief," *Jiji Press*, 19 August 2015.

法案都未提过的"军·军间协调所"的构想。而这一具有突破日本现有防卫政策性质的"内部文件"被曝光后，得到了安倍的极力辩护和支持，并宣称是"理所当然的行为"，显示出在安倍主导及纵容下，日本自卫队或在包括南海联合巡航等防卫问题上采取更激进的"临战国家化"姿态的潜在倾向。① 2015 年 8 月，日本防卫相中谷元也在日本国会大力呼吁，应在日本的新安全法下对日美在南海实施联合巡航的可能性予以考虑。同时，还有日本防卫省官员提出了构建"亚洲多功能飞行巡逻联盟"（Asian Multirole Patrol Aircraft Coalition）的建议相呼应，试图避开联合海上巡逻，拉入东南亚国家以降低日本军事介入南海的政治敏感性。2016 年 9 月，日本防长稻田朋美在美国智库发表演讲时声称日本将参与美国在南海的"联合巡航"，一度引起了轩然大波，尽管之后日本海上自卫队幕僚长赶紧出面澄清是"媒体误读"，然而这也再一次显露了安倍内阁军事介入南海的野心。② 考虑到安倍往往事前隐秘准备、寻机谋求突破从而造成既成事实的行事风格，不能排除今后日本在做好前期的法制及技术储备后，将联合巡航付诸实施的可能。

2. 拉拢印澳等域外国家构筑南海安保联合干预体系

除了密切与美国在南海事务上的相互协调，图谋在南海与美国展开联合行动以外，日本还积极拉拢其他域外国家介入南海事务，尤其是对日本的战略安全伙伴印度和准盟国澳大利亚两国的笼络，谋求借助普遍价值观及对南海的共同关切在地区内构筑"海洋民主国家联盟"，以日美、日澳、日印、日美澳、日美印、

---

① 《日本自卫队已自称为"军队"制定干预南海方式》，http：//mil. news. sina. com. cn/2015 - 10 - 26/1030842199. html。

② 《日本称无计划展开南海航行自由行动》，http：//www. zaobao. com/realtime/world/story20160927 - 671165。

日印澳、美日印澳多层次安全保障对话及合作体制为核心，进一步扩充日本在亚太地区安全保障的战略内涵，打造旨在针对中国的南海安保联合干预体系。

安倍的这一战略设想在其第一次任期中就已明确暴露出来。2006 年安倍在其首相第一任期的首次施政演说时就明确表示，日本要继续把美日同盟作为日本外交的基石，并"与澳大利亚、印度等共享基本价值观的国家开展首脑级别的战略对话"。① 在同年出版的安倍的著作《致美丽的国家》中，他宣称日美同盟是日本目前外交安保的最佳选择，并指出应在强化日美同盟的基础上打造日美印澳四国安全合作框架，并由日本在这一过程中发挥领导作用。② 此后，安倍就推进与美、澳、印的安保机制对接采取了积极行动，首先，在安倍积极推动下，2007 年首次将美日澳三国防卫合作纳入了美日"2＋2"会后发表的共同文件中；其次，安倍访澳时双方签署了具有开创性意义的《日澳安全保障联合宣言》，这是日本首次与美国以外国家发表的此类宣言；再次，当年 8 月安倍访印时，双方发表"构建战略性全球伙伴关系联合声明"，决定深化双边安保合作。2007 年 5 月，美、日、澳、印在东盟地区论坛高官会议（ARF-SOM：ASEAN Regional Forum-Senior Officials Meeting，SOM）第一次事务会议上，共同提出了旨在推进各方战略关系并强化与地区民主国家合作的"四方倡议"（Quadrilateral Initiative），从而搭建起了四方战略对话机制（Quadrilateral Security Dialogue，QSD），这标志着安倍企图在南海地区推动域外大国进行机制化安保合作的设想已初现雏形。③ 然

---

① 首相官邸：『第 166 回国会における安倍内閣総理大臣施政方針演説』，http：//www. kantei. go. jp/jp/abespeech/2007/01/26sisei. html。

② 安倍晋三著：『美しい国へ』、文藝春秋 2006 年版、第 160—161 頁。

③ 刘潇湘：《安倍价值观外交的海权向度解构》，《东北亚论坛》2016 年第 3 期，第 118 页。

而，安倍执政仅一年便黯然下台，其政策遗产并未被之后的日本历任内阁所继承。

2012 年安倍在重返内阁相位后再次复活了这一构想。2012 年 12 月，安倍第二任期开始之初，他便公开发表署名文章，迫不及待地抛出了"亚洲民主安全菱形"的战略构想。"我构想出一种战略，由澳大利亚、印度、日本和美国的夏威夷组成一个菱形，以保卫从印度洋地区到西太平洋地区的公海。我已经准备好向这个安全菱形最大限度地贡献日本的力量。"① 为实现这一构想，日本加强了双边及三边安全机制下与美、澳、印在装备研发转移、南海政策协同及联合军演实施上的合作。2014 年 5 月，美日澳举行第四次三边防长对话，对共同关切的南海争端进行了交流，共同确认了对美国推动亚太地区"再平衡"的坚定支持以及加快构建三边合作关系的重要性。② 6 月，日澳在第五次"2 + 2"会议上就防卫装备以及技术转让共同研发达成实质性共识，明确双方将于 2015 年开始启动潜艇流体力学方面的协同研究。7 月，日澳两国正式达成《国防设备和技术转让协定》，这意味着双方装备技术合作及转移已经没有任何障碍。11 月，美、日、澳三国借布里斯班 G20 峰会之机探讨"海洋联防"，以日本谋求推动先进潜艇及水下技术向澳大利亚出口为契机，强化三国应对中国潜艇在地区愈发频繁活动的能力。2015 年 3 月，日本防卫大臣中谷元与来访的印度国防部长就向印度出口"US – 2"水上救援飞机进行

① Shinzo Abe, "Asia's Democratic Security Diamond," *Project Syndicate*, 27 December, 2012, http：//www. project-syndicate. org/commentary/a-strategic-alliance-for-japan-and-india-by-shinzo-abe.

② Ministry of Foreign Affairs, "Japan-U. S. – Australia Defense Ministers Meeting Joint Statement," http：//www. mod. go. jp/e/d_act/exc/iiss/pdf/13th/30a_jua_js_e. pdf.

磋商并尽早取得进展达成一致。① 安倍推进与澳、印度在海洋安保及装备技术上进行合作，其目标很大程度上就是遏制中国的海洋活动。

2015 年 5 月底，日本防卫相中谷元在出席香格里拉对话会议期间，与美国防部长卡特和澳大利亚国防部长安德鲁斯举行三边会谈，共同发表《联合声明》对中国在南海的岛礁建设表示"深切忧虑"，向中国集体施压，要求中国"立即停止此类活动"。6月，安倍在与到访的澳防长安德鲁斯举行会谈时表示："日本与澳大利亚是拥有共同价值观和战略利益的特殊关系，其中安全保障领域的合作很重要。"在将澳大利亚定位为"准同盟国"后，日本进一步加强了从价值观与意识形态方面对其进行拉拢，强调对航行自由及海洋安全及秩序的共同关切。同月，日、印、澳三国首次在印度新德里举行副外长级磋商，谋求在印度洋—太平洋地区框架构建中达成共识，共同管理"迅速转变的亚洲轮廓"，尤其是应对"实力及意图不确定的中国"。7月，日本首次参加美澳之间的联合军演，提升美、日、澳三方框架下的军事合作水平。11月，日澳举行"2＋2"联席会议，双方同意尽快签署"访问部队地位协定"，从而为两国在日本国内举行联合军演简化审批手续，在日澳"准同盟"基础上谋求构筑日美澳铁三角关系。12月，日本首相安倍晋三又接连与印、澳两国分别举行首脑会谈，希望大力度推进日美澳印四国的安全保障合作，加大四国海军在联合演习等安全领域的交流水平，构筑以美国的威慑力为核心的合作机制。2016 年 2 月，日印澳再次举行副外长级别会面磋商，重点讨论了在南海及印度洋区域遏制中国的"军事扩张"的问题，表示"国际社会需要团结一致"，就强化海洋安全合作

---

① 《日印，海洋安保领域达成合作，继续协商出口水上飞机》，http：//www.nikkei.com/article/DGXLASFS30H5E_Q5A330C1PP8000/。

尤其是在海军方面的合作达成共识。10 月，美、日、澳三国签署了《三边情报共享协议》（the Trilateral Information Sharing Arrangement），表示将推进情报共享，强化三国就海上安全与人道主义援助进行军事演习与防务合作的能力。

除了从双边及三边外交途径推进并巩固美、日、澳、印已有的三边合作进程，并打造全新的日、印、澳三边合作框架以外，日本还积极参与了三边框架下的联合军事演习。2015 年 7 月，日本首次参加了美澳在南海举行的军事演习，演练了两栖登陆、特种部队战术等训练科目，其中的"夺岛"要素带有明确的针对中国的倾向。同年 10 月，美、日、印也在孟加拉海域举行了 8 年以来首次海上联合军演，突出强化各方"在反恐、登舰、搜索、攻占、人道主义援助、救灾等内容上的联合应对能力"。2016 年 3 月，美、日、印再次举行海上联合军演，并且把地点选定为菲律宾北部的敏感海域，再次透射出明显的针对意向。

近年来，日本加快了协调与美、澳、印四方在亚太尤其是南海周边地区进行安保联动的步伐，尽管美日印澳尚未正式达成四国安全合作同盟，但展现出双边或美、日、印，美、日、澳，日、印、澳三边安全合作机制化强化的态势，而日本在其中积极行动，发挥着重要的连接、协调作用，俨然显现出其成为亚太地缘安全格局中的"次轴心"的趋势。[①]

（三）加快突破国内安保法制

安倍将日本的南海政策运筹与国内安保法制突破密切关联，为其实现强军修宪积极寻求"试验田"。一方面，作为日本政坛右翼与新保守主义势力的代表，谋求颠覆战后体制并构建所谓

---

① 信强：《"次轴心"：日本在美国亚太安全布局中的角色转换》，《世界经济与政治》2014 年第 4 期，第 39、52 页。

"正常国家"是安倍执政的终极目标，他将约束日本发挥更大安全作用的国内法制规定视为"眼中钉"。而南海地区一度出现的紧张态势正好为其渲染周边安全环境恶化、突出中国威胁提供了"口实"，可借以推动民众对其安保政策予以支持；另一方面，安倍对南海介入力度的强化也要求国内安保法制体系予以积极配合，加快消除对日本在防卫政策"变轨"、对外安全合作落实、军事干预实施上的严格限制，从而为日本更灵活主动地干涉南海事务提供更加有效的政策手段选择及法律空间预置。因此，安倍紧密配合其南海政策的运筹实施，着手围绕出台国家安保战略、调整防卫装备转移政策以及行使集体自卫权采取了大胆行动。

第一，将南海安全保障及安全合作纳入日本国家安全战略的顶层设计当中。2013 年 12 月，安倍内阁在安保领域接连放出"安保三箭"，其中关于南海安全保障的内容让人瞩目。纲领性文件《国家安全保障战略》（以下简称《战略》）明确指出，"开放和稳定的海洋"是国际社会和平与繁荣之基，将海洋安全置于日本国家安全的突出地位。而东盟是"占据日本海上通道要冲的传统伙伴"，不仅对东南亚各国在解决南海争端上的非武力行动表示赞赏，支持相关国家的策划制定与中国之间的"南海行为准则"（COC），同时还表示要与位于"我国海上通道重要地位的东盟各国强化安全保障合作，提升其海上安保能力，从而在海洋安全维护中发挥领导作用"。① 《战略》文件还对日本介入南海事务的具体路径进行了叙述，表示"亚太地区的双边和东盟地区论坛等多边安全对话框架和多国联合训练，有助于深化相互理解、提高共同应对的能力"。② 尽管《战略》在与美澳等盟友的安全合作

---

① Ministry of Defense, National Security Strategy, December 17, 2013, http://www.mod.go.jp/j/approach/agenda/guideline/pdf/security_strategy_e.pdf.

② 李秀石：《试论日本对东盟的安全合作政策》，《日本学刊》2014 年第 2 期，第 51 页。

方面没有直接体现南海部分的内容，但文件中明确表示要推进日美同盟在多领域包括海上事务的合作，而在日澳关系的叙述中也表示要让日澳同盟在亚太秩序的构建中发挥更大作用，其中便含了协调美澳等军事盟友共同强化南海安全保障的题中之义。日本将有关南海安全保障的内容纳入其首份国家安全保障战略，不仅表明其对南海争端的极大重视，而且为安倍内阁的南海政策运筹开展奠定了基础。

而在指导日本防卫力量建设的重要文件——2014年版《防卫计划大纲》中，日本进一步指出为应对南海地区更加复杂的对抗态势，应强化与东南亚国家在三方面的合作，包括海上联合训练及协助能力建设、强化防灾合作以及将政府开发援助与联合训练联系起来，对南海安全保障的具体实施方式予以进一步明确。①

同时公布的还有关于日本自卫队具体建设的指导文件《2014年中期防卫力量准备计划》，其中对日本自卫队关于南海保障方面的职能进行了设计，要求"在印度洋及南中国海等中国周边以外的海域，也要利用各种机会，与在海洋安全保障上存在共识的各国充实联合训练和演习"，"推动高级别防务磋商交流"。② 可见，安倍射出的"安保三箭"，从国家安全战略顶层对日本南海安全保障的基本立场、合作伙伴、实施方式以及自卫队的具体职能进行了全方位的规划，正式明确了南海安全保障作为日本安全战略运筹中重要构成的地位，使得日本政府得以在国内层面具备了持续介入南海争端的"合法"依据和战略指导。

第二，以修改"武器出口三原则"作为突破，为向南海周边

---

① 防衛省：『平成 26 年度以降に係る防衛計画の大綱について』、http: // www. mod. go. jp/j/approach/agenda/guideline/2014/pdf/20131217. pdf。

② 防衛省：『中期防衛力整備計画（平成 26 年度~平成 30 年度）について』、http: // www. mod. go. jp/j/approach/agenda/guideline/2014/pdf/chuki_seibi26 — 30. pdfl。

国家提供军援及开展军售技术合作扫除障碍。早在 2004 年，当时的自民党小泉政权就开始谋划对自 1967 年延续至今的"武器出口三原则"进行修订，以打击恐怖主义与反恐为名放宽武器装备对外出口标准。2011 年民主党野田佳彦政权在其基础上又实现了一定的突破，规定在与美国等友好国家合作及提供人道主义援助等国际和平贡献的情况下可以出口，但上述行动一定程度上只是稍加扩大了出口的准许条件，并未对原则构成实质性颠覆，而且从日本对外提供军事援助及军事出口的成绩来看进展并不明显。而为了进一步强化日本在南海的安全影响力，特别是加强东盟各国海上实力，打造对抗中国的军事前沿来配合安倍的南海政策运筹，先是在 2013 年公布的《国家安全保障战略》中明确提出要对"原则上禁止武器出口的'武器出口三原则'"进行修改。2014 年，安倍内阁会议通过了新的"防卫装备转移三原则"，其中规定基于"积极和平主义"，并在推动国际合作的精神下，日本在不违反条约义务及联合国安理会决议，不向冲突双方出口以及确保武器装备得到妥善保管与第三方转移的条件下，可以对外出口武器、开展联合研制或进行技术合作。其中还使用了如"和平贡献""日本安全"等模糊措辞作为限定出口的条件叙述，极大地放宽了日本武器对外出口的条件限制，事实上是对日本原有武器出口禁令的彻底突破。① 考虑到日本在舰艇装备、反潜技术方面具有较强的技术优势，而这些正是包括东南亚以及印澳等南海周边国家当前提升海上实力所迫切需要的技术装备，因此安倍对"武器出口三原则"的重大调整事实上有着明确的针对性。为日本通过与南海周边各国进行防卫装备及技术转让合作，更有力地把控介入南海事务的主动权消除了国内的法律障碍，安倍得以

---

① Ministry of Foreign Affairs, Three Principles on Transfer of Defense Equipment and Technology, http: //www. mofa. go. jp/files/000034953. pdf.

巧用各种名目如向东盟国家提供巡逻船、监视装备，与澳印就潜艇及水上飞机出口及技术转让展开磋商，大力推动安全合作。

第三，安倍推动集体自卫权解禁，强行通过安保法案，谋求以无缝链接的事态设置为未来可能在南海采取军事行动预置法律空间。解禁集体自卫权既是安倍谋求达成将日本变为可自由行使武力的"正常国家"宏愿中的阶段性目标，同时也是日本未来在南海与美国及第三国实施可能的联合行动所必须突破的国内法制约束，因而成为安倍重点推进的政治要务。2014 年，在安倍主持召开的"关于重建安保法制基础恳谈会"上所论证的 4 种日本可能行使集体自卫权的情形中，就有 2 种情形可能与军事介入南海直接相关。其中提到的确保日本的"海上通道安全而实施扫雷行动"与"当美国舰船遭到敌国攻击而开展反击"二者尽管没有点明具体地域，然而考虑到南海一贯被日本视为"海上生命线"的重要地位，而且近年来中美在南海有关"航行自由"问题龃龉不断，不能否认日本今后以此为借口在南海地区对军事盟友或安全伙伴实施集体自卫权的潜在可能。① 2014 年 7 月，安倍内阁通过内阁决议，以扩大解释宪法的方式正式实现了对集体自卫权的解禁，推翻了以往日本历届政府所遵循的"自卫权发动三条件"，取而代之提出了新"武力行使三要件"，即在日本及"与日本关系密切"国家遭到武力攻击，对日本国民生命、自由及追求幸福权利造成威胁，穷尽其他一切手段可以排除的情况下，确保"武力行使限于最小限度"。② 然而关于威胁确认与手段穷尽的判定并没详细的说明，使得安倍在包括南海的广大区域运用武力具备了

---

① 首相官邸：『安全保障の法的基盤の再構築に関する懇談会』、http：//www. kantei. go. jp/cn/96abe/actions/201302/08anzenhosyo. html。

② 李玲群：《日本的南海政策及其发展演变》，《和平与发展》2015 年第 1 期，第 108 页。

灵活裁断的空间。

　　紧随其后，2015 年安倍推动日本国会强行通过了新安保法案，该法案由 10 部子法修正案捆绑而成的《和平安全法制整备法》与新的《国际和平支援法》两大部分组成，是对新版《日美防卫合作指针》当中规定的集体自卫权行使、面向全球范围的"后方支援"、常态化海外派兵等一系列内容在日本国内法制层面的呼应与确认。其中最引人注目的是新安保法案实现了安倍所一直推动的"无缝应对"安保法制体系建设，为了应对周边及全球范围内的"复杂安全环境"，解决此前安保体系存在"缝隙"的不足，通过引入灰色地带事态、重要影响事态、存亡危机事态及国际和平共同应对事态四大全新事态，日本由此从时间、空间、对外合作三个维度构建起了全面的安保应对机制。① 除了灰色地带事态更多聚焦于东海方向日本的治安出动与海上警备行动实施以外，另外的三大事态均与日本今后可能在南海的军事行动实施有直接关联。第一，当日本将南海局势认定为对日本安全产生重大影响但并非关系生死存亡的"重要影响事态"时，日本可以向美军以及"为达到联合国宪章目的而活动的第三国军队"提供广泛的后方支援活动，包括提供基地服务、补给油料弹药、维护及保养装备、共享战场情报以及协助搜索救援，从而发挥支援效能，减小所支援国家用于后勤的兵力负担。并且此类行动"紧急时"无需事先申请国会授权，而可由政府先行处置，事后再提请国会追认即可，首相由此获得了发起支援行动的极大权力。第二，当日本将南海局势视为"存亡危机事态"时，得以对美国或第三国实施联合作战，行使集体自卫权。日本自卫队展开"防卫出动"，在美日

① 吴怀中：《日本新安保法基本内容解析》，《日本蓝皮书 2016》，社会科学出版社，2016 年版，第 56—58 页。

同盟的框架下，或是与东南亚南海声索国实施联合作战行动，而且日本还可能利用其中的模糊界定采取"亚战争"手段，如安倍在国会为日本行使集体自卫权所举例的派自卫队舰艇前往南海实施扫雷行动，如何判断其性质是否属于敌对行动，法案的模糊界定从而为日方可能的干预行动留下了腾挪的空间。① 第三，日本也可能将南海局势认定为新引入的非联合国框架下的国际和平共同应对事态。依据新法案规定，日本可以受行动所在地区国家邀请，以消除威胁为目标，在南海实施有利于"促进国际社会和平稳定"的行动，包括停战监视、救援护卫、援助难民等行动，从而借机向南海地区部署军力，构成军事威胁。② 第四，日本还可以将法案赋予的保护日本海外侨民职能作为向南海派兵的借口。在这一事态情境中，只需日本首相授权即可实施侨民撤离任务，并且日本自卫队在得到所在国的同意后，甚至可以使用武器采取"自卫行动"。③ 以上，通过新安保法案打造全面覆盖应对各种安全情况的事态机制，安倍完成了日本军事介入南海的法制预设，为日本今后在南海参与军事行动扫清了法律障碍。在安倍近年来在强化与域内外各国安保合作及密切联系的积极行动下，以日本作为"次轴心"的一幅宽幅安全合作网络已逐渐成型，日本联合域内外各国打造对南海的联合干预态势正成为影响南海地区和平稳定的"阴影"。

---

① 杨伯江、刘华：《日本强化介入南海：战略动机、政策路径与制约因素》，《太平洋学报》2016 年第 7 期，第 23 页。

② 吴怀中：《日本新安保法基本内容解析》，《日本蓝皮书 2016》，社会科学出版社，2016 年版，第 70 页。

③ 刘华：《日本新安保法的法律空间及对华影响》，《日本蓝皮书 2016》，社会科学出版社 2016 年版，第 88—89 页。

第三节　日本强化介入南海争端的战略特征

安倍内阁的南海政策既是对日本事关南海的长期战略关注及复杂历史纠葛的继承，也是在新的地区权力变动格局以及中日关系紧张背景下所制定实施，是安倍借以贯彻其独断政治意志、实现大国梦想的一项综合性外交政策。因此，与此前日本历届政府在南海的政策构想与行动相较，凸显其特有鲜明的战略特征，从四个不同的方面可以概括如下：立场宣示的"道德制高"、对象指向的零和思维、路径取向的"软制衡"与内在驱动的战略先导，四者相辅相成，环环相扣。

一、立场宣示的"道德制高"

"政治舞台上的人物，会不由自主地'扮演一种角色'，用政治意识形态的面具来掩盖他政治行动的本质。"[1] 作为日本政坛笃信"实力支配"与"利益至上"原则的现实主义政治家，安倍深谙以政治意识形态掩盖权力斗争本质之道，他推出的外交政策都具有很强的"迷惑性"，往往借用如道义、法律、和平之类的正面词汇为其政策构想及实施进行漂白和辩护，从而占据道德制高点，粉饰日本外在形象，贯彻其真实政治意图。[2] 安倍对南海政策的立场宣示集中体现了这一点，一方面，安倍以空泛的价值概念包装推动南海争端"安全化""法理化"，企图采取道德压迫和

---

①　汉斯·摩根索：《国家间政治：权力斗争与和平》，北京大学出版社，第7版，第125页。

②　陈友骏：《日本安倍政府的东盟外交：基于现实主义外交的理论视角》，《东南亚纵横》2015年第4期，第16—22页。

成本增加策略拖延中国对南海争端的解决进程；另一方面，安倍以"共同价值观"为纽带拉拢与域内外国家大力打造"周边海洋国家联盟"，谋求构筑对华包围圈。

安倍采取模糊手法，打着维护"航行自由""海洋法治""和平解决争端"等空泛概念所包装的政治旗号推动暗指中国的威胁逻辑建构，利用公开发表政策报告与国际外交舞台发声机会，肆意歪曲中国在南海地区进行的合法海洋开发与维权行为，四处兜售"中国威胁论"，声称中国无视国际规则采取改变地区秩序现状的单方面行动，对南海地区包括日本在内的"利益关切方"构成严重威胁。2012 年日本在太平洋岛屿峰会上首次提及"尊重南海航行自由"，并将海洋安全保障纳入会议议程，2013 年安倍在东亚峰会上极力鼓吹"法治"下的海洋秩序，暗讽中国"以武力谋求单方面改变现状"。2014 年在亚洲安全会议上抛出所谓"海洋法治三原则"。2015 年日本防卫省发布的首份以南海为专题的政策报告《中国在南海地区的活动》，该报告肆意歪曲中国在南海开发维权的历史，而把中国塑造成了野心勃勃的主权"声索者"、边海摩擦及地区紧张局势的"源头"，极力凸显中国的"大规模填海造陆"行动对南海周边各国的军事威慑作用。① 通过这一系列打着国际道义旗号的政治包装，日本悄然完成了对中国作为南海争端"安全化"中威胁来源的功能性主体角色塑造，建构起满足其对外宣传及说服受众需要的"南海安全威胁"事态想象，大大推动了南海争端"安全化""法理化"的发展进程，从而将中国固定在了南海安全威胁的"被告"地位，变相剥夺了真正希望南海争端得到妥善解决的各当事国对议题商讨及局势控制上的部分主动权，而日本则在南海的和平利用及争端的"国际协

---

① Ministry of Defense, "China's Activities in the South China Sea," http://www.mod.go.jp/j/approach/surround/pdf/ch_d-act_20151222e.pdf.

力处理"当中得以扮演"诚实的掮客",获取左右局势发展的政治权力。

此外,安倍再次祭出"价值观外交"的大旗,企图打造对华包围圈。安倍在第一次任期时提出了"自由与繁荣之弧",谋求以价值观为纽带打造从东北亚向东南亚、南亚地区延伸的对中国"C形包围圈",因具有浓厚的意识形态色彩被其后的各届内阁所抛弃。① 而在安倍重登首相之位后又立刻复活了"价值观外交"的政策手段,抛出相似的"民主安全菱形"(Democratic Security Diamond)构想,大力鼓吹所谓"民主""人权""航行自由"与"海洋秩序"等普遍价值,人为构建出"海洋国家""民主国家"在价值诉求、战略利益与面临威胁上的特异性,形成与"大陆国家""专制国家"的明显对比,虚构出二者对抗冲突的必然性,隐含反对作为大陆国家的中国在南海地区实施单方面武力行为的内在含义。② 在此理论指导下,安倍宣称要与美、澳、印等拥有共同价值伙伴一起维护"从印度洋到西太平洋地区的海上公域"。③ 安倍还对南海周边国家实施了频繁的穿梭外交行动,以共同价值观为借口寻求拼造"周边海洋国家联盟"(Rimland Maritime Coalition),最终实现将中国网罗其中,对中国的"海洋扩张"行为实施围堵与遏制的地缘战略目的。

然而,尽管安倍精心打造了一个个"道义招牌"作为在南海争端上对抗中国的舆论武器,但却无法掩盖其自身的虚伪性。安

---

① Chiristopher W. Hughes. Japan's Response to China's Rise: Region Engagement, Global Containment, Dangers of Collision, *International Affairs*, Vol. 85, No. 4, 2008, pp. 837–854.

② 刘潇湘:《安倍价值观外交的海权向度解构》,《东北亚论坛》2016 年第 3 期,第 117 页。

③ Shinzo Abe, "Asia's Democratic Security Diamond," *Project Syndicate*, 27 December, 2012, http://www.project-syndicate.org/commentary/a-strategic-alliance-for-japan-and-india-by-shinzo-abe.

倍一再拿"海洋法治"说事，企图借国际法之名向中国施压，迫使其接受南海仲裁案的无理裁决，对中国坚决维护南海合法权益行动施加额外成本。然而安倍内阁自身却"知法犯法"，在其主张的冲之鸟礁问题上无视联合国大陆架界限委员会否决日本外大陆架划界案的决议。而且日本在国际法问题上凸显"双重标准"，日本一再敦促要求中国接受无理不合法的南海仲裁案这一"政治闹剧"，而事实上日本政府自身早在2015年即对国际法院强制管辖权发表了新的选择性接受宣言，对涉及海洋生物资源的诉讼予以排除。此外，面对在南海仲裁案中可能受到冲击并受外界普遍关注的冲之鸟礁争议，日本坚持将总共不到10平方米的冲之鸟礁认定为"岛屿"，却支持仲裁案决议中将中方面积达51万平方米的太平岛称为"礁"①，其在国际法问题上秉持"双重标准"，操纵国际"法治"议题谋取一国私利的用心可谓昭然若揭。

二、对象指向的零和思维

所谓"零和思维"是指在不确定的国际条件下，行为体处理国家间关系时的一种思维模式和认知观念，即把国家关系中的相互博弈视为"非输即赢"的游戏，一方收益即为另一方的成本支付，二者相加为零。该思维产生于美苏对峙僵化的冷战时期，是一种静态的对抗性思维，在当前全球化快速发展，各国利益互融愈加密切的时代条件下，这样的思维模式理应为各国所摒弃②。然而，安倍作为日本政坛"民族保守主义"延续之一脉，继承了老一代保守主义政治家谋求实现"政治大国"的政治宏愿。因而安倍特别敌视中国的崛起以及在亚太地区影响力的扩大，将中国

① 陈建仲：《南海仲裁案的政治效应》，《海峡評論》2016年第308期，第30—32页。
② 杨伟智：《零和思维》，《党的文献》2011年第6期，第110页。

视为阻碍其"政治大国"理想实现的战略对手。在这样的"错误知觉"指导下，安倍在日本的内外政策运筹中片面突出中日在意识形态、安全利益以及战略目标上的相互冲突，不断制造引发中日关系紧张的事件并一度停止了重建双边关系的外交努力。① 这一思维模式也直接反映在安倍对中国在南海维权行动的敌意臆测与威胁塑造当中，并导致其在南海争端上采取对中国对立的立场及行动。②

长期以来，中日关系正常化之后之所以得以越过障碍稳步发展，正是由于双方在务实主义精神引导下都较好地搁置了分歧，保持对另一方意图的善意理解和解读。然而，这一情况正在迅速改变，21 世纪前 10 年日本在经受了持续经济低迷与政坛动荡后，以 2010 年日本的经济总量全球第二位排名被中国所赶超为变化节点，日本开始越来越警惕地看着中国这一邻国所发生的巨变。③特别是在中日海权对冲结构性矛盾逐渐显现的背景下，日本对中国海洋行动意图的不透明指认及恶性臆测逐步增强。2012 年安倍第二任期刚开始之际，安倍就大力渲染南海的"中国威胁论"，称中国的海上活动将把南海变成"北京湖"，而日本绝不会屈服于中国企图在东海进行"绝对统治"。④ 2013 年版《防卫白皮书》声称"中国根据与国际法不相容的'独自主张'，正试图采取改

---

① 罗伯特·杰维斯：《国际政治中的知觉与错误知觉》，世界知识出版社，2003 年版，第 12 页。

② 克里斯托弗·休斯：《"怨恨的现实主义"与日本制衡中国崛起》，《国际政治科学》2016 年第 4 期，第 64—78 页。

③ 时殷弘：《日本政治右倾化和中日关系的思维方式及战略策略问题》，《日本学刊》2014 年第 2 期，第 2—5 页。

④ Shinzo Abe, "Asia's Democratic Security Diamond," *Project Syndicate*, 27 December, 2012, http://www.project-syndicate.org/commentary/a-strategic-alliance-for-japan-and-india-by-shinzo-abe.

变地区现状的高压态势"。① 2014 年版《防卫白皮书》则在重复前一年对中国海洋行动的指认同时，表现出对此可能带来不可预期的后果及对未来走向的担忧。而 2016 年版《外交蓝皮书》还将中国的军力建设及海洋行动所构成威胁与朝核问题一起列为最大威胁，诬称"中国的军事建设缺乏透明性，中国企图以实力在东海、南海改变已有的地区现状"。② 日本对中国在东海与南海维权行动的猜忌并肆意捏造中国对南海安全构成威胁的指责极大破坏了双方经几代领导人辛苦建立起来的战略互信，其实质是安倍现实主义零和思维指引下日本对东亚地区两强并存结构性对抗安全困境焦虑的反映，这种意图的猜忌及认知的敌视也逐步渗透到安倍的南海政策实践当中。

自安倍第二次任期开始以来，日本在南海争端上一直扮演着"搅局者"的角色。尽管从目前来看日本仍难以发挥左右南海局势的重大影响，然而就在相对有限的政策选项中，安倍依然在外交、援助以及安保的介入路径中投入了巨大的政治能量，为达到阻碍中国实现对南海领土主权及合法权益之目的，可谓无所不用其极，只要是能够在南海争端处理上给中国带来不利的言行，必然坚决实施。③ 在外交上活用双多边外交手段，安倍几乎每次出访必然主动谈及南海争端，打着"航行自由""海洋法治"的招牌在国际场合中大造"中国威胁"的舆论声势，蓄意营造出在南海争端上孤立中国的"一致立场"和政治氛围。并在菲律宾阿基诺政权单方面发起南海仲裁案问题上给予了极大声援和支持，企

---

① Ministry of Defense, *Defense of Japan* 2013, Japan, 2013, p. 89.

② Ministry of Foreign Affairs, *DIPLOMATIC BLUE BOOK* 2016, Japan, 2016, p. 152.

③ Reinhard Drifte. Japan's Policy towards the South China Sea-Applying "Proactive Peace Diplomacy"? *Peace Research Institute Frankfurt* (*PRIF*), http：//www. hsfk. de/fileadmin/HSFK/hsfk_publikationen/prif140. pdf.

图将中国陷于不利的舆论环境之中，以迫使中国作出让步。在援助上将日本原有的政府开发援助与日本对东南亚国家的防卫装备合作及新的能力构建援助进行组合，提高南海周边国家的海上能力，谋求借以增加各国在南海争端与中国的谈判价码，加大中国在南海方向承受的安全压力，并借以提高自身在地区影响力，达到"一石多鸟"的目的。在安保上则在推动国内安保法制步步"松绑"过程中，突破原有非传统安全合作的领域限制，将日本实施安全保障的活动地域扩展到南海周边，通过更加紧密的安全协调机制合作、军事交流活动拼凑起包括域内外各国的地区安全网络，打造南海联合干预态势与中国相抗衡。事实上，在这种零和思维的指导下，安倍在南海争端上的各项政策运筹已然陷入了"逢中必反""为反而反"的窠臼，只会加剧双方敌意螺旋式的不断上升，而不可能对南海争端解决产生任何建设性的作用。

三、多重路径的"软制衡"

"软制衡"正成为国内外的防御性现实主义与自由主义学者关于近年来日本对华政策实施所达成的新共识。[①] 所谓"软制衡"

---

① 国外持类似观点的如 Stephen Brooks and William Wolforth，Hard Times for Soft Balancing，*International Security*，Vol 30，No. 1，2005，pp. 72 – 108. Linus Hagstrom，Rethinking Japan's China Policy：Japan as an Accommodator in the Rise of China，1978 – 2011，*Journal of East Asian Studies*，Vol. 12，No. 2，2012，pp. 215 – 250. CoreyJ. Wallace，Japan's Strategic Pivot South：Diversifying the Dual Hedge，*International Relations of the Asia-Pacific*，Vol. 13，No. 3，2013，pp. 488 – 495. Céline Pajon，"Smart" Strategic Engagement in Southeast Asia，*The Asan Forum*，http：//www. theasanforum. org/japans-smart-strategic-engagement-in-southeast-asia/. Mike M. Mochizukia. Japan's Shifting Strategy toward the Rise of China. *Journal of Strategic Studies*，2007，Vol. 30 pp. 751. 国内持类似观点的以包霞琴、黄贝的《日本南海政策中的"对冲战略"及其评估———以安倍内阁的对华政策为视角》（《日本学刊》2017 年第 3 期，第 57、58 页）一文为代表。

既不同于 21 世纪末日本对中国采取的"接触与约束"政策①，也不同于传统现实主义所推崇的"硬制衡"政策②，而是一国在对大国崛起持较强的拒绝态度时所采取的一种"柔性"的制衡手段，通常以有限的军事手段行使、灵活的安全合作行为为标志，相应的一国更多地在外交议程设置、国际舆论影响、对外援助实施以及国内法制"清障"上行使力量。③ 而南海争端作为当前影响中日关系发展的一个重要症结，更是集中体现出"软制衡"的政策特点。"显然，日本现在愿意在东南亚正在进行的地区影响力'伟大的比赛'中发挥作用，东京热衷于实施平衡中国的'软制衡'，并支持美国在地区更可持续的军事存在。"④

日本的"软制衡"首先体现在围绕南海争端主动设置外交议题，以中国为威胁想象散播舆论话语，并企图在国际舞台上打造对华包围圈。一方面，日本在南海地区实施高频度的穿梭外交，以经援开路，以价值观为纽带，强化域内外国家对南海争端的"共同关切"，在海洋问题上宣称要对中国进行远交近攻的战略包围。一是沿用并搭建新的多边框架，人为创设多种"航行自由""海洋法治""海洋安全"等多种"南海议题"裹挟其中，企图携手美国掌控地区海洋规则制定权。二是声援并支持菲律宾推进南海仲裁案进程，以此牵制中国外交运筹的大量精力。这一系列

---

① 典型的"两面下注"，一方面通过多边机制或双边交流保持接触，通过增加发声机会影响一国的政策选择，另一方面则谋求将两国关系置于国际规范约束之下，通过施加经济、外交、舆论各方面压力鼓励对象国"融入"已有秩序当中。

② 严格意义上的制衡，指处于激烈的国家间竞争的状态，各方会进行军备竞赛升级、武力威慑对方甚至激烈的实力抗衡。转引自包霞琴、黄贝：《日本南海政策中的"对冲战略"及其评估———以安倍内阁的对华政策为视角》，《日本学刊》2017 年第 3 期，第 45 页。

③ Stephen Brooks and William Wolforth, Hard Times for Soft Balancing, *International Security*, Vol. 30, No. 1, 2005, pp. 72 – 108.

④ Céline Pajon, "Smart" Strategic Engagement in Southeast Asia, *The Asan Forum*, http://www.theasanforum.org/japans-smart-strategic-engagement-in-southeast-asia/.

行动旨在抵消中国在地区不断强化的影响力，恶化南海争端上中国面临的舆论环境。另一方面，日本试图在安全层面对南海局势发挥更加积极的影响。一是通过机制强化与援助措施大力支持同样对中国崛起持消极态度的南海"支点国家"，此外发挥"次轴心"作用，连接"网络化"安全联盟体系构成联合干预态势。然而，尽管安倍强化了对地区国家军事援助的力度以及在地区军事行动的规模与频次，但很大程度上日本的行动仍需要借助反恐行动过境、支持地区国家能力建设等借口予以实施，在对南海联合巡航、警戒监视、联合防卫等问题上美日仍未达成完全统一。安倍所能够在南海地区采取的军事行动选项依然有限。① 与此同时，为了推动军事实践，安倍还在国内大力推动了一系列安保法制"清障"行动，谋求通过安全上的自我松绑以强化日本在南海可形成威慑的可信性，借以抵消近年来中国在军事实力以及海洋进出能力的提升，这也是一种潜在的"软制衡"行为。包括出台首份《国家安全保障战略》，将南海安全保障及合作纳入顶层设计；推出"防卫装备及技术转移三原则"，实质性地消除日本向南海周边各国出口装备技术法律障碍；解禁集体自卫权，强行通过安保法案为美日今后在南海"无缝链接"的联合行动实施预设空间。

总而言之，安倍当前正寻求在南海争端上投入外交安保资源上"孤注一掷"，自安倍第二次任期开始以来，日本完成了南海政策从"有限介入"向"强化干涉"的重要转变，并表现出干涉路径多元化、干涉程度深化、影响范围扩大化的干涉态势。② 囿

---

① 包霞琴、黄贝：《日本南海政策中的"对冲战略"及其评估——以安倍内阁的对华政策为视角》，《日本学刊》2017年第3期，第57、58页。

② Mike M. Mochizukia. Japan's Shifting Strategy toward the Rise of China, *Journal of Strategic Studies*, 2007, Vol. 30, p. 751.

于日本在国际环境及国内和平主义传统多受限制，因而安倍目前在南海政策上仍只能采取偏重间接手段运用的"柔性"与隐秘的"软制衡"。但必须看到的是，安倍上任之后已实质上终止了任何缓和与改善中日关系的外交努力，中日的高层互访已中断多年，中日首脑也仅有在多边框架内的短暂会晤，日本对中国在南海维权的意图猜忌以及采取实质性的对抗立场已不可避免的诱发了对中国采取制衡的意图，其危险性则在于在适当条件下日本在南海争端上跟中国搞对抗有可能向硬制衡所转化。①

四、内在驱动的战略先导

外交政策是国内政治的延续。从前文对日本南海政策的历史沿革分析可以看出，自近代以来日本对南海的政策运筹均体现出明确的国家战略导向。从明治维新至二战期间，直接服务于日本军国主义的南进扩张战略，到冷战期间服从于"美日基轴"外交路线及"吉田路线"国家发展道路下在南海争端上追随中立的审慎立场，再到冷战后逐步走向"政治大国"，强化地区影响而在南海实施"有限介入"，可见真正主导日本各个时期对南海政策取向的实际是日本历届政府在对国内外环境综合认知下所明确的国家战略需求及国家发展道路。

而自安倍二次执政以来，在安倍主导下日本的国家战略方向已逐步显现出来。2013 年 1 月，安倍发表执政演说时就表示要"创建强有力的日本"。② 2 月访美时安倍宣誓日本"拒绝沦为二

---

① Chiristopher W. Hughes, Japan's Foreign and Security Policy Under the Abe Doctrine: New Dynamicsor New Dead End ?, New York: Palgrave, 2015, pp. 72 – 75.

② 首相官邸:『第 183 回国会における所信表明演説』、http://www. kantei. go. jp/cn/96 _abe/statement/201301/28syosin. html。

流国家"。① 2014 年发表元旦感言他又宣布"夺回强大日本"的战斗刚刚开始；再到 2015 年新年感言强调要"促使日本成为自豪的'积极和平主义'的棋手"。② 可见，安倍的国家战略本质在于结束 21 世纪前 10 年日本政坛关于未来战略方向争论的混乱局面，延续并发展日本成为"政治大国"的保守主义政治路线，逐步摆脱重经济、轻军备的"吉田路线"影响，与此前的"被动式"外交安全政策保持距离，从而实现日本成为承担更多"国际责任"的"正常国家"的终极愿望。③ 日本的一切内外政策都紧紧围绕实现安倍这一政治理想而展开。

　　而安倍内阁的南海政策运筹，其作用一方面在于以联动中日在东海的严重对立，烘托南海争端的紧张氛围，臆造中国影响南海"航行自由"进而威胁到日本在地区的经贸能源利益，"危害"被日本长期视为"战略后院"的东南亚周边"海洋秩序"稳定，从而为安倍在国内推动宪政"暴走"与安保法制"松绑"提供借口。另一方面，安倍的南海政策本身早已融进其"政治大国"的国家战略运筹当中，既是这一国家战略实现的重要构成部分，也是当前安倍内外政策的交汇点、打破战后体制束缚的关键突破点。其一，安倍内阁的南海政策将与中国争夺东亚地区影响力作为重要目标，其实质是安倍在地区秩序塑造上将中国视为战略对手，从而在对华政策上全面采取与中国对立立场的缩影。④ 其二，

---

　　① 首相官邸：『日本は戻ってきました』、http：//www. kantei. go. jp/jp/96_abe/statement/2013/0223 speech. html。

　　② 《安倍发表新年感言强调"建设新国家"》，http：//china. kyodonews. jp/news/2014/01/66515. html。

　　③ Reinhard Drifte. Japan's Policy towards the South China Sea-Applying "Proactive Peace Diplomacy"? *Peace Research Institute Frankfurt* (*PRIF*)，http：//www. hsfk. de/fileadmin/HSFK/hsfk_publikationen/prif140. pdf. p. 2.

　　④ 时殷弘：《日本政治右倾化和中日关系的思维方式及战略策略问题》，《日本学刊》2014 年第 2 期，第 4 页。

日本在南海政策运筹中主动迎合美国亚太战略实施，借机提高日本在美日同盟内部的地位，既有对日本政治精英笃信的从美外交安全路线的延续，其背后更蕴含着未来摆脱对美依赖、实现自主防卫、构建日本主导下的安全合作网络的深刻意图。① 其三，安倍谋求"借船出海"，强化对南海事务介入力度的同时，打着应对南海事态的旗号，同步推进解禁集体自卫权与海外派兵常态化等国内安保法制松绑，其目的在于打造军事外交自主的"正常国家"。这三者各自从不同方面支撑着安倍的国家战略构想，最终指向的都是安倍梦寐以求的"政治大国"理想实现。由于安倍对南海政策的重视与资源投入的大大加强，政治安全色彩突出、路径手段综合多样、与国家战略联动紧密，表明其已逐步从传统的东南亚政策及海洋安全战略框架相脱离，而成为安倍内阁在其"政治大国"国家战略直接指导下，以南海地区主权争端为核心指向的一项综合性独立政策。

第四节　日本强化介入南海争端的消极影响

综上所述，当前安倍将南海视为其"积极和平主义"理念实践中内外政策联动的一个交汇点，并为此在外交、经援、安保方面投入了巨大的资源。相应的，安倍对南海争端的强化介入也在南海争端发展、地区一体化、中日关系变动、地区安全状况、以及亚太秩序演变等不同方面产生了不容小觑的政策影响。然而，由于安倍内阁南海政策存在明确的自利倾向，并非从争端当事各国及地区安全稳定的考量出发，注定其只能产生消极的反作用。

---

① 包霞琴、黄贝：《日本南海政策中的"对冲战略"及其评估———以安倍内阁的对华政策为视角》，《日本学刊》2017 年第 3 期，第 63 页。

一、加大南海争端解决难度

众所周知，南海争端实质上是中国与东南亚的争端当事国之间关乎南海岛礁主权、管辖权及权益领有所产生的争议，是介于中国与南海争端当事国双方的问题。而日本既非争端当事国，也不是南海周边国家，日本出于自身利益与战略目的对南海事务"横加干涉"，不仅对争端当事国间在解决方式上已有的政治共识与协商的良好氛围造成了损害，而且也打断了当事各国致力于南海争端解决原有基于双边协商解决的政治化程序，使南海争端陷入"国际化"与"安全化"① 的泥潭之中。1995 年中菲"美济礁事件"的爆发与解决，使得争端当事各方开始逐步意识到缺乏解决争端政治框架的地区架构存在危机爆发的风险，并由此开始探索在中国与东盟之间打造指向南海争端政治解决的规则与框架。其中，以 2002 年中国与东盟各国达成了《南海各方行为宣言》为标志，南海争端的"政治化"② 建构基本完成，南海事务不仅成为各当事国国内政治议程的重要内容，而且地区各国针对争端存在和平协商解决的共识，并在地区形势稳定可控的良好氛围下就开展双边争端谈判及地区合作取得了一定的进展。然而日本紧随美国自 2009 年以后开始对南海事务进行粗暴干涉，逆转了南海

---

① 国际关系理论的哥本哈根学派将一项公共事务变成"安全问题"的变化过程称之为"安全化"。该学派认为安全问题的出现是社会及主体间建构的结果，即安全化主体以"存在性威胁"出现为理由，在其他主体间散播指涉对象的脆弱情景，从而促使该项议程得以超越现有政治规则，获取资源供给并要求优先处理，而安全化主体则利用该过程实现自身某种政治目的。

② "政治化"是指某项公共事务从非安全性问题变成"安全问题"过程的中间阶段，即该项事务逐步脱离政治讨论边缘而成为公众焦点，由国家政府作出决策并分配资源，按照标准政治程序予以处理。在这里则引申为已在南海争端当事各国间达成了和平解决争端的政治共识并启动了双边协商谈判的政治框架的构建程序。

前一段时期所呈现的宽松态势。[①] 一方面对部分南海争端声索国在南海采取的投机挑衅行为予以积极声援，并提供技术装备援助为其撑腰，鼓动其更有恃无恐地扩大对中国的强硬行动，不仅造成此前中国与东盟各国达成共的识与框架规则受到无视，而且严重干扰了中国与争端当事各国采取双边和平协商方式解决彼此争端的正常进程；另一方面，日本别有用心地以中国为主体构建了指向南海安全的一整套严密"威胁逻辑"，从中国"海洋活动趋于活跃"，到"海洋监视执法采取'高压姿态'"，再到后来的以"航行自由""海洋法治"等空泛概念所包装的威胁名目，继续推动指向中国的威胁逻辑建构，并利用双多边外交场合对外文件发布各种机会传播这一威胁认知，从而推动南海争端从地区事务变为超地区范围的"安全议题"。其直接后果则是增加了对南海局势变化造成影响的各类不可预料的因素，包括从安全层次上从两个方向引入的各种次级行为体，如美、日、澳、印等域外势力及国家单元行为体内部诸如利益集团、官僚机构以及民族主义团体等。可以说，日本正是推动南海争端"国际化"与"安全化"的始作俑者，在日本的精心操作下南海争端逐步"异化"和"变味"，兼具了领土权益争端、地缘博弈与安全战略利益冲突的三重内涵，使中国在南海争端中面临着"维权"和"维稳"难度同步加大的局面。

二、诱使东盟内部产生分裂

长期以来，东南亚各国在地区事务中积极谋求共识，讲求内部协商一致并发挥东盟的主导地位，这是该地区得以保持和平稳

---

① 李忠林：《中国对南海战略态势的塑造及启示》，《现代国际关系》2017 年第 2 期，第 24 页。

定且政治经济水平实现快速发展的重要因素之一。然而安倍对南海争端的强势介入，正使得东南亚各国面临多方面"撕裂"的张力，不仅加剧了大国争霸的紧张局势，并对东盟久经考验的"地区主义"造成了严重冲击，若任其自由发展，长远看来有可能导致东盟内部分裂。正如上文所说，在南海争端的主权争议核心问题上，南海周边国家出于各自的利益诉求与国家关系考虑，本来就存在不同的政策主张和立场，而自冷战结束特别是在"美济礁事件"发生后，中国与东南亚各国就和平协商及双边政治框架最终达成的一致共识，可谓是南海争端当事各方主张的最大公约数，对于南海局势稳定以及最终指向争端解决有着重大意义。然而安倍出于一己之私，自上台后大力推动对南海争端的"安全化"建构与"国际化"发展，从而导致本来限定于地区内部的南海争端上升为跨地区甚至国际范围的南海争端，诱发了中、美、日之间激烈的地缘战略博弈，打破了南海争端上原有的大国制衡的均势局面，迫使东盟各国面临"选边站"的困境。[①] 例如，2012 年在东盟外长会议上，得到美日大力支持的菲越两国企图将南海争端放入东盟集体声明中，但遭到"亲中"的东盟轮值主席国柬埔寨的"阻击"，拒绝将双边问题纳入，导致东盟外长会议首次未能发表联合公报，成为近年来东盟内部由于南海争端出现分歧的显著表现。

此外，日本对南海事务的粗暴干涉，对东盟处理国际关系久经考验的地区主义"规范、方式、机制"构成了严重挑战，不仅使东盟在南海事务上应该发挥的政治作用越发被边缘化，而且日本在南海争端上为寻求共同应对中国的伙伴，培育"少边主义"的政策诱导成为阻碍东盟一体化深化发展的重要因素。长期以

---

① 朱清秀：《深度介入南海争端：日本准备走多远》，《亚太安全与海洋研究》2015 年第2 期，第 38 页。

来，东盟在地区内部政治事务处理中形成了得到各成员国广泛接受的地区主义基本原则，如强调东盟在地区事务中的核心地位，在大国竞争中保持中立，坚持开放的地区主义，突出东盟内部的协商一致，采取和平协商的处理争端方式。这些地区主义原则是扎根于东南亚各国富有多样性的地区背景所孕育的，是东盟各国得以团结在同一个旗帜之下谋求地区和平稳定的基础。[①] 然而日本以外交声援、物质援助及军事合作等手段，有针对性地诱使越菲两国在南海争端上采取依靠外力、对抗中国的强硬立场，与东盟内部其他各国在南海争端上的立场相差甚远，越南、菲律宾抛弃了中国与东盟原来达成的政治共识，转向美日等域外势力寻求支持，极大地损害了东盟的利益，不仅使东盟在地区事务中的主导地位旁落、威望受到严重打击，还可能引发其他东盟国家也步越菲的后尘，对东盟推进一体化建设构成严重阻碍。而且从近年来看，日本在南海争端的介入手段上有所改变，表现为对地区多边机制日益"消极"。日本开始对东盟地区主义及现有多边框架失去耐心，多次批评东盟地区论坛政治决策效率过低，主张对其决策程序进行修改（如增设副主席，以削弱轮值主席国否决议题的权力），大力推动所谓预防性外交，严重干涉东盟内部事务。[②] 而日本所重点推动的拉拢个别东盟国家搞"美国—日本+x"的"少边主义"手段，弱化了现有东盟制度框架的地位和效能，明显有悖于东盟的开放性政治原则，对此中国与东盟都应保持警惕。

综合所述，日本表面上一直都宣称将支持东盟国家发展可持

---

① 李东屹：《中国—东盟关系与东盟地区主义近期互动解析——以南海争端为例》，《太平洋学报》2016 年第 8 期，第 45—49 页。

② 李益波：《浅析日本与东盟安全合作的新变化及影响》，《世界经济与政治论坛》2014 年第 3 期，第 19、25 页。

续性和政策连贯性作为重要的东南亚政策目标，事实上却只是按照自身利益需求对东盟各国予以引诱及运筹，为寻找东盟国家伙伴，帮助其在南海争端上给中国制造麻烦，甚至不顾其言行本身可能导致东盟分裂的不良影响，体现出日本在南海政策上对东南亚态度的虚伪性。①

三、阻碍中日关系正常发展

第一，中日关系可谓是东亚地区最为复杂的双边关系之一。自安倍再次上任以来，日本对华认知的"两义性"特征十分显著。② 一方面日本在各对外场合表示出对中日关系的重视，希望持续推进与中国的"战略互惠关系"，然而，另一方面却将中国视为地区秩序的竞争对手，在安全领域对中国实施防范与对抗政策，其中南海争端成为日本对中国实施"对冲战略"的重要一环。安倍将存在领土争端的东海与南海争端相联动，并通过外交场合批评中国、提供经援牵制中国、加强安保"包围"中国等措施，加速了中日关系走向失序和失范，南海争端也成为继历史问题、领土问题与台湾问题之后干扰中日双边关发展的又一要点。③在安倍对南海争端采取前所未有的强化介入姿态下，中日政治关系的发展停滞甚至几近倒退就成为必然的结果。相较于中日两国各自丰富的外交活动，双方对彼此的外交战略定位却在下降，互信缺失明显，高层会晤及互访无论从频次还是内容上都处于中日

---

① Reinhard Drifte. Japan's Policy towards the South China Sea-Applying "Proactive Peace Diplomacy"? *Peace Research Institute Frankfurt* (*PRIF*), http://www.hsfk.de/fileadmin/HSFK/hsfk_publikationen/prif140.pdf. p. Ⅱ.

② 高兰：《日本对华认识存"两义性"处于战略矛盾状态》，http://world.people.com.cn/n1/2016/0720/c1002-28570190.html.

③ 包霞琴、黄贝：《日本南海政策中的"对冲战略"及其评估》，《日本学刊》2017年第3期，第43页。

建交以来的最低点。中日学者普遍认为,当前是中日邦交最困难的时期①,中日关系"政冷经冷",已然陷入"冷和平"的新常态。② 尽管自2014年借APEC会议以及2015年亚非峰会召开,中日两国首脑基于四项原则共识达成一致,双边关系出现了一定向好的趋势,然而与安倍第一任期时中日关系"破冰""暖春"的决心相比,双方关系的恢复仍存在较大差距。

第二,随着东海、南海等海洋领土争端问题发酵,两国民众的敌对情绪不断加剧。近年来,中日两国在海洋争端上不断强化的对抗态势及其引发的双方"充满民族对立情绪的'世论'",使得双方民间外交组织及相关专家感到忧虑。根据《中国日报》与日本言论NPO共同组织2005—2016年进行的12次民意调查结果,中日两国民众对于近年来两国关系的评价总体偏向消极。自2012年底安倍上台后,中国受访者对两国关系的信心持续在低位徘徊,再未能超过20%,在2016年最新的调查中,中国受访者认为两国关系"较差"的比率占78.2%,比2015年增加了11%。而关于中日关系的发展趋势,中国受访者认为"变差很多"的占33.8%,比2015年增加了18%。③ 相对应的,日本受访者中71.8%认为两国关系欠佳,与2015年基本持平;而不看好双方未来关系的占34.3%,比去年增加了近10%。④ 其中,在2016年的调查中,"领土争端"成为两国民众公认的阻碍中日关系发展的

① 顾全:《中日关系与亚太海洋安全秩序国际研讨会》,《亚太安全与海洋研究》2016年第5期,第117页。

② 《2017〈日本蓝皮书〉发布:中日关系进入冷和平"新常态"》,http://news.163.com/17/0621/15/CNFCI2DC000187VE.html。

③ 《第十二次中日关系舆论调查结果出炉,中国民众担忧两国关系恶化》,http://www.jiemian.com/article/868753.html。

④ 《民调:九成日本人对华观感欠佳》,http://www.zaobao.com/realtime/world/story20160923-669854。

首要因素，而"海洋资源争端"则首次超越历史问题成为中国民众认为的影响中日关系发展的第二大因素，显示出中国民众对于日本介入南海等海洋争端的威胁感仍在增强。① 中日在南海等海洋争端问题上的对立态势从政府层面向国内民众认知扩散，将进一步固化中日双边的战略对峙，无论是从双边关系稳定发展，还是从东亚地区和平看来都有负面影响，中日两国都应意识到南海争端的对立态势可能给双方关系带来的危险所在。

第三，中日双边海上联络处理机制进展受到阻碍，连带导致东海对立加剧，放大安全风险。为防止双方发生海空不测事态，尽管中日早在 2007 年已就建立了中日防务部门海上联络机制，然而在日方持续利用东海钓鱼岛问题及南海争端等议题说事的背景下，由于双方互信缺失，该机制的实质性推动受到严重阻碍。日方不仅未有效落实两国共识，而且其关于南海的言行破坏了两国推动机制谈判达成一致的氛围。2016 年 6 月，中国驻日大使馆代理新闻发言人就严正表示，建立海空联络机制是"两国领导人达成的共识"，但"日方在国际上利用涉海问题特别是南海争端无理地指责、攻击中方，给双方的对话和磋商带来严重干扰"。② 自2012 年日本上演钓鱼岛"国有化"闹剧以来，中日在东海钓鱼岛海域海空的对峙持续紧张，中方派遣舰机接近钓鱼岛地域进行巡航，而日方舰机实施拦截的次数也逐年攀升，然而旨在防止不测事态发生的中日海空联络机制长期未能落实，关键正在于安倍对南海等海洋议题采取投机利用的态度，未对双方谈判成立联络机制提供有利的环境。

---

① 《2016 中日关系舆论调查数据分析》，http://ijs.cass.cn/xsyj/bkwz/201610/t20161009_3226542.shtml。

② 『運用開始遅れ日本側に責任海空連絡メカニズム』、朝日新聞，转载自孟晓旭：《中日安全关系发展态势及中国的应对》，《现代国际关系》2017 年第 3 期，第 26 页。

四、恶化南海地区安全环境

尽管安倍一贯宣扬"积极和平主义",并以推动地区和平稳定的"积极贡献者"自诩,然而从实际情况来看,安倍对南海事务的强化介入不仅未能对南海争端紧张态势的消解发挥建设性作用,反而从认知与事实两方面加剧了南海地区的安全困境。[①] 作为"中国威胁论"的始作俑者,日本最早将中国与南海安全威胁相联系起来,自 2010 年日本开始将"南海争端"列入防卫白皮书的关注因素,而在安倍于 2012 年再次上台之后,更是配合南海局势发展动态精心设置了"航行自由""海洋法治""在南海采取单方面不可逆转的物理性变化"等多项议题,并系统建构起以中国为威胁来源的一整套安全威胁逻辑。通过传播"南海安全威胁"事态想象,日本将中国打造为"南海地区安全"的"威胁来源"对周边国家进行恐吓,人为烘托紧张氛围,推动南海争端的"安全化"升级。在这一背景下,南海"安全"的内涵向纵横两个方向延展,不仅参与行为体更加复杂,安全指涉对象更为多元,而且安全领域向多维度扩展,并进一步突出军事安全的传统安全领域。这一系列变化强化了南海安全的脆弱性及地区当事国对安全威胁的敏感性,不仅加深了地区各国的战略互疑,使此前业已建立起来的政治互信遭到破坏,而且更容易挑动各当事国内民众的民族主义情绪,有可能引发民意捆绑下争端国家的恶性互动,从而有可能使认知上的安全困境向事实上的安全困境相转化。

———————————

① Reinhard Drifte. Japan's Policy towards the South China Sea-Applying "Proactive Peace Diplomacy"? *Peace Research Institute Frankfurt* (*PRIF*), http: //www. hsfk. de/fileadmin/HSFK/hsfk_publikationen/prif140. pdf. p. 26.

另外，日本在南海政策实施过程中对东南亚各国强化军事援助，在地区引发频繁的军事行动，积极引诱其他域外大国力量介入，破坏了地区原有的力量均衡，挑动着东南亚各国关于南海安全的敏感神经，破坏了地区原有的和平稳定的发展氛围。各国为减弱不安全感，维护各自的领土权益，增强国防能力，开始投入重金购买现代化武器装备，南海周边地区近年已隐现军备竞赛的势头。依据斯德哥尔摩和平研究所关于南海周边国家武器装备数据显示，在南海争端中较为活跃的菲律宾、越南以及印尼三国近年来的武器进口金额都有大幅度增长，以各国 4 年的武器进口金额为比较标准，与 2007—2011 的数据相比，这三个国家 2012—2016 年的武器进口数额分别增长了 426%、202% 与 70%。如此大幅度军费上涨在全世界范围内也属少见，而且其中还不包括日本以 ODA 形式向东南亚国家免费提供的军事装备金额。① 地区军费不断上涨，各国武器装备更新升级加快，折射出南海国家对地区局势的担忧感和不安全感加剧，而日本在南海的大力搅局，烘托紧张氛围，推动军事竞赛发挥了巨大作用，是地区不安定的重要源动力。

五、加剧周边各方力量博弈

随着南海局势发展以及域内外各方势力的广泛参与，特别是安倍对南海的强化介入，使南海争端逐步超出了原有领土权益争端的范畴，而成为亚太地区各方力量博弈的舞台，除了使南海争端自身变得更为复杂之外，由于日本介入所引起的南海各方政策应对的连锁反应，也对亚太地区尚处于变动之中的权力格局及地

---

① 　The state of major arms transfers in 8 graphics, SIPRI, https: //www. sipri. org/commentary/blog/2017/state-major-arms-transfers – 8 – graphics.

区秩序产生深远的影响。目前，南海地区对亚太力量对比及地区秩序变动起到重要塑造作用的主要有中、美、日和东盟四方力量，在地区力量消长深刻变化以及南海争端凸显的背景下，各方力量趋向某个方向的政策互动都有可能打破地区权力天平的微妙平衡，从而给地区秩序重塑带来难以预料的不可确定性。

第一，日美既有在南海政策共谋中同盟关系深化，也有特朗普时代双方南海政策目标和手段的异步性显现。美国奥巴马政府自 2009 年以来大力推行"重返亚太"战略，拟依托传统盟友在安全上的大力支持，从而实现其在西太平洋地区护持霸权，平衡中国崛起的地缘战略目的。为了弥补美国军费削减以及资源有限的不足，美国鼓励日本在地区发挥更大的外交影响，承担更多的安全义务，这恰好与安倍谋求拓展在亚太地区的影响，遏制中国崛起并实现日美同盟内部更加对等关系的战略目的相一致。为此，日美两国不仅从外交舆论上加强了利用南海争端向中国发难的相互协调，为彼此的政策表态站台，而且双方在南海地区的军事一体化也更趋紧密，美日不仅在向东南亚各国实施军事援助、强化抗衡中国海上能力建设上密切分工，而且在与澳印等域外国家联动时积极推广"日美＋x"的安全合作模式，大力强化联合作战及"互操作性"作战能力，使得日美关系由日本"对美依附"向"美日共谋"型转变，美日同盟合作也由传统的美国提供安全保护，日本提供后方支援向海洋、网络、情报多领域的全球联合行动转化，凸显日美军事同盟实现"由线到面"的战略升级。① 然而，特朗普的上台对美国原有亚太战略的冲击并不亚于在国内政坛卷起的"特朗普风暴"。尽管特朗普在竞选期间及就任初期也曾就南海问题发出过震慑性言论，指责中国的岛礁建设

---

① 张瑶华：《安倍 2.0 时代的日本外交》，《国际问题研究》2013 年第 3 期，第 74 页。

"没有询问过美国的意见"，然而就其就任半年以来的执政表现看，显示出南海暨"航行自由"问题在特朗普政府所关注的政策议题中的优先度有所下降，特朗普更多关注东亚地区朝核问题的发展，其次是东海以及台湾问题。① 美国政府也传出特朗普多次拒绝了美国海军要求在南海进行"航行自由"行动的消息。② 美国国防部长马蒂斯在 2017 年 2 月的美日防长会晤中，尽管再次对中国在南海推进"军事基地化"表示反对，但也作出了"目前完全没有必要采取大规模军事行动"的表态。与此相应，日本在进入特朗普时代后在南海问题上则显得更加激进，不仅从 2017 年新年期间就接连访问菲、澳、印尼和越南四国，撒播大量钞票与军事装备援助，企图赶在特朗普上台之前继续编织"围堵中国网"。5 月，日本又在七国集团峰会上联合西方发达国家将南海、东海局势纳入联合声明中，继续炒作已经逐步降温的南海争端。当月，日本最大战舰"出云"号又赴南海进行实战训练，并借道前往印度洋与美印两国举行大规模"航母"军演，凸显日本在南海的军事存在感。这一系列围绕南海采取的外交军事行动，凸显安倍唯恐特朗普改变战略重心，降低美日同盟地位的担忧，企图以南海争端捆绑美国回到既定的亚太战略轨道上来，减少特朗普上台对美国亚太政策带来的不确定性。在奥巴马任期内，美日就利用南海争端制衡中国，这在彼此的战略目的上达成一致时表现为两国南海政策的同步性，而当"特朗普冲击"改变了美国原有的亚太战略轨道时，日本在南海争端上的卖力表现就在一定程度上成为与美国"新"亚太战略构想相异步的"自主行为"。在特朗

---

① 《薛力：中国在南海的战略窗口机遇期》，http://www.sohu.com/a/160213022_618422。

② 《美国海军多次提出南海"自由航行"特朗普政府未通过》，http://world.huan-qiu.com/exclusive/2017 - 03/10375596.html。

普政府亚太战略尚未完全确定下来之前，围绕南海政策运筹，究竟是服从于安倍关于亚太政策构想，抑或是作为特朗普全球战略实施的交易筹码，日美在同盟关系上的内部博弈仍将持续下去。

　　第二，中美在南海地区既存在海权战略对冲的显性体现，也存在海洋秩序维护及公共产品提供进行合作的潜在空间。当前，中美在南海争端中的根本矛盾突出表现为美国谋求护持亚太地区海洋霸权与中国寻求实现由陆向海发展模式的转变，维护海上主权及发展权益二者的战略对冲。美国唯恐中国不断强大的海上力量会对其在地区传统的海上优势地位构成威胁，从而使美国海军"丧失海上机动能力及海上通道的通行自由"①，由此将中国在南海开展维权行动视为严重威胁，不仅在南海争端中政策立场向越菲等国倾斜，声援其与中国抗衡的行动，而且在"航行自由计划"的名目下，采取巡航及海上侦察测量等单边行动，恶化地区安全态势。更甚的是，美国寻求日本在南海争端上的配合，不惜在安全领域"纵容日本"，为日本修改武器出口三原则、解禁集体自卫权、通过新安保法案，从而强化在南海与美军的联合行动能力而背书，这种"饮鸩止渴"式的战略运筹尽管短时间内弥补了美国战略资源的不足，然而从长期看来却大大加剧了地区安全风险。事实上，作为亚太地区经济总量最大的两个国家，中美在维持地区海洋秩序、保障海上航行通畅安全方面存在坚实的共同利益基础，南海及其周边关键海峡通道既是中国得以获取发展所需资源、能源并输出商品的"战略生命线"，同时也是美国在全球范围内"维护航行自由"以及保护全球供应链中的至关重要的战略航线。中美两国作为地区内的海洋大国，共同肩负着为地区各国提供公共产品的责任，特别是同为二战胜利同盟国，应在警

---

　　① 黄凤志、刘瑞：《应对中美关系南海困局的思考》，《东北亚论坛》2017年第2期，第36页。

惕日本以南海安全为理由重蹈军国主义覆辙上强化一致共识。

第三，在东盟与中美日在南海争端的互动中，当前东盟各国总体求稳的趋势明显，但暗地里多面下注仍有延续。2016年7月12日，南海仲裁案最终裁决结果出炉，这标志着中国在南海争端上承受的战略压力达到峰值，随后南海局势峰回路转，出现对中国有利的反转。当月中国与东盟各国发表联合声明，承诺将回归南海当事各方协商解决争议的正确道路。随后，越南、菲律宾、马来西亚国家首脑相继开启访华行程，缓和此前与中国在南海问题上的僵化局势。8月，中国与东盟10国举行关于南海争端的高官会议，确定了力争于2017年上半年达成"南海行为准则"（COC）框架协议的目标。9月，在中国—东盟首脑会议上，双方就开通"应对海上紧急事态高官热线"及在南海适用《海上意外相遇规则》达成一致。2017年5月，中国与东盟在第14次高官会上正式通过了"南海行为准则"框架协议，这标志着双方就准则进行了长达十几年的谈判马拉松终于孕育出成果，同月中菲两国还就海上争议问题解决建立起机制性对话平台。[①] 在中国及东南亚各国的良好愿望及外交努力之下，当前南海局势已实现整体回暖，"回归有关直接当事方通过对话协商管控分歧、中国同东盟国家共同努力维护本地区和平、安全与稳定的良好局面"。[②]

然而，作为"大国平衡"战略一直以来的奉行者，在东盟国家内部仍存在着一部分希冀域外干涉、强化海上力量，借以获取对华谈判筹码的政策暗流，在美国因总统换届、对东盟安全承诺大打折扣的情况下，东盟各国与日本的"眉来眼去"的现象仍时

---

① 《为"南海行为准则"框架点个赞》，http://news.xinhuanet.com/world/2017－05/20/c_129610368.htm。

② 《2017年2月6日外交部发言人陆慷主持例行记者会》，http://www.fmprc.gov.cn/web/wjdt_674879/fyrbt_674889/t1436143.shtml。

有发生。如2017年初安倍紧密进行的菲律宾、澳大利亚、印尼、越南亚太四国之行，不仅在首脑会晤中多次提及"法的支配"，而且就日本广撒军援，承诺提供巡逻船、飞机、军车等装备达成一致。① 5月，日本与马来西亚首次就向后者转让二手P－3C巡逻机展开磋商。6月，菲日海警在南海附近的苏禄海和西里伯斯海域以反海盗为名举行联合演习。尽管在南海争端上回归双边谈判轨道在东盟各国已成为主流趋势，然而不能否定各国仍有对挑衅对抗抱有幻想，或者想待价而沽获取更好谈判交易利益的暗流存在，这在中国的南海战略运筹中应作为影响因素之一多加考虑。

---

① 『自衛隊の中古装備品を無償供与東南アジア諸国を中心通常国会に関連法案提出へ』、http：//www. sankei. com/politics/news/170119/plt1701190010－n1. html。

第三章 亚太区域经济合作与日本的战略应对

　　自亚洲太平洋经济合作组织（简称"亚太经合组织"，Asia-Pacific Economic Cooperation，APEC）成立以来，亚太区域经济合作一直在 APEC 的框架下稳步推进。日本作为亚太地区的重要经济体，在这一进程中扮演着推动者的重要角色。而在 APEC 推动区域经济一体化的努力难以落到实处的情况下，美国对外推出"跨太平洋伙伴关系协定"（Trans-Pacific Partnership Agreement，TPP）这一新型经济一体化合作机制，对日本产生了巨大的吸引力。经过国内的激烈争论，日本最终决定加入 TPP 谈判。而在参与 TPP 谈判的同时，日本也参与了中日韩自由贸易区和"区域全面经济伙伴关系"（Regional Comprehensive Economic Partnership，RCEP）等新型区域经济一体化机制的谈判，但 TPP 才是日本参与区域经济合作的核心环节。经过艰苦的谈判，美日之间终于就 TPP 条款问题达成了一致，TPP 协议也得以签署。然而，就在日本国会审议通过 TPP 协议之后不久，美国新任总统特朗普突然宣布美国退出 TPP，这使日本的区域经济合作战略需要重新抉择。

第一节　区域经济合作的多元路径

　　亚太区域经济合作构想发端于 20 世纪六七十年代，学术界由"太平洋贸易与发展论坛"（PAFTAD）、工商界由"太平洋盆地经济理事会"(PBEC)酝酿并推动太平洋经济合作,东盟的成立和发展也为后来亚太区域经济合作提供了制度蓝本,中美关系解冻及中国的改革开放最终为真正意义上实现亚太经济合作提供了条件。

一、APEC 路径的提出与停滞

1980 年,由澳大利亚总理弗雷泽和日本首相大平正芳共同发起的官商学相结合的"太平洋经济合作理事会"(PECC),为推动亚太经济合作奠定了基础。1989 年,在 PECC 的推动之下,首届 APEC 部长级会议在澳大利亚举行。以 APEC 为路径的亚太区域经济合作进程就此开启。

(一) APEC 的发展历程

纵观 APEC 的发展历程,可大致划分为三个阶段:1989—2001 年为开放的区域主义阶段;2001—2008 年为分化阶段;2008年之后为再整合阶段。

1989 年首届 APEC 部长级会议的召开,标志着 APEC 的正式成立。随后,第一次 APEC 领导人非正式会议于 1993 年举行,此次会议大力推动了关贸总协定(GATT)乌拉圭回合谈判的开展。在次年召开的 APEC 领导人非正式会议上,设立了其"茂物目标",即发达国家于 2010 年、发展中国家于 2020 年实现"自由和开放的贸易与投资",这标志着 APEC 的合作进入实质阶段。1995 年,APEC 会议出台了"大阪行动议程",将贸易投资自由化和便利化与经济技术合作确定为 APEC 的两大轮轴,并确立了自愿行动和协调的单边自由化原则。1996 年,APEC 制定了"马尼拉行动计划"和《APEC 经济合作和发展原则框架宣言》,旨在促进自由贸易与投资自由化。在 1997 年的温哥华会议上,APEC 推出了"先期自愿部门自由化"(EVSL)计划,然而该计划因

1998 年的亚洲金融危机流产。这一事件充分暴露了 APEC 的制度缺陷，给 APEC 推动贸易自由化的进程蒙上了阴影。[①] 此后，亚太区域经济合作出现了一定的分化，东亚地区开始以东盟为核心尝试开展经济合作，美国则尝试联合澳大利亚、新西兰、智利和新加坡等国建立小规模的自由贸易区。

　　APEC 自成立到 20 世纪末，都是亚太地区唯一的跨太平洋经济合作渠道，而这一情况在 2001 年以后发生了变化。首先，2001 年的"9·11"事件使美国将主要精力集中于中东的反恐问题，对亚太地区的关注度大幅下降；其次，中国在 2001 年加入了世界贸易组织（WTO），自此步入了经济飞速发展的快车道，区域影响力逐步提升，在 APEC 中的话语权也日益加重；再次，东亚地区国家感觉到 APEC 在推动区域自由贸易方面的重重障碍，开始主动寻找脱离 APEC 框架的新型经济一体化道路，其中"中国—东盟自由贸易区"的提出就是典型代表。在之后的几年中，亚太地区的各类区域经济合作框架纷纷涌现。在东亚地区，中日韩自由贸易区谈判开启，"10 + 1"、"10 + 3"、"10 + 6"等各类经济合作机制谈判逐渐提出。太平洋的几个小国也主动联合起来，成立了"跨太平洋战略和经济伙伴关系"（P4），即后来的"跨太平洋伙伴关系协定"（TPP）的前身。同时，各种双边 FTA 谈判也在快速推进着。虽然这些区域经济一体化机制基本上还是在 APEC 的总体框架下开展的，但是在这些新兴机制的冲击下，APEC 在推动区域经济一体化进程方面的作用越来越小，APEC 内部的分化倾向也愈发突出。这一情况引起了美国的警觉，美国并不愿意被抛弃于亚太区域经济一体化进程之外，因而也在 2006 年的 APEC 会议上提出建立"亚太自由贸易区"（FTAAP）的设想，

---

　　① 唐国强、王震宇：《亚太区域经济一体化的演变、路径及展望》，《国际问题研究》2014 年第 1 期，第 97 页。

然而并没有引起与会国家的广泛认同与积极响应。

2008 年后，在 APEC "尾大不掉"，难以有效推进亚太区域自由贸易发展的情况下，美国希望借助 "P4" 这一新型多边自由贸易机制重新掌控亚太地区的经济事务主导权。2009 年，美国正式加入该机制，并将其改名为 "跨太平洋伙伴关系协定"（TPP）。此后，TPP 迅速扩大，共吸收 12 个亚太国家参与其中，并于 2016 年正式签署协议。不过，美国特朗普政府上台后随即宣布退出 TPP，使得这一多边经济合作机制前景堪忧。在美国积极推动 TPP 的同时，东盟也在积极推动以其自身为轮轴的区域经济合作机制。2012 年 8 月，东盟 10 国、中、日、韩、印、澳、新等 16 国宣布开启 "区域全面经济伙伴关系协定"（RCEP）谈判，这一区域经济合作机制有着比 TPP 更高的包容度。在这一阶段的 APEC 相关会议上，不管议题设置如何变动，"推动区域经济一体化" 始终是一以贯之的议题，但是影响力相较于上述的 TPP 与 RCEP 而言就显得逊色得多。

（二）APEC 的发展目标

1989 年 11 月，APEC 在澳大利亚举办了第一次部长级会议，此次部长级会议宣告了 APEC 的成立。当时 APEC 有 12 个成员，包括东盟 6 个国家，还包括美国、加拿大、日本，澳大利亚、新西兰和韩国。1991 年 APEC 韩国会议期间，中国、中国台北、中国香港加入 APEC。1993 年墨西哥、巴布亚新几内亚加入，1994 年智利加入，1997 年俄罗斯、秘鲁、越南加入。目前 APEC 成员依然保持在 21 个。

1993 年以前的 APEC 会议最高级别为部长级会议，1993 年美国举办 APEC 会议期间，将会议提高到经济领导人会议，其中 APEC 的 19 个成员国的领导人以及中国台北、中国香港的相关代表与会。1995 年以前的 APEC 会议主要讨论 APEC 发展的意义、

性质、宗旨、目标、活动领域等。1991 年韩国会议确定了 APEC
的宗旨，即推进贸易投资自由化，推动 APEC 成员间的贸易、投
资和技术领域的合作。1993 年美国会议确定了 APEC 的性质，会
议认为，开放的贸易与投资自由化和开放的多边贸易体系是
APEC 存在和发展的基石。美国会议初步奠定了 APEC 协商式经
济合作组织的性质。1994 年印尼会议发表了《亚太经济合作组织
领导人共同宣言》，确定了 APEC 发展的目标，即发达成员与发展
中成员分别于 2010 年、2020 年达到贸易投资自由化和便利化。
由于是在印尼小城茂物举行的会议，所以 APEC 将其称为"茂物
目标"。1995 年 APEC 会议在日本大阪举行，会议发表了《执行
茂物宣言的大阪行动议程》，简称《大阪行动议程》，该议程制订
了实现茂物目标的具体原则和内容。《大阪行动议程》共分为两
部分，第一部分为贸易投资自由化和便利化，第二部分为经济技
术合作。1996 年的菲律宾 APEC 会议提出了实现茂物目标的具体
行动计划。由于会议是在首都马尼拉召开，所以称为《马尼拉行
动计划》。该计划包括四方面内容：一是总论；二是集体行动计
划；三是单边行动计划，四是经济技术合作项目的进展报告。该
计划最主要的内容是提出了实现茂物目标的集体行动计划和要求
所有 APEC 成员提交为实现茂物目标的单边行动计划（IAP），并
于 1997 年 1 月 1 日开始实施。①

　　2002 年 APEC 会议对大阪行动议程进行了修订。此次修订体
现了 APEC 针对新形势而强调 APEC 进一步推进贸易投资自由化
和便利化的目标。修订的主要内容包括以下几个方面：第一，基
本原则的修订；第二，强调 APEC 与 WTO 的一致性，强调 APEC
执行 WTO 协议的决心；第三，强调电子商务的作用；第四，新

---

　　① 官占奎、黄春媛：《APEC 进程 25 年：回顾与展望》，《亚太经济》2014 年第 2 期，第
4 页。

增加的内容（新增加的内容主要包括两个方面：一是推进商务旅行卡计划；二是加强经济法律方面的基础设施建设，促进经济的良性发展）。第五，经济技术合作领域的修订。

对于 APEC 推进贸易投资自由化和便利化的方式，大阪行动议程对"一般原则"进行了阐述。1996 年在 APEC 领导人非正式会议上对 APEC 方式进行了高度的概括，其特点是：承认多样化，强调灵活性、渐进性和开放性；遵循相互尊重、平等互利、协商一致、自主自愿的原则；单边行动和集体行动相结合，在集体制定的共同目标指引下"APEC 成员根据各自的不同情况，做出自己的努力。APEC 方式的确定，照顾了合作伙伴不同的经济发展水平和承受能力，使它们不同的权益和要求得到了较好的平衡。

灵活性、渐进性、开放性、相互尊重、平等互利、自主自愿是推进贸易投资自由化与便利化的核心。从 APEC 方式的产生到最初其成员推进贸易投资自由化和便利化的成效分析，这种方式对 APEC 而言，确实是一种创新。当时的 APEC 成员间在诸多领域存在差异，不可能提出比 APEC 方式更可行的推进茂物目标的模式，因为 APEC 是一个由诸多亚太国家和地区组成的论坛性质的区域经济合作组织，而不是机制化和具有约束力的区域贸易协定。

随着 APEC 进程的深入，当其成员的平均关税水平已经低于所有 WTO 成员的平均关税水平以后，APEC 降低关税的进展速度就变得极为缓慢，甚至停滞不前。其主要原因在于，鉴于自身的开放性原则，如果再降低关税，将不可避免地让非 APEC 成员"免费搭车"。另外加上 APEC 自身的"自主自愿原则"，一些成员就不再积极利用 IAP 自动降低关税，转而利用 FTA 推动贸易投资自由化，一方面 FTA 具有机制化性质，可以保障推进的速度；二是 FTA 是封闭性、排外的区域经济组织，可以有效避免非 FTA 成员"免费搭车"。

（三）APEC 进程的演进与分化

1994 年 APEC 确定了茂物目标，即 APEC 发达成员与发展中成员将分别于 2010 年、2020 年实现贸易投资自由化和便利化。发达成员包括澳大利亚、加拿大、日本、新西兰和美国，其余都是发展中成员。1995 年茂物目标确定了 15 个具体领域，包括自由化的 4 个领域和便利化的 11 个领域，1996 年各成员提交了包括近期、中期、长期目标的单边行动计划（IAP），1997 年 1 月开始实施。

茂物目标确定以后，为了有效地推进贸易投资自由化和便利化进程，APEC 采取了独特的推进模式，即"APEC 方式"，该方式的核心内容是开放性与自主自愿性。开放性就是 APEC 成员的任何自由化及便利化政策不仅仅赋予 APEC 成员，而且非 APEC 成员也可享受同样待遇；自主自愿性是各成员依据自身的经济发展条件，自愿决定市场开放的速度和程度。APEC 方式的实施在当时条件下产生了巨大凝聚力，减少了争论，使各方面差异巨大的所有 APEC 成员达成了共识，同时开始推进茂物目标进程。应该说，APEC 方式对推进茂物目标完成做出了巨大贡献。

由于关税与非关税政策的降低与减少，APEC 成员担心再加大市场开放力度后非 APEC 成员会"免费搭车"，因此，建立 RTA 成为了主要选择。20 世纪 APEC 成员间建立的 RTA 仅仅有 6 个，21 世纪以来 RTA 迅速增加，依据 WTO 在 2014 年 12 月 9 日公布的资料，APEC 内部成员之间建立的 RTA 数量达到了 50 个。[①]

---

① WTO 的 RTA 委员会将区域经济合作类型分为四类，包括：关税同盟（Customs Union，CU）、自由贸易协定（FTA）、服务贸易协定（Economic Integration Agreement，EIA）、部分领域自由贸易协定（Partial Scope Agreement，PSA），有时候统计中称为"优惠贸易安排"（Preferential Trade Arrangement，PTA）。如果有新成员加入上述已经存在的 4 个模式中的任何一个协定，WTO 统计中也计算为一个 RTA，但本统计中已经剔除了重复核算。

APEC 建立时，即 1989 年之前，APEC 内部成员之间就存在区域经济一体化组织，包括 1992 年和 1994 年成立的东盟和北美自由贸易区。从运作模式上分析，这些已经存在的区域经济一体化组织一开始就与 APEC 平行运作，即 APEC 方式与 RTA 的机制化、约束性模式同时存在。2010 年在对 APEC 茂物目标评估过程中，相关国际组织和机构都认为，APEC 内部建立的诸多 RTA 对推进贸易投资自由化和便利化起到了积极作用，尽管有"面条碗"效应，但还是认为 RTA 的作用是利大于弊，推进了 APEC 贸易投资自由化和便利化进程。为了避免"面条碗"效应，APEC 制定了 15 章 RTA 的"最佳示范条款"，这些条款成为建设 RTA 的指南，以求最大程度地保障 APEC 成员之间建立 RTA 的一致性和高质量。

与其他地区的 RTA 发展状况相比，亚太地区建立的 RTA 网络更具复杂性：一是 RTA 建设的多重性；二是地域的广阔性。就多重性而言，一些 APEC 成员不仅与相关区域经济组织建立了 RTA，而且与该组织的成员也分别建立了 RTA，例如日本，不仅与东盟建立了 RTA，而且与东盟内除老挝、柬埔寨、缅甸之外的所有国家都建立了双边 RTA。就地区的广阔性而言，一些 RTA 签署国家分属太平洋两岸。

从 WTO 公布的统计数据分析，APEC 成员的 RTA 建设与地缘经济与地缘政治关系很大，东亚成员与大洋洲国家建立的 RTA 主要在 APEC 内部，例如澳大利亚与新西兰除与 APEC 成员建立 RTA 外，没有与 APEC 之外的国家和地区建立任何 RTA。APEC 亚洲成员如果与其他国家和地区建立 RTA 的话，也主要集中在亚洲。拉美成员建立的 RTA 主要集中在拉美地区。俄罗斯是特例，与 APEC 成员没有建立任何 RTA，诸多 RTA 主要是与原苏联分裂出去的国家签订。有些成员建立的 RTA 地域广阔，例如韩国与拉美一些国家建立的 RTA，智利更加广泛，不仅与拉美多个国家建立了 RTA，同时也与欧盟、欧洲自由贸易联盟（EFTA）建立了 RTA，智利建立的 RTA 是 APEC 成员中最多、最广阔的国家，目前已经达到了 21 个。[①]

2008 年的 APEC 会议对区域经济一体化问题表示了关注，当年的部长级会议声明指出，欢迎关于 APEC 区域经济安排和自由贸易协定相同点和不同点的研究报告，研究报告对如何推进亚太自贸区提供了有益建议。领导人指示部长们继续对亚太自贸区可能的影响以及利益和挑战开展进一步研究，并探讨未来谈判能力建设问题。2009 年 APEC 会议关注的焦点是经济增长问题，包括平衡增长、包容性增长、可持续增长等，同时也关注 2010 年茂物目标评估问题，规划了茂物目标评估模式，为 2010 年发达成员的茂物目标评估奠定了基础。对于区域经济一体化问题依然提出进一步的研究，与以往比较并没有实质性进展。

鉴于大部分成员已经完成了茂物目标评估，APEC 成员意识到 2010 年以后 APEC 如何发展成为重要议题，因此提出了"后茂物目标"问题，会议发表的 APEC 第十八次领导人非正式会议宣言名为《茂物及后茂物时代的横滨愿景》。该宣言提到建设 APEC 大家庭的途径，指出将朝着实现亚太自贸区采取具体行动，以推进 APEC 区域经济一体化。此时，美国于 2009 年高调宣布加入 P4 协定，并将其改名为 TPP，开始着力推动 TPP 的迅速扩大。TPP 的成员国全部是 APEC 成员，因此其谈判对于 APEC 的冲击与分化作用十分明显。2012 年 11 月 20 日，"区域全面经济伙伴关系协定"（RCEP）谈判正式启动，谈判成员包括东盟（ASEAN）10 国和与其签订了自由贸易协定的中国、日本、韩

---

① 官占奎：《APEC 与 FTAAP 平行推进问题研究》，《南开学报（哲学社会科学版）》2015 年第 2 期，第 17 页。

国、澳大利亚、新西兰和印度。此后，这两大区域经济一体化谈判使得 APEC 原有的亚太区域经济一体化路线产生了分化，亚太地区国家逐渐将经济合作谈判的重心转移到这两大机制上来。

二、美国主导下的 TPP 路径

"跨太平洋伙伴关系协定"（Trans-Pacific Partnership Agreement，简称 TPP），是在美国主导下的、共有 12 个国家参与的一项多边自由贸易协定。该协议的谈判是在美国主导下进行的，美国以 TPP 作为其"亚太再平衡"战略的经济支柱，意图以该协议调节中美日关系，掌控亚太地区的经济事务。

（一）TPP 发展情况概述

TPP 的前身是"跨太平洋战略经济伙伴关系协议"（Trans-Pacific Strategic Economic Partnership Agreement，TPSEP）。TPSEP 的谈判开始于 2002 年，新西兰、智利和新加坡在墨西哥 APEC 峰会上就建立自由贸易区（Free Trade Area）举行首轮谈判，2005 年 4 月文莱加入谈判。2005 年 7 月谈判完成，规定该机制于 2006 年 5 月 28 日正式生效。此时成立的 TPSEP 是 4 个亚太地区的小国之间在货物、服务、知识产权和投资等领域进行经济合作的协定，简称"P4 协议"。此协议的签署为 TPP 的出现奠定了前期基础。

"P4 协议"原本并不受重视，因为参与的 4 个国家对亚太地区和世界经贸发展的影响几乎可以忽略。但随着 2009 年美国高调加入谈判，这一新兴的自由贸易协定立刻成为了全世界热点关注的对象。

2008 年 9 月 22 日，美国贸易代表苏珊·施瓦布（Susan Shwab）宣布美国将考虑参加 TPSEP 谈判。2009 年 11 月 14 日，美国总统奥巴马正式宣布美国将参与 TPSEP 谈判，并将该谈判更名为"跨太平洋伙伴关系协定"（TPP）谈判。随后美国贸易代表罗恩·柯克（Ron Kirk）于 12 月 14 日通告美国国会，美国政府将正式加入 TPP 谈判。[①] 在美国宣布参加 TPP 谈判后，秘鲁、越南和澳大利亚立刻响应美国号召宣布加入 TPP 谈判，"P4"迅速扩大为"P8"，在参与的国家分布上也开始进一步向整个亚太地区进发。

2010 年 3 月 15 日，TPP 首轮谈判在澳大利亚墨尔本举行，会议就"建立面向 21 世纪高标准、全面自由贸易协议"问题达成共识，并做出欢迎任何 APEC 成员国和非成员国参与的承诺。在随后的一年多时间里，TPP 先后在旧金山、文莱、奥克兰、智利圣地亚哥、新加坡、胡志明市、芝加哥、利马和吉隆坡举行了 10 轮谈判。马来西亚于 2010 年 10 月成为 TPP 第九个谈判国。2011 年 11 月，美国在 APEC 峰会上对外公布了 TPP 谈判框架协议。2012 年 10 月，加拿大和墨西哥正式加入 TPP 谈判。2013 年 7 月，日本安倍政府宣布加入 TPP 谈判，TPP 正式进入"P12"阶段。又经过两年多的艰难磋商，2015 年 10 月 5 日，参与谈判的 12 国终于就 TPP 规则条款达成一致，TPP 谈判正式完成。2016 年 2 月 4 日，美国、新西兰、新加坡、智利、文莱、秘鲁、越南、澳大利亚、马来西亚、加拿大、墨西哥和日本等 12 国在新西兰的奥克兰正式签署了"跨太平洋伙伴关系协定"（TPP）协议。

自美国加入并主导 TPP 谈判后，这一协定的版图迅速扩大。短短几年之内，TPP 从 4 个太平洋小国间的多边自由贸易协定，迅速发展成为共有 12 个成员国参与、经济规模占全球 GDP 的 40%、地理位置上覆盖整个亚太地区的大型多边自由贸易协定。

---

① Office of the United States Trade Representative, "Statement by Ambassador Ron Kirk on TPP", November 13, 2009. http://www.ustr.gov/about-us/press-office/speeches/transcripts/2009/november/address-united-states-trade-representative.

（二）美国主导 TPP 的战略意图

奥巴马政府极力推动 TPP 的发展，有着其深层次的战略意图，总的来看主要有以下 4 个方面：

第一，以 TPP 为美国"亚太再平衡"战略的经济支柱。奥巴马上台后，在亚太地区积极推行"亚太再平衡"战略。该战略是美国为了调整战略重心，将关注重点从中东地区的反恐斗争转向亚太地区的主导权争夺而提出的。小布什政府时期，美国的战略重心在于中东地区的反恐问题，亚太地区则处于次要位置。正因如此，在小布什政府期间，美国在亚太地区几乎可以说是无所作为。这一时期该地区签订的大部分双边与多边贸易协定都没有美国的参与，美国也因此错过了在亚太，特别是在东亚地区的许多投资机会。在奥巴马上任之时，东亚地区的东盟"10＋1"、"10＋3"和"10＋6"等经济一体化合作机制正开展得"如火如荼"，而这些合作机制都将美国排除在外。另外，在整个亚太地区有多达 180 个以上的优惠贸易规定，但其中与美国相关的却寥寥无几。这使得美国在亚太地区经济事务中的控制力大大下降，也使美国担心一旦东亚地区的合作机制走向成熟，自己将会在亚太经济事务中处于边缘化的位置。一旦形成了这一局面，大量的贸易和投资将会从美国转移至亚太其他国家，这会给美国的经济带来巨大损失。同时，美国自身也受困于金融危机的影响，亟需借助外力来实现经济复苏，而经济蓬勃发展的东亚地区正是美国看中的重要市场。种种因素都在敦促美国及时调整战略部署，大幅提升亚太地区在其战略中的重要性。2009 年，奥巴马高调宣布美国将"重返亚太"，并最终将其亚太战略命名为"亚太再平衡"。在军事方面，美国积极调整亚太军事部署，重新将美军部署在澳大利亚，向新加坡增派海军，积极与菲律宾展开联合军演；同时制定新的军事防卫计划，在东亚地区加强军事部署。在经济方面，美国意图以 TPP 作为其"亚太再平衡"的经济支柱，参与亚太地区经济事务，打破东亚地区经济一体化进程，全面渗透亚太经济的各个领域，遏制中国在东亚乃至亚太地区逐步增强的话语权。

第二，借助 TPP 促进美国经济复苏。2009 年的美国正面临金融危机的严重冲击，经济发展陷入停滞与倒退，国内失业率屡创新高，财政赤字规模空前。国内经济的低迷使得奥巴马意识到仅仅依靠扩大内需和国内消费的方式无法重振美国经济，因此希望能够通过扩大出口与对外投资的方式来促进美国经济复苏。在这一形势下，扩大出口与创造就业机会就成了美国政府面临的当务之急。与美国的萧条形成鲜明对比的是东亚地区经济的蓬勃发展。这一时期东亚地区的对外贸易发展迅速，2009 年的外贸总额占全球总额的四成以上。同时，东亚地区还拥有着世界上数量最大的外汇储备，总量占全球外汇储备总额的 60% 之多。另外，东亚地区也是世界上最大的潜在消费市场，东亚的"10 + 3"框架拥有超过 21 亿的人口，消费实力和潜力都很庞大。遍观全球，在金融危机的冲击下，只有亚太地区的经济发展仍然能够保持上升势头。因此，美国迫切需要借助亚太地区，尤其是东亚地区蓬勃发展的经济形势来扩大对外出口，以此创造更多的就业机会，提振美国经济。TPP 正是美国为了实现这一目标而推出的重要工具。借助 TPP 的便利渠道，美国可以直接插手亚太地区的经济事务，快速抢占亚太地区的新兴市场。美国政府于 2009 年初提出"五年出口倍增计划"，希望美国的出口额能够在未来 5 年内实现翻番，由此拉动就业岗位增长 200 万个①，这意味着出口年均增幅需超过 15%。这一目标的实现只能依赖于亚太地区市场的开拓。

①　Office of the United States Trade Representative，"2010 Trade Policy Agenda and 2009 Annual Report"，March，2010. http：//www. ustr. gov/2010 - trade-policy-agenda.

2010 年，美国出口亚太地区的商品价值总额达到 7750 亿美元，较 2009 年增长 25.5%，占当年美国出口总额的 61%；其中农产品出口价值总额 830 亿美元，占美国农产品出口总量的 72%。①此外，美国对亚太地区服务贸易出口总额 1770 亿美元，占美国对外服务贸易出口总额的 37%。亚太地区于美国的重要性不言而喻，为了持续稳定地获取商业利益，美国需要在亚太地区建立一个美国主导下的全新的自由贸易体系，TPP 的出现正符合美国的这一战略需求。

第三，借助 TPP 主导亚太经济秩序。取得亚太地区的主导地位是美国推出 TPP 的核心意图，美国为了最大限度地维护国家利益，需要确保自己在亚太地区的主导权不受干扰。几年来，美国因反恐战争的牵制而没能积极参与亚太地区的经济合作，这大大降低了美国在亚太地区的影响力和控制力。因此，奥巴马政府一上台便高调宣布"重返亚太"，企图重新攫取在亚太地区的战略优势。与美国形成鲜明对比的是，中国在这一时期表现突出，不仅积极与周边邻国和其他亚太国家建立区域性的贸易合作，还利用在政治和经济方面的优势，大幅提升区域影响力，对美国在亚太地区的控制力形成挑战。这是美国不愿看到也不能接受的，因此美国需要通过 TPP 的推行来寻求重新建立起在亚太地区经济事务中的主导地位。从操作流程上看，首先，美国利用部分中国周边国家对中国快速崛起的安全疑虑，以经济利益为基础、安全保障为红利吸纳它们加入 TPP，扩大 TPP 版图，借此在区域经济合作的主导权问题上与中国展开争夺；其次，在 TPP 拥有能够与东亚地区现有合作机制相抗衡的实力后，美国再展开全面的制度竞

---

① Office of the United States Trade Representative, "The United States in Trans-Pacific Partnership, November 12. 2011, http://www. ustr. gov/about-us/press-office/fact-sheets/2011/november/united-states-trans-pacific-partnership.

争，以所谓"高标准、高质量"的新型合作机制来瓦解东亚区域经济一体化进程；最后，美国将 TPP 逐渐过渡为 FTAAP，形成由美国主导的亚太自由贸易体系。

第四，借助 TPP 完成对华经济围堵。10 年的反恐战争，使美国放松了对亚太地区的控制，也给中国带来了快速发展的战略机遇期。中国的快速崛起让美国警惕，各式各样的"中国威胁论"层出不穷。TPP 的推出正是美国为了遏制中国的发展，实现对华经济围堵所做出的重要选择。在具体实施路径上，美国通过两种方式来完成对中国的经济围堵：一是美国以自身实力推动 TPP 谈判，并积极吸纳东亚国家参与，意图阻碍东亚一体化进程，拉拢盟友共同遏制中国。日本、韩国和东盟国家都是中国的重要贸易伙伴，同时也是美国的重点拉拢对象。日韩和东盟国家如果选择 TPP，同时放弃"10＋3"，可以对中国的对外贸易造成直接冲击。中日韩自贸区谈判也会为此受到影响，东亚区域经济一体化进程将大大受阻。若 TPP 成功吸纳日韩和东盟，那么中国周边将会形成一道贸易屏障，使得中国的对外出口遭受严重冲击。二是美国通过 TPP 提高贸易机制标准，以应对东亚区域经济一体化。TPP 以"高标准、高质量"著称，其规则要求十分苛刻，对于发展中国家来说门槛极高。如果中国考虑加入 TPP，那么必须对国内经济结构和对外贸易政策进行大幅调整，这将对中国经济造成巨大冲击。如果中国不加入 TPP，那么中国将会被排除在一个内部几乎没有障碍的庞大的共同市场之外，这也极不利于中国对外贸易的拓展。同时，TPP 还对东亚地区国家造成一定的离心倾向，为它们发展对外贸易提供一个看似很好的选择，削弱东亚区域经济一体化的内在动力。

（三）日本对 TPP 路径的认知

日本对于是否加入 TPP 谈判曾一度态度摇摆。2011 年 11 月，日本首相野田佳彦宣布将积极加入 TPP。2012 年 2 月，日本宣布将与美国就加入 TPP 问题开展谈判，同意绝大部分产品的自由化，但仍保持在农产品进一步讨论的权利。最终，在 2013 年 7 月 23 日，安倍政府正式宣布加入 TPP 谈判。

在对 TPP 的认知上，日本将加入 TPP 视作同美国加深同盟关系的有效途径，美日同盟也是日本最终决定加入 TPP 的主要政治原因。而且，对其国内工商产业界而言，加入 TPP 可提升日本产品的国际竞争力，以此扩大出口，促进经济增长。同时，在 TPP 框架下，与美国等 TPP 国家间的贸易摩擦将得到更快解决。此外，日本还希望能通过 TPP 将自己与美国的亚太地区战略利益相捆绑，以期不仅能获得丰厚的商业利益，还能够与美国共同主导 TPP 发展，提升日本的国际地位，同时遏制中国的发展。但是，加入 TPP 会对日本的农业造成巨大冲击。长期以来，日本农业缺乏国际竞争力，由于生产规模小、劳动力成本高，日本农业一直依靠政府补贴和贸易保护才能勉强维持，这将是日本加入 TPP 的最大障碍。

在对 TPP 的定位上，日本对 TPP 十分重视。2010 年 11 月，在日本横滨举办的 APEC 会议上，日本首相菅直人表示，参加 TPP 的重要性等同于日本的"第二次开国"。日本希望通过加入 TPP 达到以下目的：一是促进和巩固日美同盟关系；二是寻求日美共同主导国际贸易规则的制定；三是推动开放，扩大出口，提升整体经济水平；四是遏制中韩两国发展，寻求建立"TPP 轨道"的亚太经济合作机制；五是以加入 TPP 为契机，"倒逼"国内农业改革。[①]

---

① 刘中伟、沈家文、宋颖慧：《跨太平洋伙伴关系协议：中国与亚太区域合作的新机遇》，经济管理出版社，2014 年版，第 85 页。

三、中国积极推动的 RCEP 路径

"区域全面经济伙伴关系协定"（RCEP）谈判于 2012 年 11 月 20 日正式启动，谈判成员包括东盟（ASEAN）10 国和与其签订了自由贸易协定的中国、日本、韩国、澳大利亚、新西兰和印度。一方面，RCEP 能够整合现有 FTA 合作机制，实现东亚经济一体化，解决东亚地区目前区域合作碎片化之虞；另一方面，RCEP 较高的贸易投资自由化目标给成员国尤其是经济落后成员国带来极大挑战。

（一）RCEP 发展情况概述

在 2007 年 11 月的第三次东亚峰会上，东亚各国首脑一致同意日本提出的建立"东亚东盟经济研究中心"（ERIA）的提议。2008 年 6 月中心正式成立后，不断承接东亚峰会、东盟峰会及各种部长级会议上通过官方渠道发布的研究课题，其执行主任、首席经济学家等不少重要职位均由日本学者或官员担任，日籍专家在研究队伍中也占到多数。此外，在亚洲开发银行研究院以及亚洲经济研究所、经济产业研究所、国际贸易投资研究所等研究机构中，日本学者也开展了对 RCEP 的前期研究。部分日本学者以工作论文、政策简报、项目报告、深度评论等方式对 RCEP 以及亚洲区域合作的新模式做了初步探讨，一方面表现出与以往研究有所差别的、更为国际化的特色，另一方面也更为迅捷、有效地传递了日本的立场和呼声，增强了日本在这一问题上的学术话语权和政策影响

2002 年"东亚研究小组"（EASG）提出了构建"东亚共同体"的短期和中长期目标，建立由东盟和中日韩三国组成的"东亚自由贸易区"（EAFTA，即"10 + 3"模式）被设定为中长期目标之一。2004 年 11 月设立的 EAFTA 共同专家小组先后经历了

2005 年 4 月至 2006 年 7 月、2007 年 5 月至 2009 年 6 月前后两个阶段的研究，并于 2009 年 10 月向东盟与中日韩领导人会议提交了最终研究报告。中国成为 EAFTA 的主要支持者。[①]

与此同时，日本积极主张建立地域范围更广的 CEPEA。自 2005 年 12 月召开第一次会议开始，由东盟 10 国和中、日、韩、印、澳、新 6 国参加的"东亚峰会"（EAS）成为促进东亚区域合作的一个重要机制。2006 年 4 月日本政府在其《全球经济战略》中首次正式提出建立 16 国参加的"东亚 EPA"构想（即"10 + 6"模式），并于当年 8 月举行的"10 + 6"经济部长会议上提议开展关于 CEPEA 的民间专家研究。2007 年 1 月，第二次东亚峰会就开展上述民间研究达成一致，经过两个阶段的研究，2009 年 10 月第四次东亚峰会采纳了最终研究报告，并同意开展政府间讨论。

为了弥合甚至超越两国关于"10 + 3"模式和"10 + 6"模式的政策分歧，中国和日本于 2011 年 8 月在"10 + 6"经济部长会议上共同提出了设立货物贸易、服务贸易、投资自由化工作小组的提案，希望以此推动谈判进程。11 月，东盟基于中日共同提案，向东亚峰会提议设立上述三个工作小组，并提出建立 RCEP 的主张。2012 年 4 月，东盟领导人会议就年内启动 RCEP 谈判达成一致，并重申了东盟在 RCEP 谈判中的核心地位及其包容性。5 月，中日韩领导人会议就三国加速有关 RCEP 谈判的讨论、尽快设立新的工作小组开展通力合作达成一致。6—8 月，包括东盟各 FTA 伙伴国（中国、日本、韩国、澳大利亚、新西兰、印度）在内的货物贸易工作小组召开会议。8 月 30 日，第一次东盟与各 FTA 伙伴国经济部长会议召开，通过《RCEP 谈判的指导原则与

①　宫占奎：《APEC 与 FTAAP 平行推进问题研究》，《南开学报（哲学社会科学版）》 2015 年第 2 期，第 16 页。

目标》等文件，并提交东亚峰会。10 月，服务贸易工作小组和投资工作小组也陆续召开会议。在 11 月的东亚系列峰会上，各国领导人宣布启动 RCEP 谈判。

在目标方面，RCEP 以东盟为主导，旨在扩大并深化东盟与其 FTA 伙伴国的经济往来，在东盟成员与其 FTA 伙伴国之间达成一个现代、全面、高质量、互利的经济伙伴协议。根据东盟秘书处发布的一份声明，RCEP 谈判强调东盟在区域经济一体化进程中的主导地位，吸引东盟的贸易伙伴支持和促进东盟经济一体化，并重视所有谈判参与国公平的经济发展和广泛的经济合作。

在谈判范围和承诺水平方面，RCEP 谈判涵盖了货物贸易、服务贸易、投资、经济技术合作、知识产权、竞争政策、争端协调等议题。RCEP 将逐渐消除货物贸易所有行业的关税与非关税壁垒，最终实现自由贸易区；大幅削减服务贸易领域的限制和歧视性措施，并基于现有的 GATS 和 "10 + 1" 自贸协定实现服务贸易自由化承诺；从促进、保护、便利化和自由化四个方面创造一个自由、便利、竞争有序的地区投资环境；缩小谈判参与国之间的发展差距，通过经济技术合作落实 RCEP 协议，并使相互利益最大化；通过促进经济一体化进程以及在利用、保护和行使知识产权方面的通力合作，不断减少贸易和投资领域的知识产权壁垒；搭建合作平台，促进竞争政策、经济效率和消费者福利，减少反竞争措施，但要兼顾各国不同的产能以及国家体制；建立争端解决机制，为咨询和争端处理提供有效、高效、透明的解决方案。①

RCEP 迄今已完成 6 轮谈判，在内有动力、外有压力的背景下，谈判取得了一定进展。RCEP 谈判于 2012 年 11 月第 21 届东

①　竺彩华、冯兴艳、李锋：《RCEP 谈判：进程、障碍及推进建议》，《国际经济合作》2015 年第 3 期，第 15 页。

盟峰会上正式启动，截至目前已进行了 6 轮谈判，相继成立了 7 个工作组。首轮谈判于 2013 年 5 月在文莱举行，成立了货物贸易、服务贸易和投资 3 个工作组；第二轮谈判于 2013 年 9 月在澳大利亚举行；第三轮谈判于 2014 年 1 月在马来西亚举行；第四轮谈判于 2014 年 4 月在中国举行，成立了知识产权、竞争和技术合作 3 个工作组；第五轮谈判于 2014 年 6 月在新加坡举行，成立了争端解决工作组；第六轮谈判于 2014 年 12 月在印度举行。RCEP 谈判在消除贸易壁垒、完善投资环境、扩大服务贸易等方面达成初步共识，但离预期目标还有一定差距。货物贸易方面的谈判议题涵盖了协定章节框架、关税减让模式、非关税壁垒、贸易救济、标准、技术规则、符合性评估程序（STRACAP）、动植物卫生检疫措施（SPS）、海关程序和贸易便利化（CPTF）、原产规则（ROO）等；服务贸易领域讨论了协定章节结构、要素及市场准入等；投资领域讨论了市场准入模式、章节要素等。另外，在知识产权、竞争、经济技术合作以及争端解决领域也取得了一定的成绩。

（二）日本对 RCEP 路径的认知

日本学界对于 CEPEA（10 + 3）和 RCEP（10 + 6）有着大量的分析，总体来看，日本学界认为 RCEP 有以下几大特点：

第一，在合作原则上，RCEP 更突出东盟在贸易自由化建设中的主导作用和在区域合作机制中的核心地位。东盟各成员国被称为 RCEP 的"主席国"，其他 6 国的定位则是"共同参与"。一方面，鉴于新加坡、文莱、马来西亚已加入美国主导的 TPP 谈判，而印度尼西亚、老挝、缅甸等国则对 TPP 持谨慎乃至警视的态度，TPP 的发展客观上造成了东盟内部的分裂。而 RCEP 强调东盟作为一个整体的核心和主体地位，对于维系和促进东盟内部的团结起到了积极的作用。另一方面，一段时期以来，对于东盟在东亚区域合作中实际领导力和内部凝聚力的批评和质疑不绝于耳。在 CEPEA 倡议中，由于中日韩三国巨大的经济实力和政治影响力，东盟在客观上也处于日益边缘化的地位。在这一背景下，RCEP 的主张由中日拟议，却交由东盟正式提出，本身就是对东盟"核心作用"颇具象征意义的支持，也表明了中国、日本等其他域内大国的立场和态度。

第二，在议题范围上，相比 CEPEA，RCEP 的涉及范围更广，这与多哈回合全球多边自由贸易进程受挫、各地区一体化实践不断加深的背景是分不开的。CEPEA 本身具有超越传统的自由贸易区谈判的特征，将经济合作（基础设施整建、人才培养、技术转移等）、贸易投资便利化（投资保护、调和原产地规则、相互认证、知识产权保护等）、贸易投资自由化（关税撤销、服务和投资自由化等）作为三大支柱。① 从 2009 年开始，各国政府将原产地规则、关税税目表、关税手续、经济合作等 4 个领域作为 EAF-TA 构想与 CEPEA 构想相互整合的重点领域，这被视为 RCEP 构想诞生的重要基础。

第三，在一体化路径上，《RCEP 谈判的指导原则和目标》明确"承认参与国家个体差异和所处不同环境"，并且特别强调"考虑到参与国家不同的发展水平，RCEP 将包含一些适当的灵活形式，包括为最不发达的东盟成员国提供特殊和差别待遇，并为之附加额外的灵活性"。"RCEP 下的经济和技术合作致力于缩小参与国家间的发展差距，并从 RCEP 协定的实施中达到最大限度的互惠互利。"②

---

① 贺平：《从 CEPEA 到 RCEP 日本对亚太区域经济合作的战略转向》，《日本学刊》2013 年第 2 期，第 73 页。

② "Guiding Principles and Objectives for Negotiating the Regional Comprehensive Economic Partnership"，http：//www. asean. org.

第四，在成员国准入条件上，RCEP 比 CEPEA 体现出更为明显的"开放性地区主义"的色彩。一方面，RCEP 将初始谈判方限定为东盟 10 国及其他 6 国，待谈判完成后再行考虑纳入 16 国以外的其他国家。另一方面，RCEP 的谈判原则也明确指出，任何未加入 RCEP 开始阶段谈判的东盟 FTA 伙伴，只要服从其他参与国家均已认同的条款和条件，都被允许加入后续的 RCEP 谈判。RCEP 还将订立开放加入条款，以便在 RCEP 谈判结束之后，使任何未加入 RCEP 谈判的东盟 FTA 伙伴以及任何其他外部经济伙伴得以加入。

第五，RCEP 和 CEPEA 两者背后隐含的战略含义和政策指向颇为不同，中日关系或日本的对华认知是其中的核心连接点。时任日本外务大臣的麻生太郎曾在 2006 年 11 月提出了"繁荣与自由之弧"的概念，"价值观外交"也由此成为当时的安倍政权及其后的麻生政权的外交战略重点。在亚太地区，这一"繁荣与自由之弧"与 CEPEA 的绝大部分成员国是高度重合的。一方面，推动亚太 16 国贸易自由化和一体化程度的提高，是在地区乃至跨地区层面验证"李普塞特假设"的一种实践；另一方面，许多人将这一强调"自由、民主主义、基本人权、法治、市场经济"等"普遍价值观"的外交战略视为防范甚至遏制中国的一种手段，印度、澳大利亚、新西兰等非东亚国家的介入也被视为有助于"稀释"中国在亚太地区不断增强的区域影响力。

RCEP 背后的中日合作与此是分不开的，也是日本基于国家利益的现实主义考量的反映。这背后有两条相互交织的逻辑：一方面，日本承认和正视中国的崛起，为此希望保持对华接触，加强双边和区域合作，借助这一区域格局的变化，最大限度地谋求日本在政治、经济和安全等各个领域的国家利益。特别是在经济领域"中国机遇论"逐步成为主流意见。甚至有学者认为，未来日本的经济规模将位于美国、中国、印度之后，成为"亚洲第三"。从接近中印这两大高速增长经济体的角度来看，RCEP 对于日本未必是坏事。另一方面，不少日本政界和学界的人士认为，中国在资源和能源短缺、环境污染、经济结构转型、贫富差距拉大、政治体制改革、大国形象塑造等领域面临一系列挑战，日本必须强化和扩大周边国家阵营，从而共同应对中国崛起过程中可能出现的内外挑战和潜在危机。

第二节　日本缘何选择加入 TPP

美日两国是 TPP 成员国中最重要的两大经济体，对 TPP 谈判进程的影响也最为重要。美国作为 TPP 的主导国，对于 TPP 谈判的重要性不言而喻。日本作为世界第三大经济体，又是美国的传统盟友，对于美国 TPP 战略的实施至关重要，因而在 TPP 谈判中地位也十分特殊。日本对加入 TPP 这一问题曾一度摇摆，国内意见分歧也十分严重。日本首相菅直人早在 2010 年 11 月的 APEC 会议上就曾表达过加入 TPP 的愿望，认为日本加入 TPP 的重要性不亚于"第二次开国"。其实，日本加入 TPP 谈判的重要性在日本朝野各界和经济团体中已有共识，只是各方对加入的时机与方式仍有异议。① 本节主要对日本加入 TPP 的动因进行论述。

一、为了巩固日美同盟

日本参加 TPP 谈判的根本目的是要与美国"贴身借力打太

① 刘中伟、沈家文：《跨太平洋伙伴关系协议（TPP）研究前沿与架构》，《当代亚太》2012 年第 1 期，第 41 页。

极"，谋求对等的规则制定权，搞"对等再平衡"。① 日美同盟始终是战后日本外交政策的基石，日本将 TPP 视为巩固日美同盟并充实其内涵的重要手段，力图提升自身安全保障和经济福利，扩大其在亚太事务中的发言权。此外，作为"亚太再平衡"战略经济层面的重要手段，美国也希望日本加入谈判，并将此视为日本强化日美同盟诚意的重要指标。

（一）拓宽日美经贸交流平台

战后，美日因冷战的需要结成了政治军事同盟，两国的经贸交流也因同盟关系的影响频繁而密切。在美国的扶持与帮助下，日本经济在二战结束后不久迅速重新崛起。在朝鲜战争期间，美军将日本作为其后勤基地，向日本订购了大量均需用品，给日本带来了大量外汇，帮助日本摆脱二战后的经济困境，实现了初步复苏。1952 年，日本在美国的推动下加入世界银行（WB）和国际货币基金组织（IMF）；1955 年，日本加入 WTO 的前身"关贸总协定"，这为日本进入美国领导下的资本主义世界市场提供了极大便利。此外，直到 1971 年美元与黄金脱钩之前，日本一直对美元实施汇率捆绑政策，以 360 日元兑换 1 美元，这为日本制造业的产品出口创造了巨大便利条件。美国的扶持政策为日本经济创造了快速发展的空间，也使美日之间的经贸关系联系紧密。苏联解体后，美苏两极格局瓦解，日本由于经济实力的增强而出现了一定的脱美倾向，这使美国长期以来秉持的对日扶持政策在其国内遭受广泛质疑，民众要求改变对日本另眼相看的贸易政策。为此，在处理对日贸易问题时，美国主要借助 APEC 和 WTO 等多边机制解决矛盾，以便平息国内舆论。20 世纪 90 年代，美国和日本之间在汽车及零部件产品和纺织品贸易方面摩擦不断，但两

---

① 张君荣：《TPP：美日大棋局》，《中国新闻周刊》2013 年 3 月 25 日，第 30 页。

国之间的经贸关系总体来说仍呈正常发展态势。

进入 21 世纪，随着中国经济的快速崛起，中日之间和中美之间的经贸联系都大大加深，这就使得美日在彼此外贸关系中的地位均有所下降。目前，中国分别位列日本的第一大和美国的第二大贸易伙伴，这不仅降低了日本对美国市场的依赖，还降低了美国对日本的经济控制力。美日之间并没有签订正式的双边 FTA，因而美日虽然经贸关系紧密，但是实际上除了 APEC 和 WTO 等大型的多边或全球性机制以外，并没有更多的经贸交流平台，这就给贸易摩擦不断的两国解决贸易纠纷问题带来了巨大的不便。

TPP 的出现为美日两国拓宽经贸交流平台提供了非常好的契机，TPP 对绝大多数商品实行完全免税政策，便利了成员国内部的货物流通，也有规定详细的争端解决机制，能够大大提高成员国间处理贸易纠纷的效率。这对于巩固日美同盟，进一步深化美日双边经贸关系可以起到明显的促进作用。

（二）借力美国提升日本的国际影响力

美国希望通过尽早完成 TPP 谈判以实现其"亚太再平衡"战略的经济目标，拉拢日本盟友加入 TPP 符合美国的国家利益。由此，美国将进一步构建有效且具有主导性的亚太区域经济规则，从而巩固自己在太平洋地区的核心地位。美日在 TPP 上的结合，能够强化两国的经贸联系，有效增强两国联手操控亚太经济事务的能力。

在过去的 20 年间，亚太地区的战略格局发生了深刻改变。中国经济取得了快速发展，中国的国际地位大幅提升，对周边国家的影响力随之增强，使得美国原先在东亚地区的支配地位发生动摇。同时，美国受反恐战争与金融危机的影响，在全球范围内采取收缩态势，美国在东亚地区的军事存在有一定削弱，曾经被视为东亚安全基石的美日同盟因亚太地区战略地位的下降而面临被边缘化的可能。奥巴马政府上台后，为了扭转美国的战略颓势，及时调整了美国对外战略的重心，推行"亚太再平衡"政策。中国的快速崛起所引起的亚太格局的变化引起了美日的强烈关切，在遏制中国发展的问题上，美日找到了共识与战略契合点。

2010 年初，中国—东盟自由贸易区的成立，标志着中国与东盟的经贸交流更上一个台阶，双边货物贸易、服务交换和金融投资合作的通道进一步被打通。同年 10 月，《中国—东盟实现和平与繁荣战略伙伴关系行动计划（2011—2015 年)》联合宣言签署，标志着中国与东盟的经济合作步入快速发展阶段。① 同时，中日韩 FTA 谈判也在进行之中，政府高层交流与民间联合研究同时开展，由日本鸠山首相提出的"东亚共同体"倡议，在日本国内引起"脱美入亚"的思潮。以东盟为核心、以中国为主要推动力的"10 + 3"机制逐渐向东亚经济一体化方向过渡。然而，这一趋势显然不符合美国的战略利益，将美国排除在外的东亚经济一体化进程必然会受到美国的阻挠与限制。TPP 的推出，正是美国因不甘心被排除在东亚经济一体化之外而做出的有力回应。随着日本国内首相更替，菅直人上台后，日本在中美之间的战略选择发生反转，日本再次回归紧跟美国步伐的轨道之中。2012 年底安倍再次上台，日本政府借助 TPP 深化日美同盟，携手美国遏制中国发展的战略选择更加明确，以中日合作为核心动力的东亚区域经济一体化进程前景日趋暗淡。

世界市场经贸规则的制定权与主导权一直都是传统强国争夺的焦点，随着新兴国家经济实力的逐渐增强和美国因经济危机影响而在全球经济事务中权威的相对削弱，美国需要寻求全新的方式确保其在全球市场的主导权。TPP 的推出正符合美国的这一战

---

① Plan of Action to Implement the Joint Declaration on ASEAN-China Strategic Partnership for Peace and Prosperity (2011 – 2015). http：//www. aseansec. org/25554. html

略需要。同样，日本原本希望凭借其强大的经济实力独立主导东亚经济一体化进程，然而中国的快速崛起打破了日本的奢望，因而为了确保自身安全和地区话语权，日本转而寻求借助美国的力量，希望借由参与 TPP 来与美国共同制定下一代自由贸易规则，以期在未来的全球贸易中占据主导地位，同时抗衡中国在东亚地区的影响力。

（三）与美国共同主导亚太经济

日本参加 TPP 谈判的根本目的是要与美国"贴身借力打太极"，谋求对等的规则制定权，搞"对等再平衡"。[①] 日美同盟始终是战后日本外交政策的基石，日本将 TPP 视为巩固日美同盟并充实其内涵的重要手段，力图提升自身的安全保障和经济福利，扩大其在亚太事务中的发言权。此外，作为"亚太再平衡"战略经济层面的重要手段，美国也希望日本加入谈判，并将此视为日本强化日美同盟诚意的重要指标。日本通过加入 TPP 强化日美同盟关系，以此扩大日本在亚太地区经济事务方面的影响力，进而达到与美国共同主导亚太经济事务的目的。

与以往的 FTA 协议集中于降低商品关税、简化原产地规则和贸易便利化等相比，TPP 具有高标准和完全自由贸易的特征。虽然美国主导 TPP 的发展走向，但日本加入谈判后，TPP 实质上成为占成员国 GDP 总和 91% 的美日两国控制的多边 FTA。[②] 日本不仅将成为名副其实的区域"老二"，并可以此为平台与美国共同主导亚太地区乃至全球贸易规则的制定。因此日本希望以参加TPP 谈判的方式，争取到规则制定的话语权。在日本加入 TPP 的支持者看来，TPP 代表未来高质量和高标准的区域自由贸易协定

① 张君荣：《TPP：美日大棋局》，《中国新闻周刊》2013 年 3 月 25 日，第 30 页。
② 朱颖：《日本加入 TPP 的作用与意义》，《日本研究》2012 年第 6 期，第 30 页。

的走向，是美国寻求建立"亚太自由贸易区"（FTAAP）的"探路者"。

二、为了牵制中国发展

早在"亚太再平衡"战略推出前，美国就一直淡化东亚区域概念，而将东亚纳入亚太合作的框架中理解，以防止一个类似欧盟的强大经济集团的出现。但是，东亚地区的贸易增长的主要来源是产业内贸易，这就突出了生产网络的重要性，生产过程的不同阶段需要在不同发展阶段的国家进行，而且这一复杂交织的生产网络中并没有美国的身影，这使美国难以有效分享东亚经济高增长的红利。日本作为建立并推动亚太区域合作机制的成员国之一，在面对"中国崛起"的区域一体化引力作用和韩国的贸易转移效应的同时，还面临地区合作的被动局面，例如中韩俄与日本存在诸多领土争议和历史问题，使得日本成为众矢之的。为此，日本迫切希望依托美国"亚太再平衡"战略的推行，进一步捆绑日美经济合作，引入外部竞争机制，利用"TPP 轨道"这一新的亚太区域一体化路径，打破原有的区域合作形式，反制以中国作为核心主导的东亚一体化进程，寻求在由美国主导下的亚太区域经济合作中占据重要地位。

中国作为全球发展最为迅速的新兴经济体和东亚区域或生产网络的集散地，长期致力于加快仅有东亚国家参与的东亚经济一体化进程，积极利用自身经济优势与东盟不断深化经济合作，并大力推动中日韩自由贸易区谈判，以促进对外经贸快速发展和经济结构转型升级。然而中国的快速崛起引起了美日两国的高度警惕。美日同盟始终是战后日本外交政策的基石，也是美国亚太同盟体系的基石，美国以 TPP 对亚太经济格局进行"再平衡"的战略得到了日本的积极回应，日本将 TPP 视为巩固美日同盟并充实其内涵的重要手段，力图提升自身安全保障和经济福利，扩大其在亚太事务中的发言权，使美日同盟针对中国的色彩更加凸显。

因此，日本加入 TPP 实质上就是一次政治交易，既满足美国"亚太再平衡"的战略实施，并借助美国的经济、政治和军事力量重塑日美两国在亚太的政治和经济地位；又在中国经济总量超过日本、中日关系因领土争端而剑拔弩张之际，巩固和依靠日美同盟为日本提供更安全的庇护和战略支持，以此来为牵制中国发展增添助力。

三、为了提振日本经济

日本首相菅直人早在 2010 年 11 月的 APEC 会议上就曾表达过加入 TPP 的愿望，认为日本加入 TPP 的重要性不亚于"第二次开国"。其实，日本加入 TPP 谈判的重要性在日本朝野各界和经济团体中已有共识，只是各方对加入的时机与方式仍有异议。① 而提振日本经济，正是日本考虑加入 TPP 的一大重要动因。

相比 TPP 谈判的其他参与国而言，日本的工业制成品极富竞争力，在出口上具有很强的竞争优势。加入 TPP 能够帮助日本扩大出口，从而拉动经济增长，缓解日本与 TPP 成员国的贸易摩擦，提升日本的国际竞争力。因而日本工商界的各主要经济团体在推动日本加入 TPP 方面不遗余力。此外，日本已与大部分参与TPP 谈判的国家签订了贸易协定，只有美国和新西兰没有与日本签订 FTA，因此日本 TPP 的主要谈判对象较为集中，加入的门槛并不算高。另外，日本还希望能通过加入 TPP 将自己与美国的亚太战略利益相捆绑，以期在获得丰厚的经济回报的同时，还能与美国共同

① 刘中伟、沈家文：《跨太平洋伙伴关系协议（TPP）研究前沿与架构》，《当代亚太》2012 年第 1 期，第 41 页。

主导 TPP 的规则制定，大幅提升自身在亚太地区的影响力，并与美国联手遏制中国发展。但是长期以来，日本的农业因生产规模小、劳动力成本高，一直是其外贸出口的短板和贸易保护的主要对象。日本农林水产省的报告指出，如果日本仅废除 19 种主要农产品关税而不采取保护措施，日本的粮食自给率将由目前的 40% 下降至 14%，GDP 减少约 7.9 万亿日元，约 340 万人可能失业。①

加入 TPP 有利于日本推动开放，扩大出口，提升整体经济福利。日本寻求利用 TPP 促进出口，拉动经济增长，缓解政府财政压力，提升日本的竞争力。安倍首相认为，TPP 是以贸易和投资为核心内容的，具有带动经济增长的作用，因此，应该把参加 TPP 放到提升日本经济增长的战略位置上。② 在 TPP 谈判的参与国中，美国本身就是日本第二大贸易伙伴，越南、马来西亚和智利等国虽然经济总量小，但经济年均增速却超过 5%，有非常大的市场潜力可以挖掘。加入 TPP 不仅可以促进日本制造业的产品出口，还可以通过进口廉价商品刺激国内消费。据日本政府估算，仅考虑商品贸易方面，由于目前 TPP 成员国的平均关税水平都远远高于日本，因而日本将从 TPP 获益 3.2 万亿日元，平均每个日本民众获益 2.5 万日元。③ 如果再将服务和投资领域自由化的贡献考虑在内，日本将会获得更大的经济收益。同时，日本长期以来推行出口导向型经济增长方式，但在东亚区域经济一体化的浪潮下，日本却在对外缔结自由贸易区方面大大落后于中国和韩国，这严重削弱日本在该地区的话语权。例如美韩 FTA 生效

---

① 刘昌黎：《TPP 的内容、特点与日本参加的难题》，《东北亚论坛》2010 年第 3 期，第 15 页。

② 《安倍就 TPP 谈判问题表态称将全力确保国家利益》，http://japan. people. com . cn/ 35469/8134768. html。

③ 《日本外务省外交蓝皮书 2011》，http://www. mofa. go. jp/mofaj/press/index. html。

后，韩国在汽车、电子等产业上赶超势头强劲，对日本的贸易转移效应凸显。

另外，日本还企图以加入 TPP 为契机，"倒逼"国内农业改革。日本加入 TPP 谈判，使其国内农业受到很大冲击。如前文所述，日本的农业受到自然条件和生产成本的极大约束，在国际市场上没有竞争力。但农业是政府的治国根基，同时拥有着庞大的从业人口，政治影响力强，因而日本的农业长期受到高额的财政补贴和极强的贸易保护。日本泡沫经济破灭后，经济发展一蹶不振，财政债务问题愈演愈烈，继续对农业进行保护和扶持给日本政府带来了巨大压力。同时，在各类 FTA 谈判中，日本出于保护本国农业的目的，拒绝开放国内的农产品市场，因此农产品税收和市场保护问题也一直是日本与其他国家或地区进行 FTA 谈判的最大障碍。但是经过估算，日本政府认为，尽管加入 TPP 后外国的低价农产品将会冲击本国的农业生产，但从整体来看，TPP 给其他产业带来的出口增量和农产品消费增长所带来的财富可以弥补这一缺口。根据估算，受工业品出口增长和消费拉动等因素的影响，日本加入 TPP 后的实际 GDP 将增加 3.2 万亿日元，涨幅达到 0.66%[1]，并由此为农业改革提供了难得的机遇。此外，国内务农人员的老龄化趋势明显，农业生产成本高昂，农业生产率长期得不到提高，这些现实问题也要求日本农业必须做出根本性的调整改革。因此，日本政府希望通过加入 TPP 谈判，将农业部门在长期以来承受的压力转化为改革的动力，下狠心在农业部门开展结构性改革，以此提高农业生产的效率和农产品的国际竞争力。[2]

---

[1]　张枕河:《TPP 谈判在即日本"首秀"引关注》,《中国证券报》2013 年 7 月 16 日,第 4 版。

[2]　吕铀、崔岩:《日本推动 TPP 谈判的动因和制约因素》,《现代日本经济》2013 年第 3 期,第 46 页。

第二节　日本 TPP 战略的进展与顿挫

日本国内对于是否加入 TPP 谈判这一问题进行了激烈的争论，前后数任首相都努力促成日本加入 TPP 谈判而无所收获，最终现任首相安倍晋三力排众议，决定加入 TPP 谈判。经过多轮的艰苦谈判，美日之间终于就 TPP 相关问题达成妥协，TPP 协议得以最终签署，日本国会也在安倍首相的极力推动下通过了 TPP 协议。就在这时，美国突然宣布退出 TPP，这使得日本的 TPP 战略受到了挫折。

一、日本加入 TPP 谈判的进程

从民主党的菅直人内阁开始，到自民党的安倍晋三再度上台为止，日本国内针对是否应该参加 TPP 谈判这一问题进行了近三年的争论，政界、财界、学界及舆论界等日本社会各阶层纷纷发表见解，但是意见一直难以统一，且争论愈演愈烈，最后出现了导致整个社会陷入赞成和反对两种意见截然对立的局面，甚至有TPP 问题将日本"一分为二"的说法。即使在当前 TPP 已经达成协议的的情况下，日本国内关于加入 TPP 对日本究竟是利是弊的争论仍然没有停息。与 TPP 谈判的进程艰难推动相似，日本参与TPP 谈判的过程也可谓是一波三折，前后总计历时约 2 年零 8 个月之久，期间可划分为三个发展阶段。第一阶段始于 2010 年 7 月29 日，民主党籍的首相菅直人首度正式提出日本要参与 TPP 谈判，后因日本东部"3·11"地震而被迫暂停讨论；第二阶段始于 2011 年 11 月 11 日，继任首相的野田佳彦表示日本将参与 TPP 谈判，但这一意愿却因新一轮的政党轮替而未能最终实现；第三阶段始于 2013 年 3 月 15 日，二度上台的安倍晋三首相正式宣布

日本参与 TPP 谈判。

（一）鸠山内阁的"东亚共同体"构想与 TPP 的矛盾

在 2009 年 8 月的日本众议院选举中，民主党获得压倒性胜利，成为众议院第一大党。以鸠山由纪夫为首相的民主党新政权 9 月份上台后，在外交上提出了一系列新政策，其中就包括建立"东亚共同体"的构想。

民主党在其为众议院选举而拟定的"政权公约"中提出，要"以构筑东亚共同体为目标，强化亚洲外交"，并表示日本将"尽全力构筑与以中韩为首的亚洲各国的信赖关系，在通商、金融、能源、环境，灾害救援、应对传染病等领域确立亚太地区的区内合作体制，与以亚太各国为首的世界各国积极推进缔结包含劳务、知识产权等广泛领域的经济合作协定和自由贸易协定"，这构成了日本民主党所构想的"东亚共同体"主张的基本内容。实际上，建立"东亚共同体"的构想并非鸠山首相首次提出。日本前首相小泉纯一郎也曾正式提出过这一设想。但由于小泉执政期间坚持参拜靖国神社，导致日本与中韩关系出现倒退，使小泉的这一想法最终不了了之。民主党在日本众议院选举中重提"东亚共同体"，有其内政外交方面的考虑。就当时日本国内的局势而言，民主党希望通过批评自民党的内外政策来显示其改革的决心，以赢得民众的支持。众所周知，日本的外交政策自二战以来一直依附于美国在远东的战略。长期掌权的自民党政府始终将日美同盟作为外交基轴，依靠美国为本国提供安全保障。这一路线使日本在政治上处于依从美国的地位。民主党为了显示其与自民党的区别，在 2009 年的众议院选举期间，强烈抨击自民党执行"追随美国"的外交路线，并且提出要建立"对等"的日美关系，构筑主动性的外交战略。而日本作为东亚地区的经济强国，加强亚洲外交就成为其摆脱追随美国状态的优先选择。建立"东亚共同体"的构想则是日本加强亚洲外交的最佳切入点，因而被明确写入了民主党的"政权公约"。

显然，对于日本而言，鸠山内阁"东亚共同体"构想与加入TPP的战略是大相径庭的，因而在鸠山内阁时代，日本不曾考虑加入TPP。

（二）菅直人内阁和野田佳彦内阁推动日本加入TPP谈判

日本政府对TPP问题的关注其实在麻生太郎任首相的2008年就已经开始[①]，且当时美国政府也曾两次向日本政府表态，希望其加入TPP。但当时日本的政治氛围紧张，自民党的执政地位岌岌可危，支持率持续低迷的麻生内阁面对踌躇满志的民主党要求尽早提前实现众议院大选的咄咄逼人之势，把全部精力都投入到如何使自公联盟苟延残喘上面了，根本无力在TPP问题上过多纠缠。而在经济层面，即使是对缔结FTA最积极的经济产业省，当时也认为日本不能参与TPP谈判，理由是TPP的门槛过高。[②]此外，尽管民主党在竞选公约中也提及要进行日美FTA谈判，但鸠山由纪夫并没有履行这一承诺。他出任首相后提出了"东亚共同体"的构想，实则是把施政重点放到了与亚洲国家的经济一体化领域中，对TPP的进展漠不关心，甚至持反对态度。然而鸠山首相因在普天间基地搬迁等问题上开罪美国而被迫辞职，这对继任首相的菅直人震动很大。因此，他在上台后立即选择与美国合作，以此来确保其政权的稳定。他认为"当务之急是就是修复日

---

① 山田正彦著：『TPP秘密交渉の正体』、竹書房新書2014年版、第51页。
② 作山巧著：『日本のTPP交渉参加の真実—その政策過程の解明—』、文真堂2015年版、第106、107、109页。

美同盟关系"，急于想利用 2010 年日本主办 APEC 的机会，送给美国一份大礼。[①] TPP 正是在这样的背景之下被菅直人纳入考虑范围的。

菅直人首度提出 TPP 问题是在 2010 年 7 月 29 日。[②] 2010 年10 月 1 日，他在国会发表施政演说时正式表态日本准备参与 TPP谈判。10 月 8 日，他在第二次"新增长战略实现会议"上强调说，日本应该研究参与 TPP 谈判的问题，并指示下属要在当年 11月召开的横滨 APEC 领导人非正式会议之前便将 TPP 议题植入到推进亚太经济一体化的基本方针中去。

众所周知，农业一直是日本经济的软肋，保护本国农业，在对外贸易中拒绝开放农产品市场是日本长期以来的一贯作风。因此，菅直人此举在国内引起了巨大的反响与争议。为了统一民主党内部思想，他责令民主党政调与会成立了由时任常务政调副会长山口壮任组长的 APEC、EPA、FTA 对应研究项目小组（通称"经济合作项目小组"）。

外务省出身的山口壮属于 TPP 推进派，因此菅直人最初希望经济合作项目小组能够顺着参与 TPP 谈判的思路进行研讨，并在APEC 会议召开之前就明确提出日本应参与 TPP 谈判的政策建议。然而事情的发展并没有像菅直人首相期盼的那么顺利。号称民主党内"反 TPP 急先锋"的前农林水产大臣山田正彦成立了以民主党国会议员为中心的"关于 TPP 的紧急学习会"，在短短的两天里便吸引了 114 名国会议员参加。后来，山田又联系执政联盟的时任国民新党党首龟井静香和前首相鸠山由纪夫，成立了规模超

---

① 田代洋一著：『安倍政権とTPP—その政治と経済—』、筑波書房ブックレット2013 年版、第30 頁。

② 作山巧著：『日本のTPP 交渉参加の真実—その政策過程の解明—』、文真堂2015 年版、第131 頁。

过 270 人的"审慎思考 TPP 之会"。① 这一举动给菅直人造成了很大压力，为了顾及党内的反对意见，使得党内不至于分裂，菅直人被迫表示日本不在现阶段参与 TPP 谈判。

在 2010 年 11 月 11 日和 13 日召开的 G20 峰会和 APEC 领导人非正式会议上，菅直人表示，日本将尽快营造国内环境，为日本加入 TPP 谈判扫清障碍，并将 TPP 作为实现 FTAAP 的重要环节。除开始与 TPP 相关国家进行谈判之外，他还反复强调说日本要推行"平成开国"，在促进自由贸易的同时推动农业改革。2011 年 1 月 14 日，菅直人第二次改组内阁，将参与 TPP 谈判作为其内阁的基本政策方针之一。2 月 25 日，在召开"食品与农林渔业再生实现会议"第三次会议时，他表示了要进行务农中坚力量、农田、流通的三位一体改革，作为提高日本农业国际竞争力的方向。至于对农业的补贴，也将从消费者承担改由纳税者承担。②

2011 年 3 月 11 日发生在日本东北地区的里氏 9.0 级强震，对于日本经济、政治及社会各个领域均造成了极大冲击，对日本参与 TPP 谈判也产生了重要影响。从直接影响看，大地震打乱了日本政府原定的施政排序，导致原本定于在 6 月份做出是否参与 TPP 谈判决定的安排被迫延后。此次强震引发了大规模海啸，并导致福岛第一核电站 4 台发电机组发生严重核泄漏事故，使日本遭受了二战结束以来最严重的灾害。死亡及失踪人数逾 2.7 万人，工商业、农业、渔业及畜牧乳品业等皆受重创。此次灾害规模空前，导致当时日本政府将施政的优先课题转向支援灾区、核泄漏防范等方面，无暇再顾及其他问题，所以只好将 TPP 议题暂放一

---

① 山田正彦著：『TPP 秘密交涉の正体』、竹書房新書 2014 年版、第 54 頁。
② 馬田啓一、浦田秀次郎、木村福成編著：『日本のTPP 戦略：課題と展望』，文真堂，2012 年版、第 159—160 頁。

边。从间接性影响看，大地震使日本制造业和农业遭受重创，导致原本支持加入 TPP 的经济界更加积极，而反对的"农协"和日本医师会等态度也更加决绝，从客观上加剧了日本国内在 TPP 问题上的分裂。

日本加入 TPP 的首要动因是扩大日本制造业的出口规模，以期提振日本经济。受此次强震影响，日本国内零部件的供应断档，全球制造业也深受打击，并使得对日本企业有较强竞争力的韩国等后起之秀的企业已开始挤占日本在国际市场上的份额。日本业界原本就支持参与 TPP 谈判，强震对日本制造业的打击使他们更加担忧日本产品的国际竞争力将会进一步削弱，因此主张日本应加快参与 TPP 的步伐。

但另一方面，受此次灾害影响，日本东北地区的农业受到重创。其中，沿海地区遭海水淹过的农田达 2.36 万公顷，青森、等手、宫城、福岛等重灾区所有渔港都遭到毁灭性打击，2.25 万艘渔船大部分受损，经济损失达 11579 亿日元。[①]菅直人内阁中围绕 TPP 议题的对立态势也有所加剧，持积极态度的经济产业相海江田万里、外相松本刚明认为应该坚持既有方针，而原本立场消极的农林水产相鹿野道彦则强调应以复兴灾区为内阁工作的优先考量，慎重对待贸易自由化问题。[②]

总而言之，一场突如其来的天灾导致菅直人内阁加入 TPP 的安排暂时搁置，随着菅直人因救灾不力等一系列问题而辞职，日本加入 TPP 的步伐只能由继任首相野田佳彦来推进了。野田佳彦在菅直人内阁中担任财务相，本来就是 TPP 推进派，因此他在上任后的首个施政演说中已表明就 TPP 问题要"尽早得出结论"。

---

① 内阁府：『東日本大震災の経済的影響』、http：//www.cacao.go.jp/keizai/bousai/pdf/higashi-keizaitekieikyou.pdf。

② 『TPP参加判断を先送り閣僚問でも意見対立ム』、『朝日新聞』2011 年 5 月 11 日。

当时"P9"已决定要在夏威夷的 APEC 会议上提出 TPP 的框架协议，因此时间紧迫，无论如何都需要野田尽早得出结论。然而，民主党内的推进派和慎重派对立依旧，政府和党内的协调极为困难。为此，时任政调会长的前原诚司又重组了"关于经济合作和农业再生的项目小组"。但是，TPP 推进派与反对派的争论一直相持不下，并进一步导致民主党内部产生了裂痕。然而，随着民主党政权的政绩乏善可陈，治理成效不彰，且分裂不断，新一轮政权轮替氛围已在日本社会酝酿，尤其是 2012 年 9 月 26 日安倍晋三强势重登自民党总裁之位以后。11 月 16 日，野田宣布解散众议院，提前举行大选。在选举期间，民主党选举公约指出若获胜定然参与 TPP 谈判。与此相对的是安倍领导的自民党却表示说："自民党反对加入要免除所有商品关税的 TPP"，且为了夺取农业选区的席位，自民党还打出"我们不撒谎，坚决反对 TPP，可不是装模作样"的竞选口号。[①] 而且当选的自民党众议员中有 225 人也表态反对参与 TPP 谈判，而明确表态支持者仅 30 人左右。[②] 随着民主党在大选中败北，野田佳彦推动日本加入 TPP 谈判的努力也随之告一段落。

（三）安倍内阁决定加入 TPP 谈判

安倍再度就任首相后立即表示，将 TPP 定位为"安倍经济学"的重要一环。众所周知，安倍二度执政后为重建日本经济，提出了被称为"安倍经济学"的"三支箭"，即以超级量化宽松政策为特征的大胆的货币政策、扩张性财政政策和大规模公共投资、以结构改革和刺激民间投资为中心的经济增长战略。在增长

[①] 田代洋一著：『安倍政権とTPP—その政治と経済—』、筑波書房ブックレット2013 年版、第 30—31 頁。

[②] 作山巧著：『日本のTPP 交渉参加の真実—その政策過程の解明—』、文真堂 2015 年版、第 173 頁。

战略中，安倍强调必须以参与 TPP 谈判为中心，配合财政、金融政策来提高民间企业的投资意愿。以此为基础，自民党外交、经济合作调查会于 2013 年 2 月 13 日公布了"关于参与 TPP 谈判的基本方针"：在竞选纲领的基础上提出：（1）只要 TPP 谈判仍坚持取消全部关税，而且没有例外的话，就拒绝参与谈判；（2）不接受违反自由贸易理念的汽车等工业制品的数值目标；（3）维护全民参与的保险制度；（4）维护食品安全放心的基准；（5）不同意有损国家主权的诸如 ISDS 条款；（6）在政府采购、金融服务等领域，立足于日本原有特征参与谈判。方针还指出："我们一定会保护日本的国家利益，保护美丽的日本，创造强大的日本，并让后代得以传承。"① 但安倍却在 2013 年 2 月 21—24 日的访美过程中，就 TPP 问题与美国协商达成三点共识："（1）日本将一部分农产品、美国将一部分工业制品均定性为'敏感品种'；（2）最终的结果将在谈判中进行决定；（3）在 TPP 谈判过程中，不能要求单方面预先承诺废除全部关税。"② 此后，旋即相继在自民党和内阁内设立"TPP 对策委员会"及"TPP 政府对策委员会"，并于 3 月 15 日正式宣布参与 TPP 谈判。

对于是否赞同参与 TPP 谈判，日本国内的民调显示，赞成的占 44%，反对的为 37%。但具体来看，认为 TPP 对日本农业有负面影响的受访者为 60%，远远超过认为有正面影响的 20%，另有 81% 的受访者对"进口粮食感到不安"，88% 的人回答"粮食安全标准降低后会产生不同程度的问题"。③ 因此，安倍为了降低来

① 『TPP 交涉参加に对する基本方针』、https：//www. jimin. jp/policy/policy_topics/pdf/pdf088_1. pdf。

② 『日米の共同声明』、http：//www. mofa. go. jp/mofaj/kaidan/s_abe2/vt_1302/pdfs/1302_us_01. pdf。

③ 田代洋一著：『安倍政権と TPP—その政治と経済—』、筑波書房ブックレット 2013 年版、第 6 頁。

自农业方面的压力，打出了被称为"进攻型农业"的"安倍经济学"的农业政策，并授意在内阁府中设置"规制改革会议·产业竞争力会议"，对实现包括农业在内的经济增长提出政策建言。

另一方面，奥巴马政府则确定了日本必须在参与谈判前事先解决的3个问题：

第一，在进口美国牛肉方面。自从2003年12月美国华盛顿州发现第一例"疯牛病"（牛海绵状脑病）病例后，日本就一直禁止进口美国牛肉。虽然后来日本放宽了一些限制，允许进口牛龄20个月以下的牛肉，但美国并不满足，仍然向日本施压，要求进一步放宽限令。结果日本勉强允许进口牛龄在30个月以内的美国牛肉。

第二，在进口美国汽车方面。该问题源自日本从美国底特律三大汽车制造商：克莱斯勒、福特和通用汽车这三家公司进口的车辆数量很少，而这几家公司认为正是日本的税收、安全、环境制度、保险和其他非关税壁垒造成的这种状况。在谈判中，日本同意根据其"优先处理程序"，将每年进口美国生产车辆的数目从每车型2000辆提高到每车型5000辆。此外，美日两国希望能在谈判中解决与汽车贸易有关的非关税措施等问题，包括制度、标准和认证的透明度、"绿色"和其他新技术车辆、分销等问题。日本还同意将在之后对从美国进口机动车的进口关税进行分阶段取消。

第三，关于保险和快递问题。日本政府经营的日本邮政活动是美国贸易代表办公室与日本关于保险的协议的主要焦点，日本邮政的子公司同时也在出售保险和快递服务。日本宣布，在其确定私营保险公司与日本邮政之间的竞争形成"公平条件"之前，政府不会批准日本邮政销售新的或修改后的癌症保险产品或单独的医疗保险产品。

此外，美日双方同意举行与 TPP 谈判相关的并行谈判，以便解决与保险业的非关税措施、政府采购、竞争政策、快递、动植物检验检疫措施有关的问题。这些并行谈判创设的目的是在 TPP 主要谈判完成之际实现取得"切实而重大"的成果，且在 TPP 协议生效之时具有法律上的约束力。[①] 最终，在日美完成事先的讨论后，美国于 4 月 12 日宣布支持日本参与 TPP 谈判。这样，在日本支付了高价的入场券之后，终于在 2013 年 7 月 23 日正式参与了在马来西亚举行的 TPP 第 18 轮谈判。

二、美日博弈与 TPP 谈判的达成

美日两国是 TPP 成员国中最重要的两大经济体，其对 TPP 谈判进程的影响也最为重要。美国作为 TPP 的主导国，对于 TPP 谈判的重要性不言而喻。日本作为世界第三大经济体，又是美国的传统盟友，对于美国 TPP 战略的实施至关重要，因此在 TPP 谈判中的地位也十分特殊。因此，美日博弈可以说是 TPP 谈判中最重要的环节。

（一）美日分歧与 TPP 谈判的阻滞

尽管日本加入 TPP 谈判将为美日带来诸多利益，但其谈判进程却并非一帆风顺。贸易自由化必然会使一些产业受益、另一些产业受损。而就日本而言，国内的工业、高科技产业及服务业因为具有较强的竞争力，因而会大力推动 TPP 谈判，而农业相关产业则必然会极力阻挠和反对做出让步与妥协。美日之间一直没有双边自贸协定，主要就是因为美国对日本的农产品保护政策非常不满，因而不同意进行美日自贸协定的谈判。

美日两国在 TPP 谈判中的主要分歧点集中于农业和汽车领

---

① 山田正彦著：『TPP 秘密交渉の正体』、竹书房新书 2014 年版、第 41 页。

域，正是美日在这两大领域的博弈使得两国迟迟未能达成一致。在美日的贸易协商中，美国往往体现出较强的"进攻性"，总是试图最大限度地夺取日本的价值；而日本则更多地体现出"防御性"，即试图最大限度地减少己方的损失。具体看美日之间的TPP谈判，整个进程都是美国在提出要求，而日本在讨价还价，美国的主导性和进攻性不言而喻。

从美国对日本角度而言，一方面美国农业局、美国猪肉生产商理事会和全国畜牧业牛肉协会等农业领域的利益集团强烈要求日本在谈判中全面放开迄今为止一直壁垒高筑的农产品市场。另一方面，美国目前对从日本进口的小汽车征收2.5%的关税，轻型卡车的税率为25%，其余汽车相关零部件则在6%～10%之列。[①] 对此税率的设定，美国制造业联盟和美国商工会议所等利益集团则反复要求美国应在同日本的谈判中坚持不改变现行税率制度。

反观日本，其汽车产业、电子机器产业具有强大的出口竞争力，在对外贸易中为日本带来了巨额财富。因此，日本的工商企业有73.8%的企业支持日本参与TPP谈判，并认为这是日本企业保持国际竞争力所不可或缺的。[②] 但相比之下，农业领域却一直是日本的软肋。地狭人稠、精耕细作是日本农业的主要特征，也导致了其成本高昂，长期依赖财政补贴及贸易保护。在参与TPP谈判之前，日本签署的所有双边或区域EPA中，农产品无一例外地被排除在外。即使在2014年4月签署协议的日澳EPA中，日本仍仅是部分开放了农产品市场。以"农协"为首的日本农业利益集团都坚决反对日本加入TPP，认为一旦加入TPP，国内农业

---

① 服部信司著：『TPP交渉と日米協議—日本政府の対応と"メリカ幼向—』、農林統計協会2014年版、第5頁。

② 『主要企業アンケート：新成長戦略に期待』、載『毎日新聞』2011年1月4日。

将会遭遇灭顶之灾。

日美在日本正式参与 TPP 谈判前夕曾达成相关协议："第一，日本将一部分农产品、美国将一部分工业制品均定性为'敏感品种'；第二，最终的结果将在谈判中进行决定；第三，TPP 谈判过程中，不能要求单方面预先承诺废除全部关税"。① 但是实际上，日美之间对这一协议的理解有所偏差，直接导致了谈判陷入僵局。美国早在日本参加 TPP 谈判之前就已经预设好了谈判立场，要求日本应在谈判中全面放开迄今为止一直壁垒高筑的农产品市场，但同时坚持对从日本进口的小汽车、轻型卡车及汽车相关零部件征收关税。随后又在谈判过程中反复施压，逼迫日本做出单方面让步。日美 TPP 谈判的大多数时间就是在美方不断对日本农产品提出开放要求，而自身却丝毫没有透露出妥协征兆的情况下进行，致使日本的谈判代表甘利明一度表态说，不能只让日本单方面做出让步，美方也应该展现出一定的积极姿态。②

从两国相关利益集团的诉求看，双方预设的目标可谓南辕北辙，完全是一条平行线。而且在东亚地区与 TPP 并行的还有 RCEP、中日韩 FTA 谈判，后者的自由化率虽然没有 TPP 高，但其一是对日本农业的冲击小于 TPP，二是对日本经济贡献率高低的争议也低于 TPP。因此，如果单纯考虑经济问题，日本应该对中日韩 FTA 和 RCEP 更加热心，甚至可以通过这两个自贸区的谈判来迫使美国在 TPP 问题上让步。但是出于政治方面的考虑，安倍政府不顾国内的反对声音，执意参与 TPP 谈判，紧跟美国步伐，但却因为美日之间在农业和汽车领域的巨大分歧而迟迟无法

① 『日米の共同声明』，http://www.mofa.go.jp/mofaj/kaidan/s_abe2/vt_1302/pdfs/1302_us_01.pdf.

② 服部信司著：『TPP 交渉と日米協議—日本政府の対応と"メリカ幼向—"』，農林統計協会 2014 年版、第 5 頁。

达成协议，致使 TPP 谈判一度陷入困境。

（二）美日妥协与 TPP 谈判的完成

TPP 谈判迟迟未能完成，主要原因是日本不愿意全面开放其农产品市场，要求在农产品免税方面拥有一定的保留权利；而美国则在此问题上态度强硬，要求严格执行 TPP 的免税条款，同时不愿意在汽车税收问题上对日本让步。最终，美日相互妥协，美国在同意日本有条件地保留农产品的免税权利的同时，放宽了对日本的汽车产品征税；而日本也承诺积极进行农业改革，争取早日达到 TPP 的要求。

自 2013 年 3 月 15 日安倍正式宣布参与 TPP 谈判后，美日双边谈判进行的一度相当不顺利。其原因如前所述，主要是美国相关利益集团根本不顾美日事先达成的协议，反复向美国贸易代表办公室施压，一味强求日本完全开放农产品市场，而拒绝在汽车领域做任何让步。虽然安倍内阁基于安全战略考虑，积极参与 TPP 谈判，但也要对国内有所交代，因而不可能在谈判中听任美国予取予求。在 TPP 谈判中，日本主要采取三大对策与美国周旋：

首先，日本就农产品市场开放问题提出了方程式协议的建议。所谓"方程式协议"，意指将农产品关税的下降幅度、缓冲时间及发生紧急事态时日本的应对等问题进行一揽子综合谈判，内容包含四个方面：（1）农产品关税的下降幅度；（2）税率下降的缓冲时间；（3）因关税下降对日本农产品影响过大情况下启动紧急进口限制措施——"安全阀"；（4）最低限度进口义务的增量等。[①] 日本希望通过这种一揽子谈判的形式，可以在总体对美

---

① 服部信司著：『TPP 交渉と日米協議—日本政府の対応と"メリカ幼向—』、農林統計協会 2014 年版、第 4 頁。

让步的框架下做到一定程度的进退有度，并能推动谈判的进行。

其次，日本积极推动日澳签署 EPA。日澳 EPA 谈判始于 2007 年 4 月 23 日，谈判过程十分艰难。澳大利亚是农产品出口大国，其对日农产品出口份额占日本进口农产品比重很高，如牛肉、小麦、砂糖、大米、天然干酪等均超过 50%。因此，面对澳大利亚强烈要求日本废除农产品关税的要求，日本则通过国会决议表示死守不放。但随着日本参与 TPP 谈判及日美开展双边磋商，澳大利亚担忧美国牛肉会挤占澳牛肉在日本市场的原有优势，而日本鉴于美国在谈判中态度强硬，且日澳 EPA 与美日谈判的焦点也颇为一致，因此日本也希望通过先与澳大利亚签署 EPA 来增加自己在谈判中的主动。因此，在日本宣布参加 TPP 谈判的一年之后，日澳就 EPA 问题迅速达成一致。正是在日澳 EPA 签署之后，美国才同意日本提议的方程式协议方式，并进行相应谈判的。

最后，利用 TPP 的多边谈判平台推动美日谈判。除了签署日澳 EPA 外，日本还加快了与新西兰就乳制品，与墨西哥就猪肉，与新加坡就以白砂糖为原料的巧克力，与马来西亚就胶合板，与越南就大米的进口关税减免等问题进行谈判，并达成了一系列相关协议，以倒逼美国在对日农产品问题上减缓压力。

最终，经过多轮艰苦磋商，日美最终就农产品和汽车问题达成妥协，促成了 TPP 谈判的最终完成。从 TPP 谈判结束之后日本公布的文本来看，日本参与 TPP 谈判的 9018 种商品中 8575 种全部免除关税，整体自由化率约 95%，其中工业产品 100% 实现免税，农林水产品的自由化率则约 81%。1990 种农产品中有 834 种是首次全部免除关税。338 种水产品中除海带、紫菜等 10 个品种外，其余也全部免除关税。在美对日进口汽车税率方面：汽车，现行 2.5% 的税率在 TPP 生效 15 年时降为 2.25%，20 年时再降为 1.25%，25 年时废止；轻型卡车，现行 2.5% 的税率在 TPP 生效后维持 30 年；汽车相关零部件，现行 6%—10% 的税率在 TPP 生效后维持 15 年。①

在美日的 TPP 谈判中，"美进日退"的特征是非常明显的，但日本通过提出方程式协议、签署日澳 EPA、利用多边谈判等策略，部分维护了其在农产品领域的立场，争取到了美国在农产品和汽车问题上的部分让步。美日最终相互妥协，完成了绵延数年之久的 TPP 谈判。

三、美国退出 TPP 后日本的抉择

2016 年 12 月 9 日，日本国会进行正式表决，批准日本参加 TPP。2017 年 1 月 23 日，美国总统特朗普刚一上任便签署行政命令，宣布美国退出 TPP，这使得日本的 TPP 战略受到极大打击，日本的区域经济合作战略严重受挫。是继续推动 TPP 的实施，还是跟随美国一起放弃 TPP，日本需要重新做出战略抉择。在美国可能退出 TPP，该自由贸易体制生效困难的情况下，日本政府和执政党集团仍然坚持批准该协定，试图借此对外展示其推动 TPP 的决心。但日方也承认，如果没有美国参加，TPP 将失去意义。

自泡沫经济崩溃以来，日本经济一直处于低迷状态。而 2008 年的美国金融危机、2011 年的日本大地震以及之后的欧洲债务危机，都对日本经济的恢复和振兴产生不利影响。特别是 2010 年，中国超过日本成为了世界第二大经济体，此后日本 GDP 占世界的比重一直下滑。随着人口减少和经济低迷，民间消费不断萎缩，设备投资日益不振，进而导致内需不足，而日本政府的财政赤字已达到 GDP 的 2 倍以上，很难通过财政支出去扩大内需，拉动经济增长。而 TPP（包含美国）成员国的 GDP 总量占全世界的 40%

---

① 『TPP 協定の概要（要旨）』、載『朝日新聞』2015 年 10 月 6 日。

左右，市场规模（人口）占全世界的10%，因此对于日本来说亚太地区是巨大的潜在市场，可以把这一地区变为日本的"内需市场"。①

TPP谈判的内容涉及面非常广，包括货物的市场准入、原产地原则、贸易便利化、卫生及植物检疫、政府采购、知识产权、竞争政策、金融服务、电信、电子商务、投资、环境、人员流动、法律与制度议题、争端解决等，并要求对进口产品无例外地实行贸易自由化，其对自由化水平的要求是史无前例的。因此，日本政府想借助TPP这一外部压力促进经济结构改革，特别是一直受政府巨额财政补贴和高度贸易保护的农业部门的改革，来提高产业的生产效率和国际竞争力，推进市场开放，扩大出口，拉动经济增长。

但是，美国的退出使得日本的TPP战略落空，也使得日本近几年为了加入TPP而做出的努力与牺牲失去意义。如今的TPP对于日本而言相当于鸡肋，而且日本也无力单独挑起TPP这一重担。美国离场之后的TPP协议，无论是从技术层面还是经济层面，都面临着巨大的困难。从技术层面看，根据之前12个成员国签署的协议，TPP必须经由6个以上成员国批准，并且它们的GDP总和必须占全体成员国的85%以上方可生效。而事实上，美国一国的GDP就占到整体的60%，其退出直接意味着协议无法满足生效条件。就目前剩余的11国来说，日本的GDP占比最高，而且经济实力相对较强的澳大利亚、新西兰两国支持日本继续推动TPP生效，但即便这三国的GDP相加，亦无法满足生效条件，所以修改协定必然需要提上日程。

从潜在的经济收益角度看，没有了美国的TPP对于包括日本

---

① 朴英爱、金香兰：《日本FTA政策变化及评价》，《现代日本经济》2014年第5期，第26页。

在内的其他成员国其实已经失去了吸引力。能使本国产品更多地进入规模巨大的美国市场，是 TPP 其他成员国在协议谈判中做出各种重大让步的最主要原因。而现在这一利益的落空，使得越南、马来西亚等发展中国家不仅很难全力追随日本继续推进 TPP，而且已经在最近的几次会谈中讨论修改美国退出之前的旧协议条款了。考虑到日本的市场规模远小于美国，且日本一直以来特别是在农业方面施行苛刻的产业保护政策，想要说服这些国家跟随自己力促 TPP 最终生效，恐怕并不现实。

2017 年 5 月 3 日，在加拿大多伦多召开的"跨太平洋伙伴关系协定首席谈判代表会议"闭幕。日本的首席谈判代表片上庆一在会后表示，会议就继续磋商以促使协定在不含美国的 11 国框架下生效已达成一致。然而，片上庆一同时表示，各国的分歧仍然较大，磋商面临困难。11 国产生分歧的主要原因是，若 TPP 的规模由 12 国缩小至 11 国，则其对拉动各国经济效应的影响将存在差异。马来西亚和越南由于无法通过 TPP 扩大对美国市场的出口，因此对这不含美国的 TPP 生效面露难色。但日本、澳大利亚等国对推动不含美国的 TPP 生效仍持乐观积极态度，一再敦促加强保护主义动向的美国特朗普政府再次认识到，力争确立亚太地区贸易与投资规则的 TPP 意义重大。

2017 年 7 月 12—13 日，在美国宣布退出后，参与 TPP 谈判的 11 国首席谈判代表在日本神奈川县箱根举行会议。日本计划发挥主导作用，推动 TPP 早日生效。尽管与会各国已就继续推进 TPP 达成了一致，但各参与国之间存在"温差"，在如何修改协议条款方面，各国都坚持保护自身利益。日本、澳大利亚和新西兰呼吁"最小限度修改条款"，特别是维持原有的关税减免水平，以确保协议稳定，避免因修改标准不一而使得谈判旷日持久，而马来西亚、越南等国原计划借参加 TPP 打入美国市场，因而在关税水平、外资限制等问题上做出了较大让步，而现在美国不参加TPP了，这些国家希望将这些让步收回，重新商谈条件。

　　在美国退出 TPP 后，其成员国曾多次邀请中国加入到 TPP 谈判中来，而中国也在慎重考虑 TPP 相关事宜，但是中国近期之内加入 TPP 的可能性并不大。随着中日关系的逐渐改善和中国大力推进"一带一路"建设，日本原本用 TPP 来对抗"一带一路"的策略已经走进死胡同，日本政府在面对"一带一路"倡议的时候该如何权衡其政治利益、经济利益以及安全利益，这是其首要考虑的问题。考虑到日本长期的强权依附性以及中国影响力的进一步提升，日本在未来有可能以更加合作的心态来看待"一带一路"倡议，在此过程中也不排除其融入亚投行以及其他合作框架的可能性。因此，日本在区域经济合作路径的选择上出现倒向中国的情况的可能性也是存在的。

第四章 太空安全与日本太空战略调整

太空以其在国家政治、经济、军事、科技、外交等各个领域中发挥的独特作用，使得太空安全成为国家安全体系中的重要组成部分。太空战略能够对国家战略的制定与实施产生巨大影响。作为新的战略空间，太空不属于任何国家和大国集团，每个国家都有自由进入和开发利用太空的权力。开发利用太空，不仅能大大拓展本国的战略空间，还能凭借太空优势在国际斗争中取得更多主动权。太空既是军事斗争的"制高点"，又是维护国家安全的"高边疆"。① 太空多极化格局正在形成，太空安全形势日趋复杂。

凭借雄厚的经济实力和强大的技术能力，经过半个多世纪的努力，无论是技术还是规模，无论是质量还是数量，日本都已经跻身世界太空大国行列。日本早已实现从小型火箭向世界先进水平的大推力火箭的跨越，成功研制出 K、L、M、J、N、H 等 6 个系列十几种运载火箭，成功发射气象与通信、地球观测、太空科学实验、外星探测以及用于军事情报搜集的间谍卫星等多种卫星。截至 2015 年 9 月 1 日，日本政府及民间机构发射成功的在轨卫星数量为 62 颗，仅次于美国、中国和俄罗斯，位列世界第四位，发射军事卫星（包括以"信息收集卫星"名义发射的侦察卫

---

① 周碧松著：《浩渺太空的竞相角逐》，军事科学出版社，2015 年版，第 97 页。

星、先进对地观测卫星）10 多颗，也位居世界前列。[①] 日本正不断加快太空产业的发展步伐，通过颁布和修订法律法规，加强统一领导和协调，推进国际合作尤其是日美合作，活用财政预算，发挥技术优势等措施，参与到激烈的国际太空竞争当中，争取在未来的太空秩序和太空规则构建中占得先机。

第一节　日本太空战略调整的背景与目标

冷战期间，美国和苏联两个超级大国在太空领域展开激烈竞争，在太空利益的刺激之下，日本不甘落后，也加入到探索太空的队伍之中。日本的太空开发具有起步晚、发展快的特点。1970年，日本首次成功发射人造卫星，拉开了太空产业发展的序幕。作为二战战败国，日本在太空领域的活动最初比较谨慎，但在政府的积极主导与美国的技术支持之下，经过数次太空开发体制改革，日本的太空事业取得了非凡成就。冷战后，日本欲成为"普通国家"，致力于实现"政治大国"的国家发展战略，作为子战略的日本太空战略的军事色彩大大加重。

一、发展需求与日本太空战略演进

二战结束后，日本遵循吉田茂首相"重经济、轻军备"的治国思想，经济走上快速恢复和发展道路。到 1968 年，日本国民生产总值已经跃升至仅次于美苏的世界第三位。依托高度发达的工业基础，其新兴的宇宙工业发展迅猛。以发射火箭为例，日本基本上是从零开始研发火箭，但只用了短短数年时间，日本就继美

---

① Union of Concerned Scientists, UCS Satellite Database, 1 September, 2015. http：//weap-ons/space-weapons/satellite-database. html#. VfS2j1IVhjo。

国、苏联、英国之后，成为拥有独立发射探空火箭能力的第四个国家。日本政府十分重视以火箭、卫星发射为代表的宇宙产业发展，将其作为重塑日本国际形象、促进经济发展的重要手段。

（一）日本太空开发的初创阶段（1955—1969）

1955 年，日本处于战后百废待兴的时期，在政府没有提供充足的科研经费的条件下，以东京大学教授系川英夫为代表的几位科学家，自己筹集资金研制并成功发射了探空火箭，揭开了日本太空开发的序幕。① 朝鲜战争爆发后，日本在时隔 7 年之后被允许重新生产航空飞机。在通产省和文部省的资助下，系川英夫开始设计航空火箭，以赶超世界先进航空技术。后来，系川英夫终止了航空火箭的研发，致力于研发"K 系列"宇宙火箭并取得重大技术突破。1958 年，"K-6 火箭"研制成功，其发射到达高度为 60 千米，日本因此成为国际宇宙航行联合会的会员。

在太空探索的初始阶段，日本一直把民用领域的和平利用作为唯一目的，太空研究主要由大学等民间机构的工作人员进行，得到国家民事部门的财政资助。在很长时间里，日本太空事业缺乏政府的统一规划和严格管理，研究体制极其松散。从行政部门来说，日本总理府、科学技术厅牵头草创了最初的太空研究体制。② 1960 年 7 月，日本总理府设置宇宙开发审议会。1956 年 5 月，日本科学技术厅成立。1959 年 7 月，该厅成立宇宙科学振兴筹备委员会。同年 8 月，该委员会发表日本第一个太空开发规划《当前宇宙科学技术开发规划》。1962 年 4 月，科学技术厅增设航空宇宙科，次年，航空宇宙科设置宇宙开发室。

---

① 1955 年 3 月 12 日，"日本火箭之父"系川英夫领导的东京大学航空技术研究班成功发射一枚长 23 厘米、直径 1.8 厘米、重 202 克，名为"铅笔"（Pencil）的小型火箭。

② 袁小兵：《日本太空事业发展探析》，《国际观察》2011 年第 6 期，第 55 页。

1955 年 7 月，岸信介内阁在总理府内设立航空技术研究所。
1963 年 4 月，航空技术研究所改名为航空宇宙技术研究所
（NAL），转归科学技术厅管理，主要研究火箭发动机技术。1964
年 7 月，科学技术厅成立宇宙开发推进总部，1969 年，宇宙开
发推进总部改称日本宇宙开发事业团（NASDA）。日本宇宙开发事
业团作为一家公司运营，其雇员不是国家公务员，同时接受交通
省、邮电省的指令和资助，主要负责研发远程遥感、通讯和气象
观测卫星及其运载工具，整体而言是为应用工程服务。① 同年，
东京大学在航空技术研究班的基础上成立了日本宇宙航空科学研
究所（ISAS）。隶属于文部省的宇宙航空研究所虽然本质上只是
一个大学研究机构，主要进行科学卫星及小型运载火箭的研究，
保有一定学术研究性质，但太空技术实力很强。从 1966—1969 年
的四年期间，宇宙航空研究所致力于发射日本第一颗人造卫星而
且经历了多次失败。至此，宇宙航空研究所、航空宇宙技术研究
所、日本宇宙开发事业团等主要太空研究机构组建完毕，成为日
本太空活动的核心机构。

（二）日本太空开发的发展阶段（1969—1994）

自 1969 年日本国会通过太空开发"非军事化"决议后，日
本太空事业基本遵循了"服务和平目的"这一准则，太空开发仅
限民用领域。仅限和平利用的太空开发利用符合当时追求和平的
广大日本人民的意愿以及和平宪法的要求。在 1969—1994 年的
25 年里，美国对日本的太空科研和技术开发提供了大量支持，日
本太空事业取得斐然成就，逐步跻身世界太空技术和太空科学一
流大国之列。但是，从 1969 年和 1991 年日美两国签署的合作协
定能够看出，日本太空事业的自主研发受到极大限制。

---

① 袁小兵：《日本太空事业发展探析》，《国际观察》2011 年第 6 期，第 56 页。

1969 年，日本与美国签订了一份协议，美国同意向日本转让有关运载火箭的不保密技术，同时禁止日本向外国出口火箭和卫星。① 从此，为提升自己的太空技术，日本开启了从美国公司引入运载火箭技术和卫星通信系统的战略。同年，日本宇宙开发事业团开始研制 N－1 运载火箭，美国的麦克唐纳·道格拉斯公司不仅提供大量技术援助，甚至还提供了 N－1 火箭所需的几乎所有硬件产品。1976 年，日本宇宙开发事业团开始研制 N－2 火箭，其制导系统等零部件仍主要来源于美国供应商。1978 年，日本发射了第一颗通信卫星，其中日本自产的零部件所占比例仅为24%，其余均来自美国福特公司。1978 年，作为首相太空政策常设咨询机构的宇宙开发委员会②，制定了日本第一部宇宙长远发展规划《宇宙开发基础大纲》，此后日本的太空开发始终按照大纲规定的指导方针进行。20 世纪 70 年代，在美国帮助下，日本很快提高了太空能力，并在自主研制卫星上开启了有益的尝试。

进入 20 世纪 80 年代，日本开始着力增强火箭和卫星的自主研发能力。由于 N－1 和 N－2 火箭的承载能力有限，从 1981 年开始，日本宇宙开发事业团开始研制 H－1 火箭。1986 年，H－1火箭首次搭载测地卫星"紫阳花"和无线卫星"富士"成功发射，这使得日本的太空能力登上一个新台阶。H－1 火箭全长 40米，直径 2.44 米，自重达 140 吨，可将 1 吨重的卫星送入地球同步转移轨道。H－1 火箭第二级发动机使用液氢液氧推进剂，实现了世界上首次再点火技术。从 N－1 火箭到 H－1 火箭，国产化程度不断提高，本国硬件软件的综合采用率由 53% 上升到 98%。

---

① 20 世纪 60 年代，日本以"太空外交"的名义向南斯拉夫、印度尼西亚等国家出口独立开发的固体火箭。由于固体火箭与弹道导弹技术上具有通用性，为防止弹道导弹技术扩散，美国与日本达成协议，美国向日本提供液体燃料火箭技术，日本停止出口固体燃料火箭。

② 宇宙开发委员会由 5 人组成，当时的科技厅厅长兼任委员长。

H-1火箭由于含有美国技术，参与国际发射市场竞争受到限制，为消除这种限制，同时也满足更大承载力的需要，1986年，日本开始研制H-2火箭。1994年2月，H-2火箭成功首次发射。H-2火箭是日本完全独立研制的大型运载火箭，能将4吨重的卫星送入地球同步转移轨道。1981年，日本发射了自主研制的第一颗通信试验卫星（ETS-Ⅳ）。1987年，日本研制和发射了第一颗遥感卫星——海洋观测卫星-1（MOS-1），用以为农业、林业和渔业提供大地图像、海洋颜色和海洋温度等信息。1989年，日本迫于美国压力放开国内通信卫星市场，为非日本供应商提供了实用型卫星的竞争机会，在此之前，日本国内的通信卫星市场几乎由本国供应商垄断，这对日本太空产业的竞争力带来巨大损害。

日本太空科学项目的主要负责机构之一，以发展小型固体运载火箭和中小型科学卫星为主的东京大学宇宙科学研究所①，于1970年2月11日成功发射日本第一颗人造地球卫星"大隅"号之后，又成功研发出"M"系列等多种小型固体火箭，在国际固体火箭领域占得一席之地。"大隅"号是一颗技术试验卫星，利用"L"系列火箭发射，而"M"系列火箭为日本发射了"桥""彗星""银河""曙光"等科学观测卫星。20世纪90年代初，日本宇宙开发委员会解除了宇宙科学研究所开发火箭直径不得大于1.4米的禁令，宇宙科学研究所开始研发大型固体火箭技术。②

在军用侦察卫星方面，20世纪70年代日本曾流露出构建独立间谍卫星系统的想法，但遭到美国拒绝。美国认为日本独立开

---

① 1981年，东京大学日本宇宙航空科学研究所更名为宇宙科学研究所。

② 1969年，宇宙开发委员会规定，东京大学宇宙航空科学研究所主要负责太空科学研究，研发火箭的直径不得大于1.4米。宇宙开发事业团主要负责太空开发和应用，研发火箭的直径不得小于1.4米。这样规定的目的在于避免两个机构开发内容出现交叉和重复。

发间谍卫星对于打赢冷战意义不大，且日本当时的火箭和卫星技术严重依赖美国。日本所需的太空情报只能从美国购买，而且购买的卫星照片只能用于商业目的，这不仅花费巨大，而且可靠性和时效性都得不到保证。[①] 但日本并未放弃对军用卫星的追求，防卫厅内部始终在进行论证以及做一些基础准备工作。1984 年，日本防卫厅通过和其他部门合作，培训出一批军事卫星图片判读人员。1985 年 2 月，中曾根内阁发布"政府见解"，允许自卫队利用普通应用功能的卫星，而限定在普通应用功能范围内的卫星，包括通讯卫星、气象卫星、定位卫星和情报收集卫星，发射侦察卫星获得许可。[②] 日本发射侦察卫星获得允许后，日本发射卫星的功能性更加强，可用于情报搜集，但情报搜集依然限于民用范围。[③]

（三）日本太空开发的低潮阶段（1994—2008）

从 1994—2008 年的十多年间，日本的太空事业取得了一定进展，自主研制了 H - 2、H - 2A 火箭和国际空间站的实验舱并启动了侦察卫星计划。H - 2 运载火箭由日本独立开发和生产，是世界上第一枚两级推进器均使用液氢液氧燃料的火箭，具有双星发射能力。它全长 50 米、直径 4 米、总重 260 吨，有效载荷分别为近地轨道 10 吨、地球静止轨道 2 吨、地球同步转移轨道 4 吨。H - 2A 火箭引入了通用化、模块化、标准化的火箭开发最新理念，大幅提高了综合发射能力，其整体水平与当时欧洲的"阿丽亚

---

① 陈家光：《日本"宇宙基本法"军事意图愈加明显》，《国防科技》2007 年第 3 期，第 83 页。

② 首相官邸：『宇宙基本計画 平成 25 年 1 月 25 日 宇宙開発戦略本部決定』、http：//www. kantei. go. jp/jp/singi/utyuu/pdf/250125/keikaku. pdf（2017 - 08 - 25）。

③ 内閣府：『宇宙基本法（平成二十年五月二十八日法律第四十三号）』、http：//law. e-gov. go. jp/htmldata/H20/H20HO043. html。

娜-3"、美国的"大力神-3"、俄罗斯的"质子-M"大致相当。[①] 2003年，日本成功发射小行星探测器"隼鸟"号，实现了人造航天器首次在月球以外的星球着陆。2010年，在太空总行程超过60亿千米的"隼鸟"号如期返回地球并带回了小行星上的岩土样本。2007年9月14日，日本成功发射由三菱重工业公司负责研制的探月卫星"辉夜姬"（也称"月亮女神"），成为继美苏之后第三个成功发射月球探测器的国家。"辉夜姬"由主环绕器和两枚子卫星构成，担负着继美国"阿波罗"号登月之后最大规模、最复杂的月球探测任务。

与此同时，日本的太空开发也连续遭遇挫折，卫星和运载火箭发射事故频发，日本太空事业的发展步伐受到严重影响。1993年12月，一颗地球资源卫星由于致冷器故障导致失效。1994年8月，H-2火箭将工程试验卫星"菊花6号"（ETS-6）送入地球同步转移轨道后，卫星远地点发动机发生故障，导致其未能进入预定的地球静止轨道。1995年2月，用于收集高超音速数据以验证可重复使用航天飞机的小型飞行器"HYFLEX"在海上回收失败。1996年8月，一颗先进地球观测卫星在发射入轨10个月后由于太阳能电池故障失去工作能力。1997年，另一颗先进地球观测卫星的太阳能帆板解体导致卫星失效。1998年，H-2运载火箭发生故障未能将通信广播卫星送入预定轨道。1999年11月，H-2火箭再次发射失败，损失了一颗多功能运输卫星。1999年12月，日本决定取消H-2火箭最后一次发射，并推迟推出H-2A火箭。2000年2月，东京大学宇宙科学研究所研制的M-5火箭发射天文卫星"Astro"失败。2001年8月，H-2A首次发射并获得成功，2002年2月的第二次发射取得部分成功。此后，H-2A

---

① 袁小兵：《日本太空事业发展探析》，《国际观察》2011年第6期，第57、58页。

火箭又进行了两次发射，分别是 2002 年 12 月搭载 ADEOS – 2 卫星和 2003 年 3 月搭载日本第一对军用侦察卫星（日本"全球信息处理系统"的首颗光学卫星和首颗雷达卫星）。这两次发射虽然都取得了成功，但 ADEOS – 2 卫星在大约一年之后与地面失去联系。2003 年 11 月，H – 2A 火箭搭载第二对侦察卫星发射时遭遇失败。这次失败给日本带来沉重打击，日本不得不暂时中止 H – 2A 火箭的发射。2003 年 12 月，日本首次发射"希望"号火星探测器，但"希望"号最终未能成功进入火星预定轨道，此次火星探测以失败告终。

日本太空设备发生事故的原因很多，涉及火箭、卫星研发的多个领域，包括致冷器、发动机、太阳能电池、通信系统以及固体火箭推进器等，但至今未发现某一个技术问题导致重复发射失败的案例。这反映出日本发射的火箭和卫星等在质量控制上存在问题。因此，在火箭发射和卫星制造方面，日本公司在国际市场的竞争中难以取得优势地位。日本政府仔细分析了事故频发的原因，将其归结为内阁两个省厅（文部省、科学技术厅）分别领导太空开发、各自为政导致管理分散的弊端，并进行了小规模体制改革。2001 年，文部省与科学技术厅合并为文部科学省。2002 年 12 月，日本通过《宇宙研发机构法》。根据该法，2003 年 10 月 1 日，原宇宙科学研究所（ISAS）、航空宇宙技术研究所（NAL）、宇宙开发事业团（NASDA）合并成立日本宇宙航空研究开发机构①，由文部科学省管理，宇宙开发委员会负责监督。按照日本太空开发"仅限和平目的"的规定，该机构在名义上只能进行太空科学研究以及非军事活动。内阁府新设综合科学技术会议及宇

---

① 日本宇宙航空研究开发机构（Japan Aerospace Exploration Agency，简称 JAXA），是具体执行日本太空开发政策的独立行政法人，业务主要包括研究、开发和发射人造卫星，行星探测以及登月工程等。

宙开发利用专门调查会，后者接替原宇宙开发委员会的工作。[①]
宇宙航空研究开发机构的成立是此次体制改革的最大成果。[②] 但
是，仅对研发机构进行改革是远远不够的，日本各界开始酝酿重
新制定太空计划，为《宇宙基本法》的出台和大规模太空管理体
制改革进行了前期论证与铺垫。

　　特别值得一提的是，在这一时期，日本在军事侦察卫星系统
构建上实现突破。1998 年，朝鲜借发射"光明星"卫星名义发射
"大浦洞"导弹，日本各界强烈要求日本发展独立的间谍卫星系
统并提高针对朝鲜导弹的情报能力。日本政府以朝鲜导弹对日本
安全构成威胁为由决定发射间谍卫星。1999 年，日本提出间谍卫
星计划，内阁设立"卫星信息搜集委员会"负责该计划的具体实
施并向拥有太空业务的相关省厅下达了任务：科技厅负责研制卫
星系统和发射，通产省负责研制合成孔径雷达，邮政省负责研制
数据传输系统。2001 年，内阁成立"卫星情报中心"，专门负责
管理间谍卫星，监视朝鲜导弹发射设施的动向。2003 年 3 月 28
日，日本首次同时发射一颗光学侦察卫星和一颗雷达侦察卫星。
2003 年 11 月，日本再次发射两颗间谍卫星失败。2006 年 9 月，
日本第三颗光学成像侦察卫星成功升空。受和平利用太空原则限
制，日本政府一直没有公开承认这些卫星为"侦察卫星"，也未
遵守国际公约在联合国进行注册。这三颗间谍卫星使用在民用领
域已经普及的技术，识别能力与民间商业卫星持平。尽管如此，
这三颗卫星的成功发射为 2008 年《宇宙基本法》解禁军事利用

---

① 袁小兵：《日本太空事业发展探析》，《国际观察》2011 年第 6 期，第 56 页。

② 合并后的 JAXA 主要设施包括：种子岛宇宙中心和内之浦宇宙空间观测所 2 个卫星发
射基地，种子岛、筑波、角田 3 个太空研发中心，调布航空宇宙中心，相模原营地，能代多目
实验场，大树航空宇宙实验场，以及负责卫星电波跟踪与测控的埼玉县地球观测中心等。参
见 Steven Berner：JAPAN'S SPACE PROGRAM：A FORK IN THE ROAD？RAND National Security
Research Division，www. rand. org/pubs/technical_reports/2005/RAND_TR184. pdf.

太空打下了基础。拥有独立、高解析度的侦察卫星系统后，日本可以减轻在太空情报方面对美国的依赖程度，避免受制于人，还可以用自己卫星拍摄的照片来验证美国的情报是否准确，并为将来发展预警卫星和导航卫星作了技术准备。[①] 为规避和平宪法对于军事利用太空的限制，日本以周边国家万一发生意外或自然灾害时可以提供图像为借口，掩饰其发展太空高技术为军事服务的真实目的。然而，从严格意义上讲，直至 2008 年《宇宙基本法》出台以前，防卫省和自卫队进行宇宙开发利用都是违法的，内阁总理大臣也无权批准与防卫相关的宇宙开发利用计划。[②]

（四）日本太空开发的勃兴阶段（2008 年以来）

随着太空军事价值和经济价值的日益体现，越来越多的国家将太空作为复苏和崛起的新机遇。为抢占太空开发利用的先机，统筹太空安全、合作以及外交政策，各国纷纷进行太空立法，并大力推进太空的商业化以及军事化。日本舆论认为，日本太空事业的发展受到"非军事化"决议的限制，这对国家利益不利，呼吁对太空开发进行立法并进行太空管理体制改革的声音越来越高。2008 年 5 月 9 日，日本众议院第 169 次会议通过了《宇宙基本法》，为日本实现军事利用太空、解决太空管理体制中存在的问题并振兴太空产业奠定了法律基础。根据该法的立法精神以及基本理念，日本又陆续制定了三部《宇宙基本计划》以具体指导太空政策与实践。以《宇宙基本法》的实施为转折点，日本政府通过调整组织机构、制定相关法律法规等手段对太空战略进行了重大调整。此后，日本太空开发进入稳步发展的新阶段，许多关

① 陈家光：《日本"宇宙基本法"军事意图愈加明显》，《国防科技》2007 年第 3 期，第 83 页。

② 王存恩：《日本"防卫航天开发利用基本方针"制定始末》，《国际太空》2015 年第 6 期，第 14 页。

键性技术获得突破，在火箭发射、导航卫星系统构建等方面取得长足进步。2009 年，日本成功研制出长 56.6 米、重 530 吨的 H－2B 火箭。H－2B 火箭是 H－2A 火箭的升级版，同样采取液氧和液氢为推进剂的二级设计，低轨道发射能力 16 吨，地球同步转移轨道发射能力 8 吨，代表了当今世界大型运载火箭的最高水平。2009 年，耗资 6.8 亿美元的日本第一艘太空货运飞船"鹳"号成功将货物运送至国际空间站。[①] 2010 年 5 月 21 日，日本成功发射金星探测器"晓"号和世界第一艘宇宙帆船"伊卡洛斯"号，并同时搭载发射 4 颗小卫星。"晓"号探测器是日本的首个金星探测器，由日本宇宙航空研究开发机构和日本三菱重工业公司联合研制。"伊卡洛斯"号担负着人类首次无需燃料的太空飞行的使命，它不携带任何燃料，航行完全依靠太阳光照射在薄膜帆上产生的推动力。[②] 2011 年，"鹳"号再次携带 5.3 吨的货物前往空间站并完成对接工作。2014 年 12 月 3 日，日本利用大型运载火箭 H－2A 成功发射了"隼鸟"2 号小行星探测器，火箭同时携带了九州工业大学等制造的 3 颗小型卫星。2015 年，日本在金星探测领域取得重大突破，"晓"号金星探测器成功实现环绕金星探测，成为继美国、俄罗斯和欧洲之后世界上第四个实施金星探测的国家。在此之前，"晓"号已经在太空飞行了 5 年之久，本次是通过辅助推力器点火制动后成功进入金星椭圆型环绕轨道。"晓"号在轨运行状态良好并向地球发回多幅金星图像。[③]

---

① 2009 年 9 月 18 日，"鹳"号与国际空间站对接成功，运送了 7 个实验台、"希望"号实验舱保管台以及其他空间站所需外部实验装置等共约 4.5 吨物资。

② "伊卡洛斯"号太空帆船上安装的薄膜帆由可自由调节光反射的特殊树脂材料制成，可用于卫星的加减速及改变方向。薄膜帆的边长达 14 米，但厚度只有头发直径的 1/10，重量仅为一枚硬币的 1/5。

③ 卢波：《2015 年全球空间探测发展回顾》，《国际太空》2016 年第 2 期，第 17—21 页。

二、大国博弈与日本太空战略调整的背景

日本认为，太空开发领域的国际形势正在发生巨大变化。太空是国家重大利益之所在，随着太空技术的快速发展，各国在太空领域的竞争也日趋激烈，竞争结果将最终影响各国的前途命运。美国、俄罗斯、欧盟等发达国家和大国集团以及印度等新兴国家都在积极推进太空开发利用，发展中国家考虑到宇宙开发对于国家安全和防灾预警等领域的作用，发射人造卫星的数量也在不断增加，这让日本感到太空开发利用的紧迫性。[①] 各大国都将发展太空能力作为重要战略选择，纷纷发布和修订自己的太空战略，以指导本国太空事业发展，获取太空战略优势。太空这一战略"高边疆"正在成为各国探索和利用的新高地。从直接和现实影响因素看，日本认为朝鲜的核扩散和导弹开发对其构成最直接的现实威胁，中国的军事崛起和军力快速增强逐渐对其形成现实威胁而且威胁程度正在增加。[②]

（一）国际太空开发"军事化"

太空是一个带有极强军事色彩、极高军事价值的领域，强大的太空作战能力能够增强国家的战略威慑能力，达到"不战而屈人之兵"的效果。随着人类活动进入太空，人类社会与太空的联系越来越紧密，世界各国的军事力量也向太空领域扩张并企图夺取制天权。国家间太空竞争日趋激烈，各国卫星被广泛用于军事目的，以支持与加强本国的军事作战能力。[③] 太空造福人类的同

---

① 包霞琴、杨雨清：《浅析安倍内阁的宇宙战略和宇宙外交——基于安倍内阁两部宇宙基本计划的解读》，《中国周边外交学刊》，2016 年第 1 期，第 271—272 页。

② 王志坚著：《战后日本军事战略研究》，时事出版社，2014 年版，第 145 页。

③ 凌胜利：《太空治理与中国的参与战略》，《国际问题研究》，2015 年第 3 期，第 125 页。

时，也成为新的军事竞争制高点。尽管 2004 年第 59 届联合国大会通过决议，要求各国采取行动避免太空军备竞赛和太空武器化利用，但太空运行着的各种高科技装置有一半以上是用于军事目的，世界各国实施的太空战略正在甚至已经改变了战争形态。太空的军事化趋势日趋明显，各种太空武器陆续登场，各大国纷纷着手组建自己的太空作战力量以应对潜在的太空冲突。

美国一直在根据实际情况调整太空战略以巩固其太空霸权地位和全球领导地位。美国从国家安全这一战略高度筹划太空开发利用，推行太空威慑战略[①]，维持太空的安全与稳定，确保美国在太空保有技术优势并且能够凭借这种技术优势获得更多战略优势。早在 1955 年，美国国家安全委员会就通过第 5520 号决议，将太空安全定性为美国国家安全的核心。时任美国空军参谋长托马斯·D. 怀特说："拥有制空权的国家控制着大气层以下的陆地和海洋，未来拥有控制太空权的国家可能将控制整个地球。"[②] 1999 年，美国国防部颁布"国防部太空政策"指出，拥有进入和利用太空的能力是美国重要的国家利益。"国防部太空政策"还首次提出"太空威慑"概念，认为太空力量对于美国武装力量威慑态势的形成具有整体性影响，即使威慑失效，太空力量也能够对美国军事力量的总体效能做出贡献。[③] 美国还积极推进太空作战能力建设，自 2001 年起，美国持续实施"施里弗"军事演习，用以验证美国太空作战理论和检验太空装备效能。

---

① 太空威慑是指以强大的太空力量为基础，通过威胁使用或实际使用太空力量来震慑和遏制对手。太空威慑是太空技术发展的产物，是继常规威慑、核威慑之后的又一种威慑形式。太空威慑具有常规威慑和核威慑不具有的优势，能够影响和制约常规威慑和核威慑效果的发挥。参见周碧松著：《浩渺太空的竞相角逐》，军事科学出版社，2015 年版，第 98 页。

② General Thomas D, White, Chief of Staff, United States Air Force, "Perspective at the Dawn of the Space Age", speech at the National Press Club, 1957.

③ 周碧松著：《浩渺太空的竞相角逐》，军事科学出版社，2015 年版，第 98 页。

　　俄罗斯同样将太空力量作为维护俄罗斯大国地位的战略威慑力量。俄罗斯高度重视太空安全，注意保持在太空领域的技术领先地位。俄罗斯始终将太空军事发展置于国家安全战略的优先位置，以"空天防御、攻防兼备"的俄军能力建设应对太空军事化，着力打造了一支集防空防天于一体的空天军事力量。俄罗斯最重要的国家安全战略规划文件《俄罗斯联邦军事学说》多次强调军事利用太空在国家安全与发展中的不可替代性。在经济实力与常规军事力量无法与以美国为首的北约相抗衡的情况下，俄罗斯更加注重发挥太空传统军事优势。俄罗斯在太空战略的实施过程中，始终坚持确保俄罗斯太空技术处于世界先进水平，在太空开发利用领域保持领先地位的战略目标。在推进太空事业快速发展过程中，俄罗斯非常注意太空计划制定的前瞻性与预见性，重视对于未来太空竞争具有决定作用的军用卫星、反卫星武器、核动力发动机、超重型运载火箭等项目，希望凭借在太空领域的技术、军事优势保护国家安全并支撑俄罗斯再度崛起。

　　欧洲国家作为传统的经济军事强国，在太空领域已经具备雄厚的技术储备和基础设施。欧洲国家十分重视强化太空战略优势，推动太空战略产业发展，以牢固的太空工业与技术基础来确保太空优势并推进太空产业的可持续发展。欧盟委员会在《欧洲太空战略》中提出，要增强欧洲在安全环境下利用太空的自主性，确保欧洲太空基础设施受到保护且具有快速恢复能力，提升欧盟国家的太空监视和态势感知能力。

　　面对日益严峻的太空安全形势和太空军事竞争，在太空领域实力相对落后的其他国家也在积极行动。印度非常重视发展太空事业，一直在推进火星探测和载人航天计划。印度大力推进军民两用火箭技术研发，着力打造军民两用、平战结合的太空实力。1994 年，印度首次成功发射极地卫星运载火箭，该火箭同时使用固体和液体两种燃料，四级设计，发射能力超过 1 吨。2001 年 4 月，印度利用配备低温发动机的新型运载火箭成功将自重达 1.5 吨的试验通信卫星送入太空，实现了太空技术的跨越式发展。印度还成功将一个返回式太空舱送入太空，为实现载人航天积累了重要经验。印度提供国际卫星发射业务，参与市场竞争。2007 年 4 月，印度用自行研制的极地卫星运载火箭成功为意大利发射了一颗重 352 千克的卫星，这是印度发射的第一颗商业卫星。此外，决心成为军事强国的印度正在筹划成立空天司令部，组建太空情报网，以探索太空和抵御来自外太空的袭击。印度空军未来将向太空发展，升级成为天军，作战范围由空中扩大到太空。

（二）美国支持日本太空开发

日本太空探索的曲折发展过程中，美国因素始终存在，而且是影响日本的最大外部因素。和其他领域类似，在太空领域日美两国也处于不同的层级和水平，美国优势明显。多年以来，美国一直大力支持日本进行太空开发，两国太空合作是"美主日从"的关系。

日美太空合作始于冷战时期，分民事及安全两个领域进行，呈现出起步早、提速快的特征。在以美国为首的北约与以苏联为首的华约两大政治军事同盟进行冷战和两极对峙格局下，太空成为美苏争夺的重点领域。在制太空权理论的主导下，争夺对太空的军事控制成为冷战对峙的重要内容。作为美国的重要盟国，日本的太空发展因此得到了美国的容忍和支持，尽管这种容忍和支持有所保留。[①] 1967 年，日美两国发表《关于探讨两国合作开发太空可能性》的共同声明，日本要与美国进行太空合作，引进美国技术。1969 年，日本首相佐藤荣作与美国总统尼克松会谈后签

---

① 袁小兵：《日本太空事业发展探析》，《国际观察》2011 年第 6 期，第 59 页。

署《日美联合公报》，表示日美将继续深化太空合作。此后，日本积极参与美国国家航空航天局（NASA）主导的国际空间项目，获得大量关于运载火箭、卫星等的太空技术。1979 年，美国国家航空航天局（NASA）与日本航空宇宙技术研究所（ISAS）就建立"常设高级联络组"达成协议，两国将在遥感、科学观察等 17 个项目中展开合作。冷战结束后，美国并未停止与日本的太空合作。1994 年，日美双方达成在旨在获得全球环境变化数据的科学遥感系统展开合作的协议，两国将共同研发先进地球观测卫星。1998 年，日本在卫星导航领域同美国展开合作，两国签署了"合作使用 GPS 的联合声明"，并定期召开 GPS 协商会。[①] 同年，日本还就民用国际空间站合作与美国国家航空航天局达成谅解备忘录。[②]

　　此外，为了解决过分依赖太空系统带来的"安全脆弱性"问题，美国需拉拢日本分摊风险。同时，为了引导国际社会制定符合美国利益的太空治理规则，排除中国在太空的影响力，美国也要积极拉拢日本。长期以来，美国大战略中一个不变的教条是：美国不允许出现任何挑战其霸权的国家。[③] 中国是发展潜力最大的新兴国家，美国是全球唯一的超级大国，美国认为中国是最有资格和能力挑战美国霸权的国家。美国人笃信"历史先验论"，不相信历史中西方大国崛起过程中没有出现过的事物。[④] 在这种僵化思维的引导下，美国一定会阻止中国成为挑战者。因此，美国不断在军事层面为日本太空军事化松绑，除加大对日本导弹防

---

① 赵爽：《盘点各卫星导航大国间的国际合作》，《国际太空》2014 年第 3 期，第 28—29 页。

② 张景全、程鹏翔：《美日同盟新空域：网络及太空合作》，《东北亚论坛》2015 年第 1 期，第 88—89 页。

③ 庞中英著：《全球治理与世界秩序》，北京大学出版社，2012 年版，第 245 页。

④ 王帆著：《美国的东亚政策》，社会科学文献出版社，2016 年版，第 80 页。

御系统建设的支持力度以外，还不断提升太空领域的情报合作水平。

（三）中国太空开发迅猛发展

1970 年 4 月 24 日，中国第一颗人造地球卫星"东方红一号"发射成功，中国人探索太空、和平利用太空的大幕徐徐拉开。1999 年 11 月 20 日，中国新型"长征"运载火箭成功发射"神舟"号试验飞船，次日飞船被顺利回收，为载人飞行奠定坚实基础。2003 年 10 月 15 日，宇航员杨利伟乘坐"神舟五号"载人飞船在太空飞行 14 圈，完成各项科学试验任务后，次日在内蒙古安全着陆，圆满完成中国首次载人宇宙飞行任务。中日两国太空事业几乎同时起步，但中国发展太空事业的基础比日本差很多。两国选择了不同的太空发展道路，但都取得了不错的成绩。若两国综合比较发展结果的话，中国占据一定优势，尤其在火箭发射领域。在火箭的可靠性、发射成功率、发射成本以及经验方面，中国优于日本。中国火箭发动机推力大、可靠性高，日本难以达到这样的技术水准。中国的"长征"系列火箭以低发射成本、高成功率驰名海外，在世界商业火箭发射市场上占据 10% 以上份额。[1]在卫星技术上，两国各有所长。日本长于研发和制造气象卫星和大型通信卫星，而中国长于返回式遥感卫星和地球资源卫星。在返回式卫星技术上，中国卫星回收成功率是 100%，这一点可以傲视全球，连美国、俄罗斯都难以做到。在载人航天领域，中日两国都付出了自己的努力。与日本借助美国和俄罗斯的宇宙飞船将本国宇宙员送上太空参与太空科研不同，中国由于在国际太空合作上饱受歧视性待遇，只能走完全自主知识产权的道路，在悉

---

[1] 在国际火箭发射市场，欧洲的"阿里安"火箭占据 60% 以上份额，美国的"宇宙神"和"德尔他"火箭占据 20%，俄罗斯的"质子号"占据 10% 左右。

心培养本国宇航员的同时，一步一个脚印，加紧研制"神舟"系列宇宙飞船。中国载人航天几乎是从零起步，"神舟"飞船先经过无人试飞和动物试飞，确保一切无虞后才进行载人航天并一举成功，成为世界上第三个用国产火箭和国产飞船将本国宇航员送入太空的国家。日本尽管已经有多位宇航员在太空长期活动，在国际空间站计划中也占有一席之地，却始终没能掌握载人航天的自主发射手段和成熟的运载工具。

中国在太空领域取得的一系列卓越成就，令日本十分焦急与不安。日本军事评论家野木惠一认为，中国尽管是白手起家、自力更生，但是进步迅速、成果惊人，现在已经发展成为仅次于美国、俄罗斯的世界第三大太空开发利用国。中国重视并进入了几乎所有太空科技领域，尤其是独立的卫星定位系统和海洋监视卫星。[①] 日本认为，中国一直在强力推进军事现代化，在钓鱼岛周围反复"侵犯"日本领海，日本的安保环境愈发严峻。2007 年，中国成功进行了用导弹摧毁人造卫星的试验，不仅在海洋和空中，在太空给日本和国际社会带来的军事威胁也在不断增加。[②] 在提出强化制海权与制空权之后，中国正在酝酿获取"制太空权"，日本必须通过强化太空安全保障来提升对中国海洋活动的监视能力。关于应该如何应对中国在太空领域的快速崛起，日本国内存在大量争论，但争论的焦点并非要不要利用太空发展军事力量的问题，而是如何利用的问题。[③] 因此，发展太空军事力量以应对中国太空"军事压力"成为日本太空战略调整的重点。

---

① 野木惠一：『中国の軍事宇宙開発』，『軍事研究』2015 年 2 月号。

② 李秀石：《安倍内阁"重启"日本宇宙战略——从和平研发技术到"军事利用宇宙"的演变》，《国际观察》2005 年第 1 期，第 72 页。

③ Manuel Manriquea, "Japan's Space Law Revision: The Next Step Toward Re-Militarization", Jan. 1, 2008, http://www.nti.org/analysis/articles/japansspace-law-revision/.

三、大国地位与日本太空战略调整的目标

(一) 实现军事利用太空

日本一直在谋求摆脱战后确立的"专守防卫"体制，早日实现国家地位的"正常化"和武装力量的"军队化"。在太空已经成为国家间竞争的第四空间的背景下，太空技术的军事利用能够直接提升日本整体军事能力与强化日本安全保障。成为"军事大国"是日本国家既定发展目标，实现军事利用太空必然成为"军事大国"的题中应有之意。但是，二战结束后，在美国主导下，作为战败国的日本被禁止研究开发一切航空器。美苏冷战和朝鲜战争等因素促使美国逐渐改变了对日政策，日本被拉入西方阵营。《旧金山和约》签署后，美国有条件归还了日本太空开发利用的权力，但只限于民事领域，不能用于军事。在 2008 年之前，日本的太空政策表面上也确实规定禁止将太空用做军事用途。

作为现代化战争的信息平台，太空军事设施能够提供精准的导航定位、高分辨率的遥感图像、准确的天气数据、及时的导弹预警情报以及大容量的通讯能力等，发挥保障决策、服务打仗的作用。随着时间的推移，以太空为战场，以太空威慑为主要手段，以反卫星作战、反空间站作战、反导作战为主要作战样式的天战可能会很快出现。太空的作用正由战略支撑向作战战场转变，未来，国家间大规模战争一旦爆发，战火很有可能蔓延至太空。控制太空的进出、夺取制天权将成为取得战争主动权和夺取战争胜利的关键。因此，日本认为，必须调整政策以实现军事利用太空，发展太空军事装备，提高太空对抗能力，满足国家安全和军事扩张对于太空的需求，为确保打赢未来战争奠定基础。此外，日本大力推进宇宙开发利用，加快发展和充实太空军事力量，能够提高对地区局势和周边竞争对手的军事战略与战术自主

应对能力，摆脱对美国太空情报的依赖。① 日本是美国在亚洲的军事盟国，在同盟框架下，日美两国表面上是平等关系，但囿于实力上的巨大差距，实际地位并不平等。在太空情报方面，日本只能购买美国时效性非常差的商业卫星照片，难以应付突发事件，不能确保国家国民安全。日本如果拥有独立的、高分辨率的侦察卫星网络以及军用通信卫星、预警卫星，就能减轻对美国情报的依赖，在外交和防卫政策的制定上也能更加灵活。

（二）掌握太空开发高端技术

实现并保持本国太空技术对国外技术的优势地位是日本太空战略调整的目标之一。技术上的主导性与先进性能够使日本在太空产业竞争中保持一定的议价力和竞争力。太空技术是一门综合性很强的高技术，集天文学、气象学、物理学、化学、数学、电子技术、自动化技术、遥感技术、计算机技术等众多学科与技术于一体。开发利用太空，实施太空战略，能够极大推动这些学科领域和技术的发展，拓展人类对自然的认知。

二战结束以来，日本一直倡导科技立国，这是日本取得经济快速复苏并取得跨越式发展的法宝之一。在太空领域也是如此，日本将太空技术看作是与国家利益紧密相关的战略性技术，无论是民间还是官方，都在积极推进太空的开发利用。研究太空领域的尖端技术，确保太空技术的成熟度，能够加强日本太空开发利用的自主性，扩大太空开发利用的领域，确保在亚太地区太空领域的主导地位，提高日本国际知名度并巩固其大国地位。在太空领域日本虽然起步较晚，经费预算也并不十分充足，但经过多年积累以及众多科研人员及企业界的共同努力，加之与美国进行太空技术合作，其太空技术在诸多领域已经接近甚至领先世界先进

---

① 王志坚著：《战后日本军事战略研究》，时事出版社，2014年版，第152页。

技术水平，与先进国家的整体差距正在减小。日本太空技术存在的短板之一是实证经验不足，比如 H－2A 火箭，其技术性能属于国际先进水平，但需要更多的发射经验以提高其可靠性和安全性。

（三）促进太空产业快速发展

引入国内私营资本，加速太空商业化开发，促进太空产业快速发展是日本太空战略调整的又一重要目标。太空不仅是国家安全的关键，而且是经济增长和能源供应的关键。[①] 在太空开发领域，日本的思路大致是，首先通过自主研发或者国际合作提升太空技术以期达到世界领先水平，然后力求降低成本，参与国际商业竞争，逐步步入太空经济的正常轨道。然而，日本虽然在太空科技方面取得诸多成果，但在太空产业方面却远远落后于其他太空大国。长期以来，日本政府以宇宙航空研究开发机构（JAXA）、三菱重工业公司等为依托，实施了大推力运载火箭、科学实验卫星、国际空间站等技术的开发与利用，在国际上取得较高知名度，但这些成果未能与提升太空产业竞争力、拉动日本经济实现完美结合。

日本太空产业发展相对缓慢，究其原因大致有以下几个方面。首先，1969 年国会对和平利用太空解释为非军事利用太空，而随着越来越多的国家推进太空军事利用，日本逐渐按捺不住，认为本国宪法和国会决议对"军事利用太空"的禁令是自缚手脚，缺乏军事应用计划的太空产业是不合理、不健全的，直接阻碍了日本太空产业的快速发展。其次，在 20 世纪 80 年代末，日美两国的经济关系紧张，贸易摩擦日益升级，在美国制裁的压力

---

① ［美］丹尼尔·格雷厄姆著：《高边疆——新的国家战略》，张健志译，军事科学出版社，1988 年版，第 12 页。

下，1990 年，日美两国签订《卫星购买协议》，规定日本开放
"非研发用途卫星"采购市场，要求日本在开放透明、公平公正
和非歧视的基础上进行国际卫星交易。在该《协议》规定下，只
有"科研用途卫星"不属于竞标范畴，无奈之下日本只能将几乎
所有资源投入到研发卫星上以保持技术优势，缺乏实证经验的日
本太空产业在竞争激烈的卫星商业利用方面难以取得优势。再
次，在日本的太空政策中，缺乏对私营企业参与太空事业的计划
性引导，未建立起明确的太空产业市场准入制度，导致国内私营
企业缺乏积极性，投资者对太空产业信心不足。此外，原有太空
管理体制中僵化的人事任命以及有限的财政预算也严重制约着日
本太空技术和太空产业的进一步发展。预算、技术体系均侧重研
发和科学实验，在实践验证和标准化方面投入较少，加之安全审
查手续严格，难以满足太空用户提出的成功率高、交货期短、质
量可靠、报价合理等要求。

第二节　日本太空战略调整的政策与实践

2008 年以来，日本太空产业逐渐进入稳步发展阶段，许多关
键性技术取得突破，军事利用太空的愿望得以实现。这与日本政
府修订法律、合理制定太空开发利用计划、大力进行太空管理体
制改革等举措不无关系。日本政府通过颁布《宇宙基本法》《宇
宙基本计划》等法律法规和其他相关政策文件，成立由内阁首相
担任本部长的宇宙开发战略本部，统一部署全国太空计划，使日
本的太空战略实现与所谓"国际标准"接轨，日本的太空事业呈
现出蓬勃发展趋势。

一、改革太空管理体制

日本太空领域长时间存在多机构并存、各自为政、单独制定并实施太空政策的状况，各部门各机构难以整合形成合力。为改变这种状态，在 21 世纪初日本曾进行过一次小规模的太空研发体制改革。这次改革虽然在优化管理方面取得了一定效果，但日本太空体制依然是内阁府主要负责制定政策、文部科学省主要负责研发，多省厅、多部门共同管理的体制。因此，制定一部统领全国太空事业的基本法，进一步推进太空管理体制改革就成为日本政府太空战略调整的重要内容。

（一）制定《宇宙基本法》与《宇宙基本计划》

2008 年 5 月 21 日，日本政府颁布了《宇宙基本法》。该法全文由 5 章及附则构成，分为总则（第 1 条）、基本措施（第 2—23 条）、宇宙基本计划（第 24 条）、宇宙开发战略本部（第 25—34 条）、关于宇宙活动的法制建设（第 35 条）及附则 6 个部分。其主要内容包括：删除太空开发"仅限和平利用"的表述，取消"非军事"承诺，为军事利用太空打下法律基础。成立由内阁总理大臣担任本部长的宇宙开发战略本部，强化内阁对全国太空事业的统一领导。规定太空开发利用由"以研发为主导"转变为"以满足应用需求为主导"，加快太空产业发展。

按照《宇宙基本法》第 3 章第 24 条的规定，宇宙开发战略本部必须制定一部能够确定推进太空开发利用的基本方针和对策的《宇宙基本计划》。《宇宙基本计划》中制定的措施，原则上必须确定所要实现的目标和达成目标的时间期限。[①]

---

① 内阁府：『宇宙基本法（平成二十年法律第四十三号）抄』、http：//www8. cao. go. jp/space/pdf/keikaku/hou24. pdf。

2009 年 6 月，麻生内阁制定了日本太空开发史上第一部《宇宙基本计划》（为与此后日本政府推出的计划相区别，改称《麻生宇宙基本计划》）。《宇宙基本法》和《麻生宇宙基本计划》的实施标志着日本太空战略正式形成，大规模太空管理体制改革随后相应展开。《宇宙基本法》是日本太空事业发展必须遵循的根本大法，《宇宙基本计划》是对日本太空事业带有指导性的综合性计划，二者分别从宏观和微观两个层面为日本开发利用太空资源、发展太空技术以及突破军事利用太空禁区提供了保障。《麻生宇宙基本计划》首次将太空开发定位为国家战略，将过去太空开发以科学研究为主导转为重视产业振兴和安全保障，并公布了地球观测、军用卫星、宇宙科学、载人宇宙等开发应用项目，提出了今后的十年规划和五年计划。①

2012 年 12 月，安倍晋三第二次组建了内阁，他从建设"能战"国家的角度审视日本太空事业，继续对日本太空战略进行调整。2013 年 1 月 25 日，宇宙开发战略本部通过新版《宇宙基本计划》（即《安倍宇宙基本计划Ⅰ》）。《安倍宇宙基本计划Ⅰ》提出宇宙开发应用政策，具体包括定位卫星、遥感卫星、通讯和广播卫星、宇宙运载系统、宇宙科学和宇宙探测、载人宇宙、太阳光发电 7 项内容。该计划是一个五年计划，将太空战略的实施重点由以技术研发转变为重视技术应用，强调发挥太空对日本安全保障的作用。主要表现在：要提升卫星侦察监视能力、数据传输能力、卫星图像研判能力；研制专用军事通信卫星，改变目前自卫队依靠商用卫星提供军事通信服务的现状；建成覆盖本土与周边地区的卫星导航系统，推进下一代导航卫星技术研发；巩固日本太空运输能力，增强自主性；利用已有的太空机器人抑制和

---

① 首相官邸：『宇宙基本計画　日本の英知が宇宙を動かす平成 21 年 6 月 2 日　宇宙開発戦略本部決定』、http://www.kantei.go.jp/jp/singi/utyuu/keikaku/keikaku.pdf。

减少轨道碎片。①《安倍宇宙基本计划Ⅰ》出台后，在得到政策和经费保障的条件下，日本太空事业进入快速发展阶段，朝着提升竞争力和增强实用性的方向迈进。

2015 年 1 月 9 日，负责太空战略制定和实施的最高领导机构——宇宙开发战略本部发布《安倍宇宙基本计划Ⅱ》，该计划由前言、日本宇宙政策的环境、日本宇宙政策的目标、日本推进宇宙政策的态度、日本宇宙政策的具体建议 5 部分组成。由于国家安全保障会议的设置和《国家安全保障战略》的出台，日本安保政策发生了巨大变化。为适应这一变化，安倍特别指示相关部门，要制订一部为期 10 年的宇宙基本计划。《安倍宇宙基本计划Ⅱ》没有强调和平利用太空的旧有方针，而是把"确保太空安全保障"作为最重要事项。包括：研发预警卫星以掌握朝鲜等国家导弹发射情况，通过太空合作强化日美同盟以牵制中国；太空垃圾可能给人造卫星和载人航天带来严重威胁，在跟踪、监视和处理太空垃圾方面，日本希望与美国共享情报并开发能够降低太空垃圾威胁的技术；到 2023 年，将日本上空可以实施全天候定位的"准天顶"卫星由现在的 1 枚增加到 7 枚，以提高美国全球定位卫星系统在日本的定位精度；为监视周边国家行动和掌控周边安全态势，增加发射情报侦察卫星的数量；建设由 3 枚卫星组成的高隐蔽性军用卫星通讯网。至于载人航天活动，《安倍宇宙基本计划Ⅱ》表示要慎重地进行综合研究。②

（二）强化太空开发顶层设计

在《宇宙基本法》出台前，日本基本保持了由文部省、科学

①　侯丹、祝彬：《日本航天政策调整与装备发展动向》，《中国航天》2014 年第 4 期，第 41 页。

·②　首相官邸：『宇宙基本計画　平成 27 年 1 月 9 日　宇宙開発戦略本部決定』、http://www.kantei.go.jp/jp/singi/utyuu/pdf/keikaku_h270109.pdf。

技术厅分别领导太空研究开发的格局，这种分立格局在实践中导致了太空科学应用与太空技术研发相互脱节，严重制约了日本太空事业的发展。① 日本宇宙政策的制定及实施长时间处于各自为政的状态：文部科学省下属的日本宇宙航空研究开发机构（JAXA）侧重于科研及技术开发，内阁官房负责侦察卫星，国土交通省负责气象卫星，总务省负责太空通讯系统，环境省负责地球环境观测卫星，防卫省负责收集和分析卫星情报及加强弹道导弹防御，外务省负责协调日美太空合作等"太空外交"。② 上述各政府部门都设置有实施太空政策的机构并相互竞争，争夺每年政府的太空专项预算。进入 21 世纪，日本太空开发的基本模式没有发生大的变化，政府中依然没有设立专门负责管理太空事务的机构。③ 此外，自民党和经团联、大学科研机构等民间组织也参与决策，日本太空开发处于几近失序状态。

根据《宇宙基本法》的规定，2008 年 8 月，日本福田康夫内阁成立了由其本人担任本部长的宇宙开发战略本部，对分散在文部科学省、经济产业省、环境省、防卫省等部门的太空资源进行整合，对各行政机构进行协调，将原来的"政出多头"改为一元化领导。宇宙开发战略本部是日本负责太空战略制定和实施的最高领导机构，它的成立彻底改变了日本太空开发领导体制和政策制定的松散状态。内阁总理大臣直接领导宇宙开发战略本部，对日本太空开发利用的政策、规划、应用以及预算等具有最高决定权。日本太空政策的主要制定者由文部科学省转为内阁府，内阁总理大臣成为日本宇宙事业的实际最高领导人与决策者，内阁府

---

① 袁小兵：《日本太空事业发展探析》，《国际观察》2011 年第 6 期，第 56 页。

② 李秀石：《安倍内阁"重启"日本宇宙战略——从和平研发技术到"军事利用宇宙"的演变》，《国际观察》2005 年第 1 期，第 62 页。

③ 李秀石著：《日本国家安全保障战略研究》，时事出版社，2015 年版，第 389 页。

获得更多发展太空军事能力所需的权力和资源。①

在推进太空管理体制改革方面，野田佳彦内阁发挥了相当大的作用。野田曾经担任《宇宙基本法》草案国会立法小组的负责人，清楚了解日本太空政策在制定和实施过程中存在的问题。2011年9月，野田担任日本首相后，迅速实施改革，对太空开发战略进行调整。2012年6月20日，日本国会通过了野田内阁年初提交的《内阁府设置法等法律的修正案》，对日本太空开发利用的相关机构设置进行了调整：在内阁府建立由首相领导的宇宙战略室，总揽国家太空项目，并且取代文部科学省负责管辖日本宇宙航空研究开发机构。在内阁府设立"宇宙政策委员会"，负责调查审议与太空产业发展相关的重要事项等。将《独立行政法人宇宙航空研究开发机构法》第4条中"限于和平目的"的表述，改为"符合《宇宙基本法》第2条"。② 该法案通过后，相关调整很快得以实施。由内阁府特命担当大臣古川元久担任宇宙审议官的"宇宙战略室"正式成立，"宇宙政策委员会"也开始行使职能。宇宙战略室负责制定日本太空开发战略和政策，统筹协调经济产业省、文部科学省、国土交通省、防卫省等政府部门的太空相关工作，确定太空开发重点，制定太空开发目标，采取措施推动太空产业振兴等。此外，还统一掌管"准天顶"卫星系统开发、建设和运用，是"准天顶"卫星系统的司令部。为配合宇宙战略室的工作，内阁府设置了由7名有识之士组成的"宇宙政策委员会"，负责审议太空政策、预算分配方针以及卫星发射计划的科学性和安全性，推进相关行政机构改革，对各部门提出行

①　侯丹、祝彬：《日本航天政策调整与装备发展动向》，《中国航天》2014年第4期，第41页。

②　内閣府宇宙戦略室：『内閣府における新たな宇宙開発利用の推進体制について（平成25年3月）』、http://www8.cao.go.jp/space/comittee/tyousa-dai1/siryou3.pdf#page=4。

动意见，实现各机构相互合作，为宇宙开发战略本部提供建议与支持，为首相决策提供参考。

二、调整太空开发计划

太空是当今高新技术发展的重要领域，太空产业对促进国民经济增长的重要作用日益受到各国重视。世界各国越来越重视太空产业对于增强综合国力、带动经济可持续发展的特殊作用，纷纷确立了太空开发利用的新战略。太空产业能够带来显著的经济效益，极大地促进国家经济总量增长和人民生活水平提高，增强国家经济竞争力和国防实力。当前，日本以中国为主要竞争对手，重点发展对经济和国防都十分重要的卫星和火箭项目，在载人航天和探月等项目上弱化与中国的竞争态势，这是日本在太空经费有限以及对中日关系紧张态势下的一种政策选择。[①]

（一）重视安全保障与产业振兴

日本的太空政策一直以科学技术和研究开发为主导。在《宇宙基本法》实施以前，根据和平利用太空原则，日本太空项目均归民用部门管理，以"新技术研究与开发"的名义开展，太空事业过于重视新技术的研发，但无法真正满足用户需求，尤其无法满足日本政府关注的防卫和商业应用的需求，太空手段难以用于实现国家战略目标。

2002 年 6 月，日本综合科学技术会议向小泉纯一郎内阁提交了《宇宙开发利用建议报告》，认为经过半个世纪以研究开发为中心的时代，日本的太空开发已经进入将成果应用到增强产业国际竞争力、提高人民生活水平的时代。在此基础上，《宇宙基本法》进一步改变了对于太空开发利用的定位，研究开发、振兴产

---

① 黄志澄：《日本航天的艰难转型》，《国际太空》2013 年第 11 期，第 10 页。

业和安全保障成为日本太空政策的三大支柱。《宇宙基本法》明确提出"积极、有计划地推进太空开发利用，必须使与太空开发利用有关的成果顺利实现产业化，达到增强日本太空技术实力及国际竞争力的目的"，推动太空产业发展由"研究开发为主导"向"建立高技术实力为基础的应用需求主导"的转变。①《麻生宇宙基本计划》规定："太空开发要为强化安全保障服务。太空技术要能够增强日本信息采集和地面监控能力"。② 此外，《麻生宇宙基本计划》提出建议，积极应用太空技术，把太空开发工作重心由促进相关技术进步转为满足防卫等实际需求，推动包括侦测弹道导弹发射的早期预警卫星和侦测、分析无线电波的卫星在内的军事卫星研究。将现在正常运行的 3 颗情报收集卫星增加至 4颗，并加强研究可探知导弹的预警卫星所需传感器。③

满足需求、侧重实效是在预算不足情况下各国太空开发的共同趋势。日本在推进太空产业化和参与国际市场竞争进程中，面临诸多短时期难以解决的困难。近年来，日本政治上趋于保守，经济增长乏力，2011 年遭受大地震袭击后国家财政形势更加严峻。日本已经超过"太空开发投入不得超过国民生产总值的0.05%"的底线，即便如此，太空实际投入与计划需求之间依然存在巨大差距。尽管三菱重工、日本电气等民营企业在不断加大对太空的投入，但短时间内仍很难改善太空产业资金不足的窘状。日本采取并支持民用元器件在太空领域应用，但无法彻底解决劳动力成本过高、资源短缺、绝大多数原材料依赖进口的问

---

①　王存恩：《对日本新"航天基本法"颁布后的航天政策与计划解读》，《国际太空》2009 年第 12 期，第 31 页。

②　首相官邸：『宇宙基本計画　日本の英知が宇宙を動かす平成 21 年 6 月 2 日　宇宙開発戦略本部決定』、http：//www. kantei. go. jp/jp/singi/utyuu/keikaku/keikaku. pdf。

③　内閣府：『宇宙基本法（平成 20 年 5 月 28 日法律第 43 号）』、http：//www8. cao. go. jp/space/law/law. html。

题。因此，日本的太空产品，主要是火箭和卫星产品，价格普遍高于国际同类产品市场报价，缺乏市场竞争力。① 为解决上述问题，日本试图通过拓展太空参与主体和改革太空管理机制来实现太空产业的快速发展。《太空基本法》规定，太空开发利用的主体既可以是国家、国际组织、政府实体，也可以是国营、私营或公私合营企业。② 2017 年 7 月，一家通过众筹获得资金的初创公司在北海道发射了首枚商用太空火箭。尽管本次火箭发射并未取得完全成功，但是对于处于初级发展阶段的公司来说，获得了可帮助未来成功的有价值数据。私营企业的进入能够强化日本太空产业的竞争力，促进太空研究成果的产业化应用。内阁通过协调太空开发活动和提升各太空机构的地位，增强了私营企业的投资信心，能够进一步扩大太空产业的规模化程度。

2011 年，宇宙开发战略本部发布了太空重点发展领域的报告，明确了日本太空事业的未来发展方面，进一步要求将与产业化相关的项目作为重点。对于国际空间站项目中的日本"希望"号实验舱和科研色彩浓厚的太空观测项目，无法确认其能否强化产业竞争力，建议削减经费或降低优先等级。野田内阁极为看重太空产业开发，视太空产业为日本经济再次复兴的"新前线"。为调整太空战略，野田特意在内阁府设置宇宙战略室。宇宙战略室成立后做出的一项重大决策便是将以前的一些高级优先项目降为次重要项目，如环境监测、载人航天、机器人登月、货运太空飞船和国际空间站等，以后这些项目从国家获得经费将越来越

① 王存恩：《新宇宙基本法——日本产业振兴的源动力》，《国际太空》2014 年第 5 期，第 9 页。

② 内閣府：『宇宙基本法（平成 20 年 5 月 28 日法律第 43 号）』、http：//www8. cao. go. jp/space/law/law. html（2017 – 05 – 13）。

困难。①

2015 年 1 月 9 日，宇宙开发战略本部在首相官邸举行会议，正式出台《安倍宇宙基本计划Ⅱ》。《安倍宇宙基本计划Ⅱ》规定了日本今后 10 年的太空政策方向，对振兴日本太空产业具有重要指导意义。《安倍宇宙基本计划Ⅱ》就未来卫星和火箭的发射数量进行了具体的规划，还明确标出了发射年份和发射时间表，营造更能吸引企业投资的环境，以方便企业制订事业规划，极大增强了日本企业对于太空投资的信心。《安倍宇宙基本计划Ⅱ》提出要强化陷入衰退危机的太空产业，将其产值在今后 10 年间扩大到 5 万亿日元，同时推动太空产业向海外发展，建立由民间专业人士参加的工作小组，以便政府与民间机构合作开拓市场。根据该计划，日本将在今后 10 年内发射 3 颗中型卫星和 5 颗小型卫星用于太空科研及探测，提高新型火箭"埃普西隆"（Epsilon）的运载能力，到 2020 年度发射现役 H－2A 运载火箭的后续型号火箭，并力争将大型火箭的发射成本降至现有水平的一半，从而提升在国际市场的竞争优势。

在火箭发射方面，虽然日本的运载火箭技术先进，但发射价格昂贵。H－2A 和 H－2B 是日本火箭中的明星产品，由三菱重工业公司研发制造，发射成功率高，性能比较稳定，是日本提升卫星运载系统国际竞争力、扩大出口市场的重要支撑。目前，日本现役的 H－2A、H－2B 等大中型运载火箭的发射费用比国际商业发射市场上的同类火箭贵接近一倍之多，令很多卫星公司难以接受。石川岛播磨重工集团负责设计和生产的新型固体燃料火箭"埃普西隆"是目前全球最尖端的固体燃料火箭之一，是退役的"M-V"火箭的后续型号。这一火箭是为降低发射成本、发射小

① 黄志澄：《日本航天的艰难转型》，《国际太空》2013 年第 11 期，第 10 页。

型卫星而精心打造的，承担着争夺小型卫星发射国际市场的使命。但该型火箭的发射价格依然高达数十亿日元，在国际市场上竞争力较弱。

2009 年 1 月，三菱重工业公司首次承接到韩国的卫星发射订单，在商业卫星发射领域迈出了第一步。2012 年 5 月 18 日，宇宙航空研究开发机构（JAXA）和三菱重工业公司在种子岛宇宙发射中心使用 H－2A 运载火箭成功将 4 颗卫星送入太空，其中就包括韩国的这颗"阿里郎－3"多用途卫星。[①] 这次发射是 H－2A 运载火箭的第 21 次发射，是 H－2A 火箭首次搭载外国卫星进行商业发射，从此，日本进入国际商业发射服务市场。但是，H－2A 火箭要想实现稳定生产和技术验证，每年至少要发射 4 颗卫星，否则就会陷入发射量少、成本提升、订单少、竞争力下降的恶性循环。由于本次为韩国发射卫星属于搭载发射，所以服务价格具有竞争力。日本国内的卫星发射需求有限，绝大多数都是政府订单，国内企业承接的商业订单少之又少。从 2004—2008 年，日本总共发射了 31 颗卫星，其中商业卫星仅有 2 颗。争取更多的外国卫星发射订单成为日本太空产业发展壮大的必由之路，日本企业必须大力开拓外国商用卫星发射业务，尤其是印度等东南亚、南亚国家以及韩国、澳大利亚的市场。

2017 年 1 月 15 日，日本宇宙航空研究开发机构在鹿儿岛县发射了一枚 SS－520 火箭，计划将一颗超小型卫星送入太空，但以失败告终。SS－520 火箭号称是全球最小的运载火箭，为降低发射成本，采用了大量手机和家电上使用的半导体等普通民用电子元器件，是日本着力打造用来参与商业竞争的运载火箭。SS－520 火箭是三级运载火箭，全长 9.65 米、直径 0.52 米、起飞重

---

① 其余 3 颗卫星均由日本研制，分别是用于监视全球水循环的 GCOM—W1 卫星以及两颗小型卫星。

量约 2.6 吨，体型小，被称为"电线杆火箭"。研发该火箭的目的是在全球微小型卫星发射需求急剧增多的背景下实证火箭的高效发射方式，转移大型运载火箭的发射技术，同时，吸引更多有意开发火箭的日本民间企业进入太空技术和产业开发领域。目前，将微纳卫星送入太空有更好的方案，搭载发射或者"一箭多星"发射都是成熟可行的做法。SS－520 火箭花费 400 万美元的发射成本依然较高，运载的卫星重量只有 3000 克左右，在商业卫星发射领域竞争力十分有限。

（三）调整卫星发射计划

卫星的小型化是航天器小型化发展趋势的表现之一。日本太空探索历史上曾经历多次失败，为改变这一状况，日本决定收缩原有庞大的太空项目，专心致力于研究小卫星，并部分依靠其他国家的火箭运载进入太空。按照既有卫星发射能力，日本自行发射一颗高技术卫星通常需要 3 年的策划时间和 5 年的工程时间，然而，原计划却是每年至少发射一颗卫星上天。不切实际的计划是造成火箭发射失败以及卫星故障的原因之一。在卫星的设计和发射相关技术领域，日本贯彻小型化路线，这样既可以缩短开发时间，又可以提高效率，即使发射失败也可减少损失，"短平快"的小规模发射成为未来日本太空科研工作的重点。

所谓小卫星，一般指质量在 1000 千克以下的卫星。美国、法国等世界太空大国都十分重视小卫星的研发。小卫星具有研发费用低、研制周期和发射时间短、功能密度高、更新换代快等优势。随着信息处理和计算机技术的发展，小卫星同样可以胜任成像、遥感、通信、地球观测、空间探测等任务，只是在大数据量通信和高分辨率成像方面稍逊于大卫星。日本 2003 年 3 月和 2006 年 9 月发射入轨的 2 颗光学成像卫星都属于小卫星，质量都只有 850 千克。不仅小卫星,更小更轻的微纳卫星的市场前景也非常被看好。微纳卫星通常指质量小于 10 千克的卫星。微纳卫星具有体积更小、功耗更低、性价比更高、开发周期更短、可编队组网等特点。随着高新科技的发展和实际需求的分化,微纳卫星特有的以更低成本完成更复杂太空任务的优势,日益在科学研究、安全保障等领域发挥重要作用。美国 Space Works 公司 2015年的微纳卫星市场发展报告显示,在发射能力不足的情况下,2015 年各国实际发射了 131 颗微纳卫星,比 2014 年增加了 17%,如果发射能力足够的话,增比幅度还要更大。① 比微纳卫星质量更小的还有皮卫星(质量小于 1 千克)。皮卫星虽然功能单一,但由于研制门槛低,也受到各研究机构的欢迎。以微纳卫星、皮卫星等为代表的微小卫星虽然体积小,重量轻,但能够装载各式各样的有效载荷,同时可以采取"一箭多星"方式发射,能够满足不同科学研究与商业应用的需要。当前,小型火箭发射能力不足成为制约微纳卫星发展的瓶颈。

从太空安全角度看,卫星等太空系统本身十分脆弱,在预定轨道上运行,机动能力差,外部无防护物,容易遭受攻击且难以防御,地面反卫星武器和定向能武器②等都能造成卫星感应装置失效或者通信联络信号被干扰。③ 因此,从合理性与实战性出发,利用分布式多卫星技术,发射更多的卫星平台,将导航、定位、图像、通信等各种功能和服务分散化并在轨道上设置冗余能力,而尽量避免使用单颗体积巨大、兼具各种能力的卫星,能够有效

---

① 尼摩:《日本小火箭能分市场一杯羹?》,《中国宇宙报》2016 年 8 月 27 日,第 2 版。

② 定向能武器是指能够产生高能量射束并使之沿特定方向传播而直接打击目标的武器,主要包括高能激光、粒子束和强微波波束武器等。参见周碧松著:《浩渺太空的竞相角逐》,军事科学出版社,2015 年版,第 104 页。

③ [美] 福利斯特·E·摩根著:《太空威慑和先发制人》,白堃、艾咪娜译,航空工业出版社,2012 年版,第 12 页。

降低太空武器攻击带来的损失。[①]

三、推动军事利用太空

随着政治右倾化与社会保守化发展，日本太空政策也日益带有军事色彩，日本国内所有关于强化自身安全保障能力的讨论都十分看重太空的作用。从 2008 年《宇宙基本法》生效之日起，日本就走上了太空军事化的道路。安倍第二次上台执政后，日本的太空政策进一步向涉及防务领域的项目倾斜。日本制定的首份《国家安全保障战略》认为，"太空在民生领域已经得到广泛应用，近年来，在情报收集、警备监视、军事通讯等安全保障领域也越来越显现出重要性"。[②] 在军事利用太空方面、尤其是太空军事装备研发上，日本已经取得多项历史性突破，太空军事能力得到快速提升。日本防卫大臣稻田朋美曾表示，日本对如何保护自己进行重新评估的时机已经成熟。结合朝鲜接连不断的核、导试验与美国特朗普上台后日美同盟关系的摇摆，在新的地缘政治环境下，日本正好可以借机继续发展自己的太空军事能力。

（一）废除 1969 年"禁止军事利用太空"决议

冷战时期，受 1947 年生效的《日本国宪法》和 1969 年国会通过的太空"仅限于和平利用"决议的限制，日本遵循和平利用太空原则，卫星只用于气象观测、太空科研探索、广播通信等民生领域。所谓"和平目的"，当时的佐藤政府的解释是"非军事"。为推进太空项目在军事领域的应用，《宇宙基本法》删除了

---

① ［美］福利斯特·E·摩根著：《太空威慑和先发制人》，白堃、艾咪娜译，航空工业出版社，2012 年版，第 35 页。

② 内阁官房：『国家安全保障战略』，http：//www.cas.go.jp/jp/siryou/131217 anzen-hoshou/nss-j.pdf。

"仅限于和平利用"的表述，结束了日本 40 年来对军事利用太空的禁令，为日本军事利用太空提供了法律依据。《宇宙基本法》的实施宣布了防卫省和自卫队进行太空开发与应用的合法性。

《宇宙基本法》最主要的内容就是将"仅限于和平目的"修改为"仅限于防卫性非侵略目的"，允许日本发展以安全保障为目的的太空产业，允许日本向外国出口商业卫星和技术服务。《宇宙基本法》开篇，用"太空开发利用要遵守既有的和未来的国际条约、协议，继承日本宪法的和平理念"，取代了此前一直遵循的"仅限于和平利用"的规定，彻底否定了过去一直坚守的"非军事"理念。新法案突破了"和平利用宇宙"原则，日本在太空军事领域得以全面"松绑"，从此，日本允许将最尖端的太空技术用于军事侦察卫星。《麻生宇宙基本计划》第 2 章、第 3 章也明确规定政府应开发利用用于安全保障目的的卫星系统。2012 年 6 月，日本国会审议通过了《独立行政法人宇宙航空研究开发机构法》修正案，新法删除了日本宇宙航空研究机构活动目的中"仅限于和平目的"的规定，允许开展以安全保障为目的的太空活动，如研发情报侦察卫星、军用通信卫星和早期预警卫星等。

在军事利用太空方面，防卫省始终处于蓄力待发的状态。2008 年 8 月 28 日，《宇宙基本法》正式实施后的第二天，福田内阁批准了在防卫省设立"宇宙开发利用推进委员会"的提议。2009 年 1 月 15 日，推进委员会制定了《防卫宇宙开发利用基本方针》，全面阐述了日本军事利用太空的必要性、现状、面临问题、解决方法以及基本原则，日本太空军事战略初具雏形。《防卫宇宙开发利用基本方针》中确立的太空军事战略的要旨被写入同年制定的《麻生宇宙基本计划》，以及 2010 版《防卫计划大纲》和《中期防卫力整备计划》。2014 年 8 月 20 日，防卫省公布了修订后的《防卫宇宙开发利用基本方针》，全面阐述了内阁对防卫省宇宙开发应用的指导思想，还融入了 2013 年公布的《国家安全保障战略》、修订后的 2013 版《防卫计划大纲》和 2014 年 8 月宇宙开发政策委员会公布的《宇宙开发政策指导意见》的精髓，是一部更加系统、全面的防卫省太空开发利用指导方针。①

（二）推动太空技术"军事化"

除修订军事政策法规、调整组织机构和扩充军力部署外，强化军事技术的研发与储备也是日本加速军事大国化进程的重要举措。当前，在太空展开军事行动已经得到日本政府的官方认可，原有的军事利用太空禁区已经被突破。2013 年发布的《安倍宇宙基本计划Ⅰ》是日本加速军事太空装备发展的政策基础。日本太空技术军事化的主要方向包括提高天基侦察能力，获得军事专用卫星通信能力，提升火箭发射能力以及增强空间对抗能力等。为确保日本太空安全，日本认为必须积极推进太空技术"军事化"，主要体现在导弹、反卫星武器、军用卫星三个方面。

首先，日本可以在开发民用大推力运载火箭的同时进行洲际弹道导弹的技术储备和性能测试。火箭与导弹二者在技术上有很多共通之处。火箭发射主要包含推进技术、控制技术、返回技术和载人技术四大关键技术，其中，前三项技术与导弹几乎完全通用。从实例来看，2006 年退役的日本"M-V"火箭同美国"和平卫士"地对地洲际弹道导弹具有相似的技术能力。日本自主设计、研发的 H-2 运载火箭与美国"民兵-3"洲际导弹二者的固体燃料推进器在直径上完全相同。再有就是日本强力打造的"埃普西隆"火箭，是由石川岛播磨重工集团设计和制造的，其集日

---

① 王存恩：《日本"防卫航天开发利用基本方针"制定始末》，《国际太空》2015 年第 6 期，第 14 页。

本固体燃料火箭技术之大成，是世界上最尖端的固体燃料火箭之一。① 该火箭发射成本较之以前大幅降低，发射机动性更强，依托自动脱离技术及较少人数的计算机远程控制技术，能够实现卫星更快速、更高效的发射。然而，"埃普西隆"火箭虽然在性能和技术上处于世界领先水平，但在发射费用方面依然毫无竞争力，用于商业卫星发射参与国际市场竞争的可能性很低，在2013年首次发射成功后就几乎销声匿迹，让人怀疑日本有借发射火箭暗中研发洲际导弹的深层动机。1992年，日本与德国联合进行了从太空返回舱实验并获得成功，日本也已经掌握了返回式卫星的技术。至此，日本研制洲际导弹的技术基础完全具备。此外，日本通过研制各种不同型号的火箭，不断提升快速响应和机动发射控制能力，能够提升快速进入太空能力，在战时快速补充军事卫星，确保卫星侦察能力不遭到中断。

其次，清除轨道碎片等太空垃圾已经成为日本开发反卫星武器的最好掩饰。太空垃圾通常指那些在绕地球轨道上高速飞行的不具备任何用途的人造物体。太空垃圾问题一直是困扰各国的共同问题，它们可能撞击损坏其他航天器并产生更多太空垃圾。因此，清理太空垃圾是一项有益的事业。但是，由于清除太空垃圾的技术也可以为国家安全服务，清理太空垃圾过程中的现实博弈不能被忽视。日本《国家安全保障战略》认为，"进入太空的国家不断增加导致太空变得混乱，卫星破坏实验和人造卫星之间的相互碰撞产生的太空垃圾、反卫星武器研发动向等各种风险，对持续、稳定地开发利用太空带来妨害"。② 《安倍宇宙基本计划Ⅱ》

---

① "埃普西隆"火箭长约26米，直径约2.6米，总重约95吨，近地轨道和太阳同步轨道运载能力分别为1.2吨和0.59吨，可同时用于商业和军事目的。

② 内阁官房：『国家安全保障战略』、http://www.cas.go.jp/jp/siryou/131217 anzenhoshou/nss-j.pdf。

也明确规定，在关键的技术开发领域，防卫省和宇宙航空研究开发机构要加强合作，必须对不断增加的太空垃圾及反卫星攻击等威胁加以应对。为实现以上目标，增强太空对抗能力，确保日本太空装备的在轨安全性，日本较早开展了共轨技术试验，研究并测试使用小型太空设备，进行监视、跟踪、定位并拖拽太空碎片。2016 年 12 月 9 日，日本宇宙航空研究开发机构与三菱重工业公司通过 H－2B 火箭将一艘装满补给的"鹳"6 号货运飞船送往国际空间站，飞船装载废弃物离开国际空间站后，用一周左右的时间进行了以清理太空垃圾为目的的"系绳"实验，验证用一根 700 米长的电动系绳捕捉太空垃圾的现实可能性。操作人员通过装配在货运飞船上的电子系统控制系绳，一旦发现目标，依靠 GPS 和光学摄像机确定其位置并使系绳逐渐靠近目标，到达合适距离后操作机械手进行抓取。如果电动系绳能够抓住太空垃圾，使其飞行速度减缓或者将其拖入大气层烧毁，那么，它也将能够捕捉和损害其他国家正常工作中的航天器。日本还曾提出过另一个太空垃圾解决方案，称为"轨道维护系统"，包括对老旧或废弃的航天器进行脱轨、加注燃料和维修处理，这些减缓或清除太空垃圾的措施同样也可以用于使其他国家的太空资产丧失功能。

　　第三，日本有计划地展开了情报侦察卫星、军事通信卫星、预警卫星的建设工作。《宇宙基本法》允许日本开展以防卫为目的的"非侵略"的太空活动，以此为法律依据，防卫省配备军用卫星和从国外引进高性能侦查卫星获得批准。《安倍太空基本计划Ⅱ》将"确保太空安全保障"作为最重要事项，写明要研究预警卫星以捕捉导弹发射情况和增加情报收集卫星的数量，以及谋求通过太空合作强化日美同盟。① 防卫省已经决定在航空自卫队

---

　　① 首相官邸：『宇宙基本計画　平成 27 年 1 月 9 日　宇宙開発戦略本部決定』、http://www.kantei.go.jp/jp/singi/utyuu/pdf/keikaku_h270109.pdf。

中创设"宇宙监视部队",由日美两国共同监视太空中的反卫星武器和太空垃圾。2018 年,日本将首次参加由美国军方主办的与太空有关的多国演习。日本正在积极部署从太空监视海洋状况的海洋监视体系。日本已经发射了光电卫星和合成孔径雷达卫星两种成像卫星,宇宙战略室计划活用现有卫星对日本周边海洋进行监视。

早在 2007 年,日本就曾发射"雷达"2 号卫星并首次完成光学卫星和雷达卫星的"2 + 2"组网,但该卫星在发射后不久产生故障,没有发挥预期效力。2013 年 1 月 27 日,日本发射"雷达"4 号卫星和"光学"5 号试验卫星,使日本"信息收集系统"在轨运行卫星数量达到 7 颗。所谓"信息收集系统"其实就是情报侦察卫星系统,"信息收集"是为了掩人耳目。两颗光学卫星和两颗雷达卫星运行平稳,情报侦察卫星系统实现再次组网,日本从此拥有了全天时、全天候卫星侦察能力。该系统能够实现每天一次的全球拍摄,每天 4—5 次的日本周边地区拍摄。[①] 该系统拥有较高成像分辨率,其中雷达卫星的分辨率为 1 米,光学卫星的分辨率为 0.6 米。较之美国最先进的光学卫星 0.1 米的分辨率,日本虽然还有些差距,但已经实现了对周边国家重要军事设施和战略目标进行每日多次侦察的既定目标,太空军事侦察能力实现大幅提升。

2013 年 1 月,防卫省向日本 DSN 公司订购了 2 颗自卫队专用的 X 波段通信卫星,以取代 3 颗由美国制造的"超鸟"卫星。在卫星通信领域,日本虽拥有雄厚技术基础,但由于受到和平宪法限制,日本一直没能建造军事通信卫星。"超鸟"卫星属于多波段、大容量通信卫星,是私营性质,用于日本国内通信,其 X 波

---

① 侯丹、祝彬:《日本航天政策调整与装备发展动向》,《中国航天》2014 年第 4 期,第 42 页。

段供防卫省用于移动通信。《宇宙基本法》允许日本军事利用太空后，军事卫星通信系统由技术开发进入实用化发展阶段。独立建设的军事卫星通信系统既能满足自卫队超大通信容量的要求，又能增强自卫队通信的安全性。

在天基预警方面，日本严重依赖商业卫星和美国数据，导弹防御所需预警情报则完全依赖美国。日本一直希望能够提高天基侦察能力，及时掌握周边动态，特别是中国和朝鲜的军事态势，以增强战场透明度，提升战场实时监视与跟踪能力。早在 2009 年，防卫省就已经为发展预警卫星进行预研，设置专项经费展开"关于使用卫星的联合防空系统模拟研究"，以研发构建天基预警系统。一旦拥有独立的天基预警系统，日本的导弹防御系统便自成体系，不再仰人鼻息，无需依赖美国的预警情报，也不用担心美国提供过时或者虚假情报。

（二）建设"准天顶"卫星系统

卫星导航定位系统不仅能够产生极大的经济效益，而且具有重要的军事应用价值，是高技术战争和信息化战争不可或缺的太空支援力量。日本充分认识到，无论在军事上还是民事上，卫星导航定位系统都具有重大价值，于是从 1996 年开始着手设计导航增强系统（MSAS）并于 2007 年正式投入使用。然而对于日本而言，仅有导航增强系统是远远不够的，日本试图打造日本版全球定位系统。卫星导航定位系统能够为日本自卫队的海外军事行动，如伊拉克重建、印度洋反恐、索马里打击海盗等提供极大便利。[①] 一直以来，日本使用美国全球卫星定位系统（GPS）进行导航和定位，该系统由 30 颗人造卫星构成，信号能够覆盖全球。

---

① 郭锐：《冷战后日本航天产业发展及其军事化的影响》，《同济大学学报（社会科学版）》2016 年第 4 期，第 35 页。

然而，日本地形地貌特殊，在人口集中、高楼林立的大城市以及茂密的山林、陡峭的深谷等地区GPS信号接收效果不好。为了弥补这一不足，日本特意开发"准天顶"卫星系统，以提供在日本上空飞行的卫星定位信息，提高GPS信号的精准度。"准天顶"卫星系统又被称为"准天顶"轨道，是由经过日本上空轨道的若干颗卫星组成的卫星系统。①

2011年9月，日本内阁通过《推进实用准天顶卫星系统事业的基本考虑》，提出要紧跟国外定位卫星建设前沿，快速推进"准天顶"卫星系统建设。2012年日本宇宙战略室成立后，对全国的太空活动进行了重新布局，决定重点资助三个核心项目，其中最高优先级项目就是"准天顶"卫星系统。日本认定，先进的导航定位技术不仅会拓展更多服务领域，而且还可以增强日本产业竞争力，促进海外市场的开发。日本计划到2020年，将"准天顶"卫星系统由4颗扩建成由7颗卫星组成的系统，使其具有单独为日本提供区域定位、导航和授时的能力。此外，为协调各方共同推进"准天顶"卫星系统建设，在内阁府设立了由政府各部门参加的"准天顶卫星系统开发协调会议"，由内阁府事务次官担任协调会议主席。② 这一会议的设置确保了日本参与"准天顶"系统研发的各部门形成合力。出席会议的都是各部门专职领导与一线负责官员。③ 同年12月，为公平审查各机构提出的有关

---

① "准天顶"卫星系统最初由3颗卫星组成，分别运行在45度倾角、升交点赤经140度、与地球自转周期相同的3条轨道上，从日本本土来看始终有1颗卫星停留在靠近天空顶点的地方，故称"准天顶"。参见李秀石：《安倍内阁"重启"日本宇宙战略——从和平研发技术到"军事利用宇宙"的演变》，《国际观察》2005年第1期，第67页。

② 内閣府：『準天頂衛星システム開発調整会議の開催について（平成24年11月21日関係府省申合せ）』，http：//www8.cao.go.jp/space/pdf/qzs/kaihatsukaigi.pdf#page=1。

③ 主要包括内阁府大臣官房宇宙审议官、警察厅长官、总务大臣官房总括审议官、外务省综合外交政策局局长、文科省研究开发局局长、经产省制造产业局局长、国土交通省大臣官房技术总括审议官、防卫省防卫政策局局长等。

"准天顶"卫星系统的计划，宇宙战略室专门成立了以东京大学教授中须贺申一为委员长，情报通信研究机构、电子导航研究所、防卫大学等机构的科学技术专家为委员的技术审查委员会。[①]

《安倍宇宙基本计划Ⅰ》继承了民主党野田政府时期优先发展"准天顶"卫星系统的政策，决定首先建成4星体制。此外，《安倍宇宙基本计划Ⅰ》明确了太空产品出口战略，决定扩大"准天顶"卫星系统的国际市场，为包括日本在内的亚洲、大洋洲国家提供卫星定位和导航服务。此外，加强国内与国际合作，在国内构建产、官、学合作体制，在政府主导下在各领域推进国际合作，在亚太地区打造使用"准天顶"卫星系统的共同体。

2017年6月1日，日本三菱重工业公司和宇宙航空研究开发机构在鹿儿岛县的种子岛宇宙中心成功发射了搭载"引路"2号卫星的H-2A火箭。2017年8月19日，H-2A火箭又顺利将导航卫星"引路"3号送入预定轨道，本次发射原定8月12日进行，但由于火箭发动机出现问题，发射推迟了几天。这是日本连续29次成功发射H-2A火箭，该型号火箭的发射成功率高达97.14%，大大高于国际上95%的发射高成功率标准。[②] 本次发射工作同样由三菱重工业公司和宇宙航空研究开发机构联合承担，发射场是种子岛宇宙中心。[③] 卫星运行在从地面看呈8字形的特殊轨道上，每颗卫星每天在日本上空停留8个小时左右。"引路"系列卫星属于"准天顶"卫星系统，"引路"3号是该系统的第3

---

① 内閣府：『準天頂衛星システムの運用等事業技術審査委員会の設置について（平成24年12月13日）』、http：//www.cao.go.jp/chotatsu/eisei/iinkai/1212_iinkai.pdf。

② 《日本成功发射导航卫星，日版GPS或明年投入运行》，《参考消息》2017年8月20日。

③ 日本宇宙航空開発機構：『「みちびき3号機」/H-ⅡAロケット35号機打ち上げ成功！』、http：//www.jaxa.jp/topics/2017/index_j.html#news10563。

颗卫星，它与美国 GPS 卫星互相补充以提高定位精确度。日本计划在 2017 年年内再发射"引路"4 号卫星，4 颗卫星共同构成日本自己的全球定位导航系统。[①]

四、参与国际合作

日本《防卫技术战略》第三节"技术政策上应考虑的课题"指出，军事装备正向复杂化、高性能化方向发展的同时，其研究开发成本也节节攀升，太空领域也是一样，强化太空国际合作，推进共同太空技术研发是大势所趋。通过国际合作，日本既可以吸收其他国家的先进技术，又可以提升伙伴国家的国防能力。国际太空合作能够进一步巩固太空防卫设施的生产能力和技术能力基础，发现太空能力的优势劣势，确定优先发展的技术顺序。[②]日本与美国的太空合作关系极为密切，还积极参与国际空间站计划，与欧洲、东南亚部分国家开展了广泛的太空合作。

（一）以同盟关系为基础推进日美太空合作

日美两国不仅在传统安全领域进行紧密合作，在太空领域也展开了前所未有的互动，计划打造日美太空版的军事同盟。

2008 年以来，日美两国在太空安全领域的合作不断深化，确立了太空对话机制。2013 年 4 月 11 日，美国副助理国务卿弗兰克·罗斯发表题为《通过太空合作推进亚洲再平衡》的讲话，称"在太空事务上展开合作充满机遇，日美两国除一直在进行民用

---

① 日本宇宙航空開発機構：『「みちびき2号」/H-IIAロケット34号機打ち上げ成功！』、http://www.jaxa.jp/topics/2017/index_j.html#news10563。

② 防衛装備庁：『防衛技術戦略 技術的優越の確保と優れた防衛装備品の創製を目指して』、http://www.mod.go.jp/atla/soubiseisaku/plan/senryaku.pdf。

太空事务对话外，在过去三年还进行了多次太空安全对话。两国最高决策者认识到，太空对于我们两国和我们的同盟都非常重要"。① 2014 年 5 月，日美两国在华盛顿举行第二次"太空综合对话"，一致同意推动建设两国太空安全合作关系，重点是加强"太空态势感知""海域态势感知"项目合作。强化对进入太空和海洋的物体的出现时间、归属国家、意图功能、数据传输及更新，进行跟踪、收集及分析，必要时做出预警和展开攻击。②

2014 年 10 月 8 日，日美两国公布《修订日美防卫合作指针临时报告》，称两国就"在同盟框架下推进太空与网络空间合作"进一步达成共识。③ 次年正式推出的《日美防卫合作指针》明确指出，日美同盟已经由"区域性"同盟转向"全球性"同盟，两国将继续扩大合作的深度和广度。④ 其中，太空领域的合作是日美两国扩大军事合作领域中的重点。在解禁集体自卫权以后，日本可以在包括太空在内的全世界范围内为美国军事行动提供支持。《指针》进一步强化了日美两国在太空安保领域的合作关系，提出两国应在太空监视上加强合作，确保预警、定位、导航、定时、气象、通讯等各太空系统安全，共享太空威胁情报，共同开发能够用于海洋监视和提高太空系统安全性的装备、技术等。太空系统受到威胁时，自卫队和美军要加强合作，减轻危险。如果

---

① Frank A. Rose, Rebalancing Towards Asia With Space Cooperation, Deputy Assistant Secretary, Bureau of Arms Control, Verification and Compliance National Space Symposium, Colorado Springs, April 11, 2013, http：//www. state. gov/t/avc/rls/2013/207434. htm.

② 张景全、程鹏翔：《美日同盟新空域：网络及太空合作》，《东北亚论坛》2015 年第 1 期，第 93 页。

③ 防卫省：『日米防衛協力のための指針の見直しに関する中間報告（2014.10.8）』，http：//www. mod. go. jp/j/approach/anpo/shishin/houkoku_20141008. html。

④ 防卫省：『日米防衛協力のための指針』、http：//www. mod. go. jp/j/approach/anpo/shishin/shishin_20150427j. html。

太空系统遭到破坏，自卫队和美军要加强合作重建相关能力。①

2015 年，安倍政府推出的最新版宇宙基本计划——《安倍宇宙基本计划Ⅱ》，将"太空安全保障"作为重点课题，宣布要加强日美太空合作。② 实现日美联合研发能够摧毁卫星的太空武器，建立日美侦察卫星联合监视并共享情报的体制。日本希望同美国的太空战略实现无缝对接，在确保本国太空安全的同时，与美国共同主宰太空秩序。

2017 年 8 月 17 日，日美安全保障磋商委员会（日美"2 + 2"部长级会谈）发表联合声明，表示日美双方希望扩大在太空领域的双边合作，尤其是恢复力、空间态势感知能力、有效载荷与卫星通讯。③ 太空态势感知能力是指监控并了解变化中的太空环境的能力，包括对太空碎片、现役及失灵卫星等太空物体进行探测、跟踪、确认及分类，观测太空天气、监控宇宙器和其他有效荷载的机动能力及其他事态的能力等。④ 提高太空态势的感知能力是美国保持太空优势、有效建立太空威慑体制的首要工作，良好的太空态势感知能力本身就有威慑效果，能够确保美国在太空领域具有先发制人的能力。⑤

在太空的国际治理方面，美国提出的太空国际规则得到日本的大力支持，日本明确表示将积极配合美国制定太空相关国际行

---

① 防衛省：『日米防衛協力のための指針』、http：//www. mod. go. jp/j/approach/anpo/shishin/shishin_20150427j. html。

② 首相官邸：『宇宙基本計画 平成 27 年 1 月 9 日 宇宙開発戦略本部決定』、http：//www. kantei. go. jp/jp/singi/utyuu/pdf/keikaku_h270109. pdf。

③ 外務省：『日米安全保障協議委員会共同発表（平成 29 年 8 月 17 日）』、http：//www. mofa. go. jp/mofaj/na/st/page4_003204. html。

④ 张蓉：《亚洲太空力量的崛起：现实与趋势》，《国际观察》2015 年第 3 期，第 51 页。

⑤ ［美］福利斯特·E·摩根著：《太空威慑和先发制人》，白堃、艾咪娜译，航空工业出版社，2012 年版，第 37 页。

动的规范准则。① 2013 年，日美两国在首次进行的"太空综合对话"中表示将共同加强"太空透明与信任建设机制"建设。2014年，日本外相玄叶光一郎再次表示将积极参加美国倡导的多国太空治理合作。②

尽管日美两国不断加强太空合作，希望打造"太空同盟"，但是未来两国的太空合作仍面临多方面挑战。日美两国如何在各自战略目标和战略资源不尽相同的情况下实现合作，需要事先进行精准战略设计。如何分享太空技术和太空情报以及分享到何种程度，对日美同盟关系的基础以及同盟互信是很大的考验。对美国决策者而言，日本快速进入太空同样是机遇与挑战并存。一方面，日本依赖美国提供软硬件，如卫星的关键零部件、卫星图像分析师培训等，使美国能够借此在一定程度上影响日本太空战略设计与实践的进度。推进日美太空合作，日本能够分担美国亚洲战区反导系统的成本并为美国太空事业提供卫星分系统或关键零部件。支持日本发展"准天顶"卫星导航定位系统以及其他太空技术，并与其共享数据，能够分散美国国家安全可能遭受的太空威胁。一旦太空攻击发生，可以降低单次攻击对美国造成的损失与攻击者获得的收益，提高美国反击攻击者的国际支持。③ 另一方面，帮助日本发展太空能力尤其是军事系统风险很大。日本如果建成独立的太空情报侦察系统，即使技术与分析能力有限，那也将削弱美国在与日本共享情报时的优势地位，而且转让给日本的技术

---

① 内阁官房：『国家安全保障戦略』、http：//www. cas. go. jp/jp/siryou/131217 anzen-hoshou/nss-j. pdf.

② 外务省：『宇宙活動に関する国際活動規範案』、http：//www. mofa. go. jp/mofaj/gai-ko/space/kokusaikoudou. html（2017 – 09 – 13）。

③ ［美］福利斯特·E·摩根著：《太空威慑和先发制人》，白堃、艾咪娜译，航空工业出版社，2012 年版，第35—36 页。

有可能扩散到第三方。① 日美太空合作既是日本太空发展的助力，也是阻力。没有美国的允许，日本太空开发既无法解禁，也不可能扩展到军事领域。日美双方在太空合作领域都有自己的打算，双方合作的动机也不尽相同。美国将太空合作视为全球政治与技术领导者的一种能力展示，而日本把太空合作当作向先进伙伴学习并获得独立、有竞争力的太空能力的捷径。② 美国既希望通过太空合作强化同盟关系，又担心自己的付出能否取得相应回报。日本既渴望得到美国技术，又不愿以弱小和依赖作为代价，在自主研发和与美合作之间举棋不定。③ 美国与日本合作，是希望利用日本人造卫星加强对海洋的监视，维护太空秩序，监控太空垃圾，护持太空霸权。日本以中国为假想敌，希望强化同盟联合应对能力，吸收美国先进太空技术，为创建日本独立的太空战力打下基础。

（二）以共同开发为基础推进国际合作

日本与美国、俄罗斯、加拿大、欧洲各国总共 16 个国家共同参与的"国际空间站计划"（ISS）是日本太空国际合作时间最长的项目，日本已经有多名宇航员进入到国际空间站进行科研活动。④ 其中，古川聪曾经在国际空间站长期驻留，有着扎实的太

---

① Steven Berner, "Japan's Space Program: A Fork in the Road?", RAND Corporation, 2005, p. 36, http://www.rand.org/pubs/technical reports/2005/RAND — R 184. pdf.

② John M. Logsdon, "U. S. – Japanese Space Relations at a Crossroads", Science, Vol. 255, No. 5042, 1992, pp. 295 – 297.

③ Christian Beckner, "U. S. – Japan Space Policy: A Framework for 21st Century Coopera-tion", Center for Strategic and International Studies, July 2003, p. 4.

④ 日本第一位宇航员是记者出身的秋山丰宽，他于 1990 年 12 月乘坐"联盟"号宇宙飞船进入"和平"号太空站；日本第一位职业宇航员是宇宙开发事业团的毛利卫，他于 1992 年搭乘美国航天飞机进入太空。

空工作能力和丰富的太空生活经验。① 从"国际空间站计划"启动之日起，日本就积极策划如何实现对空间站的有效利用。日本从 1985 年 5 月起着手"希望"号实验舱的设计，经过 20 余年的努力，于 2009 年最终完成所有设备的在轨组装。"希望"号实验舱是国际空间站最庞大、最复杂的舱段之一，由舱内实验室、增压后勤舱、舱外实验平台、后勤舱、机械臂及卫星间通信系统 6 部分组成。"希望"号实验舱 2001 年 9 月建成，后又历时数年，分为三个航程由美国宇宙飞船搭载升空并顺利与国际空间站对接。2010 年 8 月，日本宇宙开发战略本部做出 2016—2020 年间继续参加"国际空间站计划"的决定。2012 年 7 月，日本"鹳"号无人太空货运飞船将 5 颗小型实验卫星运抵国际空间站，9 月，日本宇航员星出彰彦从"希望"号实验舱将这些小卫星释放并投入轨道。② 日本政府、太空研发机构、学术界和产业界相互配合，利用"希望"号实验舱进行了多方面的研究，取得了令人瞩目的成绩。③ 在地球观测、生命科学、航天医学等领域，"希望"号能够为日本的太空活动积累丰富经验。

2005 年，宇宙航空研究开发机构出台《JAXA 长期愿景——JAXA2025》报告，表示"基于自主的太空战略，在国际上，日本与欧美国家形成具有竞争力的优势互补和合作，加深了对太空领域的认知"。④ 2007 年 3 月，日本在京都主办了全球协作的太空探索战略专题研讨会，来自世界不同国家的 14 个太空组织参加了

---

① 日本宇航员古川聪在太空停留 167 天后重返地面，刷新了日本人在国际空间站停留时间的记录。

② 王志坚著：《战后日本军事战略研究》，时事出版社，2014 年版，第 152 页。

③ 狄小明、肖武平：《"国际空间站"日本"希望"号实验舱在轨应用》，《卫星应用》2013 年第 5 期，第 51 页。

④ 宇宙航空研究开发机构：『JAXA 長期ビジョン―― JAXA2025』、http：//www. jaxa. jp/about/2025/pdf/2025_02. pdf。

本次研讨会，重点讨论了机器人应用以及如何利用数据共享使太阳系目标探索任务效益最大化。召开研讨会的目的之一，是评审并做成各国间"协作框架"文件，建立有益于全球太空探索发展的协作机制。2010 年 9 月，日本分别与意大利、挪威和法国等国签署了机构间太空合作协议。2011 年 10 月，日本表示将与土耳其在太空领域开展合作。

日本民间企业也同国外企业进行太空合作，如三菱重工与欧洲阿里安公司的合作关系就相当密切。双方曾就发射服务达成协议，用户可以使用 H－2A 与阿里安－5 两种型号火箭中的任一种发射卫星。日本无人自由飞行器研究院和欧洲火箭发射服务公司签署了卫星发射合同，旨在加强技术合作，验证恶劣太空环境中零件与技术的可靠性并制定太空设备设计指导方针。

国际太空合作不仅巩固了日本太空大国地位，还有助于其军事大国目标的实现。在导弹防御方面，日美澳三国建立了导弹防御系统联合研究框架。2007 年，三国外交部和国防部官员在东京举行会议并就该框架的建立达成一致。

在强化与太空大国展开合作的同时，日本有意帮助东南亚、非洲国家加强太空探索计划的制定与实施。2008 年 12 月 2 日，宇宙开发战略本部公布了今后日本太空战略的基本方向：提升国民生活水平、强化安全保障、推进太空外交、发展太空产业、为下一代提供太空梦想。[①] 这里的"太空外交"，指日本政府以经济开发援助形式，通过提供卫星情报和太空开发技术等手段加强与亚非和中南美地区发展中国家合作，以此换取支持，为日本成为联合国常任理事国创造有利条件。日本不仅向东盟国家出售商业

---

① 内閣府：『宇宙基本計画の基本的な方向性について＜実効性のある国際貢献と国民生活の質の向上＞平成 20 年 12 月 2 日』，http：//www. kantei. go. jp/jp/singi/utyuu/kettei/081220/houkou. pdf。

卫星，还向东盟有关国家提供军用卫星，如2013年日本向越南提供了可以军用的先进对地观测卫星，让这些国家享受太空技术带来的"好处"。日本还有意让东盟国家加入到"国际空间站计划"，如2015年8月，日本向美国提议，让东盟宇航员进入国际空间站，在日本"希望"号实验舱进行联合试验。①

第三节　日本太空战略调整的特点与启示

在21世纪初期政治大国化的推进过程中，日本政府对其太空战略进行了大幅调整。经过多年实践，在《宇宙基本法》《宇宙基本计划》等法律法规的指导下，日本取得了突破军事利用太空禁区，完善太空管理体制，提高太空技术应用程度，推进太空商业开发，增强太空自主性等一系列成就。日本太空战略调整内容广泛，过程清晰，特点鲜明，对制定符合国情的、富有中国特色的太空战略具有一定启示意义。

一、日本太空战略调整的特点

（一）兼顾安全保障与产业振兴

《宇宙基本法》和《宇宙基本计划》的实施，将过去以研究开发为主导的太空政策转为重视安全保障和产业振兴。② 太空战略上升为与国家安全保障密切相关的国家战略。在日本太空战略调整的过程中，摆脱"非军事化"束缚，服务于政治大国和军事大国目标的特点表现得非常明显。《宇宙基本法》强调了太空开

---

① 何奇松：《日本太空政策的军事化》，《上海交通大学学报（哲学社会科学版）》2017年第1期，第12页。

② 袁小兵：《日本太空事业发展探析》，《国际观察》2011年第6期，第56页。

发对于安全保障的重要意义，"宇宙的开发利用必须为提高国民生活水平，保障国民安全，消除灾害、贫困及其他给人类带来的威胁，确保国际和平安全及保障本国安全做贡献"。① 太空产业本身具有军民两用的特性。日本利用自身"寓军于民"的太空开发体制，借助产业开发和市场化因素，大力提升太空军事能力。同时，由于太空产业具备技术含量高、经济回报大等特点，产业化已经成为全世界太空开发的发展方向，"为加强太空产业及其相关产业的国际竞争力，必须支持国产太空技术振兴"。② 日本积极推进产、学、研、军等各界的联合，加速对太空科学技术的开发利用。日本在冶金、精密机械加工、光学传感器、通讯系统、雷达、卫星姿态控制系统、电力系统、电子控制系统等材料与技术方面具有极大优势。但是，由于日本火箭、卫星的发射成功经验偏少、实证能力偏弱、发射成本过高等原因，日本在太空领域的国际竞争中一直处于劣势。③ 日本希望通过颁布法律法规、制定长期规划、加强太空国际合作等手段对太空战略进行调整，缓解太空科技发达同产业应用能力较差之间的矛盾，实现以太空产业振兴带动整个国家产业振兴的既定目标。

（二）重视太空开发军民融合

无论是军事领域还是民生领域，人类对太空的依赖越来越大。冷战时期，作为战败国的日本发展太空事业受到联合国和国内法的严格限制。为了突破限制，日本另辟蹊径，其

---

① 内阁府：『宇宙基本法（平成二十年五月二十八日法律第四十三号）』、http://law.e-gov.go.jp/htmldata/H20/H20HO043.html。

② 内阁府：『宇宙基本法（平成二十年五月二十八日法律第四十三号）』、http://law.e-gov.go.jp/htmldata/H20/H20HO043.html。

③ H-2A 火箭发射一颗卫星的费用大约是 80—100 亿日元，这个价格比欧盟国家或者俄罗斯类似火箭发射费用高出 10%—30%。

太空探索从民间开发事业起步。从另一角度说，日本正是因为无法突破"和平宪法"以及国会相关决议，所以在太空项目上只能"寓军于民"。如今，日本太空战略调整越来越向安全保障领域倾斜，服务于日本军事安全，为实现"军事大国"目标服务。日本政府将原来分散在防卫省、宇宙航空研究开发机构、文部科学省、国土交通省、外务省等政府部门的太空资源集中到一起，交由防卫省主导，研发和应用可以军用的太空技术和太空武器，民为军用，太空开发利用兼顾安保保障与太空产业开发。① 日本太空产业已经实现以宇宙开发战略本部为战略主导，统筹防卫省、文部科学省、经济产业省、国土交通省等部门的太空活动，以宇宙航空研究开发机构为核心执行具体科研开发业务，以大学、科研院所和企业界为产业振兴基础的军民结合的综合性体系构建。② 2012 年 6 月，日本通过《独立行政法人宇宙航空研究开发机构法》，对其进行改革。从此以后，宇宙航空研究开发机构可以研制用于安全保障的间谍卫星，太空开发可以用于防卫领域，扩大了太空的军事开发应用。此外，私人企业也可以参与宇宙航空研究开发机构的太空计划，进一步实现了日本太空开发的商业化。

2016 年，日本防卫装备厅③出台《防卫技术战略》，提出要加强作为日本防卫基础的国防技术的发展及应用。日本一直重视

① 李秀石：《安倍内阁"重启"日本宇宙战略——从和平研发技术到"军事利用宇宙"的演变》，《国际观察》2005 年第 1 期，第 72 页。

② 郭锐：《冷战后日本航天产业发展及其军事化的影响》，《同济大学学报（社会科学版）》2016 年第 4 期，第 26 页。

③ 2015 年，安倍对防卫省内部机构进行改革，在防卫省下设防卫装备厅。防卫装备厅以高效采购防卫装备等为目的，合并了原防卫省技术研究总部和装备设施总部。该厅的设置一改之前各军种管理自身装备的低效模式，对装备研发、购买到报废进行统一管理并加强与他国的技术交流与合作，以提升日本国防技术的能力及影响力。

国防技术和民用技术之间的去边界化和多功能化。日本希望通过《防卫技术战略》的制定进一步推动军民技术的相互转化，既要充分利用既有国防产业中的先进技术，还要将目光置于其他更广阔领域中的先进技术，将其用于先进武器装备的制造。[①] 这与同年内阁会议审议通过的《第五期科学技术基本计划（2016—2020）》[②] 中提出的"科学技术具有多义性，某一用途的研究成果可以活用于其他目的"观点一致。[③] 防卫省正在调查日本各行各业的中小企业中是否存在可用于自卫队装备改进的技术，比如军装、防护服所用的布料纤维等，发掘与军工产业暂时没有合作关系但拥有高技术的企业，寻找和创造机会，将这些高技术应用到防卫事业中来。日本军用装备的采购、分包、合作研发等存在过度依赖传统大型军工企业的现象，如三菱重工、川崎重工、新明和工业、IHI 株式会社（原石川岛播磨重工）小松制造、日本制钢所等。未来日本要调整这种军民合作模式，希望扩大防卫省合作伙伴的数量和所在领域。在民用技术转为军用的问题上，连美国国防部都一直对日本企业界拥有的各种高级技术保持关注。

（三）注重太空开发集中统一

日本对太空进行开发利用的历史过程非常复杂，其政治决策与管理体制在不同时期也各有不同。从太空决策及领导架构来看，大体经历了政府各部门共同参与、政府部门与民间机构共同

---

① 防衛装備庁：『防衛技術戦略技術的優越の確保と優れた防衛装備品の創製を目指して』，http：//www. mod. go. jp/atla/soubiseisaku/plan/senryaku. pdf。

② 《第五期科学技术基本计划（2016—2020）》是日本政府自 1995 年实施《科学技术基本法》、1996 年实施《第一期科学技术基本计划（1996—2000）》以来的第五个国家科技振兴综合计划。

③ 内閣府：『科学技術基本計画平成 28 年 1 月 22 日閣議決定』，http：//www8. cao. go. jp/cstp/kihonkeikaku/5honbun. pdf。

参与、内阁高度集权的一元化领导三个阶段。① 在 2008 年《宇宙基本法》实施以前，日本长时间存在多机构并存、相互竞争、各自为政、单独制定并实施太空政策的弊端，国家太空事业发展缺乏计划性。虽然也有指导太空开发的各种政策，但非常分散，在实际过程中不能形成统一指导力，严格意义上不能称之为太空战略。②

《宇宙基本法》实施后，日本成立宇宙开发战略本部，抽调内阁府、文部科学省、经济产业省和防卫省等政府部门相关人员组成了事务局，形成了高度集权的太空开发统一领导体制。宇宙开发战略本部负责宇宙基本计划的制定与实施，其事务由内阁处理，在处理具体事务时还可以向政府机构、地方行政机构、独立行政法人提出要求。③ 宇宙开发战略本部的本部长由内阁总理大臣担任，副本部长由内阁官房长官担任，本部员由全体国务大臣担任，从决策级别及规模可以看出日本对太空开发的重视程度。至此，日本形成了内阁总理大臣及其领导的宇宙开发战略总部决策、文部科学省管理、宇宙航空研究开发机构（JAXA）具体实施的国家对太空开发统一领导格局。④ 宇宙战略室成立后，作为日本太空开发的总指挥中心，负责统一规划太空事业并合理分配预算投入，保证了太空战略调整的快速高效推进。日本太空战略调整和实施能否成功的决定性因素正是一元化的领导和集中统一的决策体制。

---

① 李秀石：《安倍内阁"重启"日本宇宙战略——从和平研发技术到"军事利用宇宙"的演变》，《国际观察》2005 年第 1 期，第 61 页。

② 李秀石：《日本国家安全保障战略研究》，时事出版社，2015 年版，第 385 页。

③ 内阁府：『宇宙基本法（平成二十年五月二十八日法律第四十三号）』、http://law. e-gov. go. jp/htmldata/H20/H20HO043. html。

④ 王存恩：《对日本新"航天基本法"颁布后的航天政策与计划解读》，《国际太空》2009 年第 12 期，第 30 页。

二、日本太空战略调整对我国的启示

作为一个正在崛起的大国，中国必须强化对太空这一全球公域的认知并有所作为。太空安全是所有国家都面临的一个全新课题，是一个相对过去更加复杂，维护起来任务更加艰巨的国家安全领域。日本正在谋求与经济大国相适应的政治大国、军事大国地位。日本的火箭技术越来越纯熟，为未来突破进攻性武器禁区做了很好的技术储备。日本侦察卫星系统已经完成组网，太空态势感知能力不断提升，针对中国的情报收集能力空前提高，这给中国的战略安全环境带来严重威胁。我们应该认真分析日本太空战略调整的本质和前景，为经济发展、国家安全以及"中国梦"的实现做出更大贡献。

（一）活用太空为国家大战略服务

中国在太空领域已经取得了不俗的成绩。未来，要在国家大战略的指导下，继续推进太空事业向前发展，活用太空为国家大战略服务。太空战略要为中国崛起和中华民族"两个一百年"伟大目标的实现保驾护航。太空安全需要以技术和经济实力为支撑。随着经济水平和国际地位的日益提升，中国作为负责任的大国，应在包括太空事务在内的国际事务中发挥更大作用。中国应超越单纯利益观念，在议题设定、领导地位、影响国际秩序等方面有所作为，成为太空秩序的支持者、建设者甚至领导者，但绝非挑战者。①

中国坚持走和平发展道路，但以美国、日本等国为首的西方国家并不相信这一点。美国倾向于把世界看成一个简单的、温和的世界，坚信世界的发展要选择美国道路，忽视世界多样性并试

---

① 庞中英著：《全球治理与世界秩序》，北京大学出版社，2012年版，第175、197页。

图去改变那些与其不尽相同的文化。[①] 罗伯特·吉尔平（Robert Gilpin）说：现实主义的不平衡规律意味着，一个集团或国家实力的增加会使其受到诱惑，产生控制周边环境的企图。为提高自身安全感，它会力求在政治、经济以及领土方面的控制，还将试图改变国际体系，使之符合其特殊利益。[②] 西方国家囿于冷战时期大国争霸的既定思维，同时为了维护既有太空秩序与既得利益，大肆妖魔化中国在太空领域取得的进步和成就，企图阻挠中国和平崛起的步伐。在太空合作方面，美国向日本提供了大量支持，但中美合作的可能性很小。美国一直对中国采取歧视性政策，阻挠中国加入国际太空多边合作，反对中国进入国际空间站。2011 年，美国国会出台"沃尔夫条款"，禁止航空航天局（NASA）及与 NASA 有合同关系的其他太空企业与中国进行任何接触和合作。尽管如此，中国人不屈不挠，稳步推进以"神舟"载人飞船、"天宫"太空站以及"嫦娥"探月计划为代表的太空事业。在空间站问题上，中国可以与俄罗斯、欧洲、亚太其他国家展开双边合作。中俄两国是战略协作伙伴关系，在太空领域，俄罗斯是中国最亲密的伙伴。20 世纪 90 年代，俄罗斯向中国转让的太空技术为中国太空工业打基础起到至关重要的作用，两国在太空科学、深空探测等领域签署了多项长期合作协议。

（二）加大军民融合力度

日本工业基础牢固，科技发达，是一个不折不扣的将军工产业隐藏于民间的"军工大国"。日本始终致力于推进民用技术用于军事领域的"军民融合"。在日本，直接从事军工生产的大型

---

① ［美］迈克尔·H·亨特著：《意识形态与美国外交政策》，褚律元译，世界知识出版社，1999 年版，第 189 页。

② ［美］罗伯特·吉尔平著：《世界政治中的战争与变革》，武军等译，中国人民大学出版社，1994 年版，第 97 页。

企业有 20 多家，和防卫省有业务往来的企业有 2500 多家。冷战初期，由于受到国际条约以及国内法的限制，日本军队只能从事自卫和救援，不能在海外驻军和出口武器装备，军工产业以半军半民身份示人，军工企业以民用工业为依托进行发展。日本以民用为掩护，大力发展与军事相关的技术，如利用核电站积累核反应技术并以处理核废料名义储存大量可以制造核武器的钚，以太空开发为名大力发展固体燃料运载火箭，积累发展洲际导弹所需的关键技术。

当今时代，国防建设和经济建设的关系更为深刻复杂，特别是技术方面，军用技术和民用技术二者通用性越来越强，太空科技具有很强的军民两用性。中国特色的军民融合式发展与实现中华民族伟大复兴紧密相关。推动中国国防建设和经济建设良性互动，在中国全面建成小康社会的进程中实现富国和强军的统一，是实现"强国梦""强军梦"的必由之路，对于提高中国人民解放军能打仗、打胜仗，有效维护国家主权、安全、发展利益，具有重要的现实意义。① 目前，中国很多领域已经出现不少军民融合的成功案例，比如无人机等民间企业开发的技术越来越多地被吸收为军用技术。中国国家主席习近平高度重视军民融合。2015年 3 月 12 日，习近平主席在出席十二届全国人大三次会议时，强调要"把军民融合发展上升为国家战略"。2017 年 1 月，中共中央政治局成立了由习近平担任主任的军民融合发展委员会，该委员会作为军民融合发展重大问题的决策和议事协调机构，统一领导中国军民融合的深度和广度发展。

---

① 中华人民共和国国防部：《习近平高度重视军民融合说明了什么？——习主席对军民融合的深谋远虑和强烈忧患引出的战略话题》，http：//www. mod. gov. cn/jmsd/2017 – 02/04/content_4771493. htm。

（三）打造一元化决策体制

无论哪个国家，要想提高自身太空能力，赶超世界太空科研先进水平，最优化的组织体系及运行管理机制都是必不可少的。从日本太空事业取得的成功经验来看，最重要的一点就是集中统一决策、分工负责实施。改革前，日本多个省厅分管太空政策实施，缺乏一元化领导和统筹规划，片面强调技术研发，忽视实际应用，影响了日本太空产业的全方位发展和产业化进程。为解决这些问题，日本对太空管理体制进行了大幅改革，从表面上看，这是相关机构利益再分配的过程，但实际上是通过大幅度改革，以实现国家所有太空相关部门和机构避免资源浪费、形成合力的过程。

中国太空产业快速发展的同时，也存在一些问题和发展瓶颈。例如国家层面太空技术开发和太空活动管理的体制不够明确、机制不够顺畅的问题。太空是新的全球公域，是大国竞争的新权力场，在太空秩序构建过程中，国际社会必然要签署大量新规则、条约和框架协议。在这一过程中，中国要综合运用政治、经济、外交、军事等各种资源，制定最科学合理的太空战略，以维护自身太空权益。太空开发涉及军民多个层次，中央地方多个部门，容易出现相互缺乏沟通、资源难以共享的状况。精简机构能够消除分权鼎立、互相推诿和推卸责任的弊端，集中统一领导有利于明确职责，提高政府办事效率。因此，对整个太空资源进行整合与优化，形成集中统一领导是民心所向、大势所趋。

第五章 日本网络安全战略

近年来，伴随着网络技术的发展以及网络犯罪全球化、高端化等趋势的出现，世界各国都开始关注"网络安全"领域。日本网络安全战略发端于20世纪末，其最初只是强调信息通信技术的安全。随后，日本通过出台专门性的法律、成立多层次的机构、制定广泛而又细致的政策方针、开展"技术开发""人才培养""宣传教育""国际合作"等实践，使其网络安全战略日臻成熟。

第一节 日本网络安全战略的相关概念

目前，世界各国对"信息安全""网络安全""信息网络安全""网络空间安全""网络安全战略"等概念都有不同的解读和认知。研究日本网络安全战略，首先要结合日本的具体情况，明确以下几个概念。

一、信息安全与网络安全

关于"信息安全"与"网络安全"两个概念，各国都有不尽相同的定义。在中国国内，也有相关学者分别就"信息安全""网络安全""信息网络安全"等概念进行了定义，然而并没有得出公认统一的说法。金小川在《信息社会的重大课题：国家信息安全》中指出："信息安全意味着一国能够维持其政治、经济、军事、科技、文化和社会生活等领域的信息系统免于来自国内外的威胁、干扰、破坏，从而得以正常运行。"① 此外，美国学者杜恩·帕克将信息安全划分了 6 个内涵：一是国家和国防信息基础设施的安全，包括国防信息系统、通信系统、电力分配系统、交通系统等；二是信息本身的安全；三是信息系统的安全，包括情报系统、信息传递和交换系统、计算机系统及指挥控制系统等；四是基于信息过程的安全，即信息的获取、存贮、交换、传递和处理等；五是基于计算机网络的安全，防止非法用户进入网络、过滤不良信息；六是信息设备的安全，防止通过发射高能电磁脉冲、高功率微波、声波等使己方信息设备失灵的无线电干扰手段等。②

关于"网络安全"，也有相关学者给出了定义。程群在《奥巴马政府的网络安全战略分析》一文中指出："网络安全是指为保护网络基础设施、保障安全通信以及对付网络攻击所采取的措施。"③ 刘勃然在其博士论文中指出："网络安全是由电信网络、有线电视网络和计算机网络等多重网络形式所构建的信息网络、其所传输的信息以及所依托的物质实体的安全与稳定状态。"④ 此外，美国政府在其 2009 年 5 月出台的《网络空间政策评估》中，正式对"网络空间"进行了界定，指出："网络空间是指信息技术基础设施相互依存的网络，包括互联网、电信网、计算机系统以及重要行业中的处理器和控制器。常见的用法还指信息虚拟环

---

① 金小川：《信息社会的重大课题：国家信息安全》，《国际展望》1997 年第 17 期，第 29 页。

② ［美］Donn B. Parker 著，刘希良等译：《反计算机犯罪——一种保护信息安全的框架》，电子工业出版社，1999 年版，第 134 页。

③ 程群：《奥巴马政府的网络安全战略分析》，《现代国际关系》2010 年第 1 期，第 8 页。

④ 刘勃然：《21 世纪初美国网络安全战略探析》，吉林大学博士学位论文，2013 年 6 月，第 6 页。

境及人与人之间的互动。"① 顾名思义，美国认为的网络安全则是指对其网络空间安全的维护。

日本对"信息安全"与"网络安全"也都给出了明确的定义。2000 年 7 月 18 日，日本信息安全对策推进会议制定了《信息安全政策相关指针》，其中正式对信息安全进行了概念界定。指出"根据国际标准（ISO7498—2：1989）的定义，信息安全是指对信息资源的机密性、完整性、可用性的维护。本文件所述信息资源，仅限于电子及电磁信息资源，信息安全政策涉及范围包括：计算机、基础软件与应用软件、网络、通信机体、刻录媒介等构成的信息系统，登录记录、文件、图表等电子记录，接触到上述信息的相关人员。"② 2005 年 12 月 13 日，日本信息安全政策会议制定了《政府机关信息安全对策统一基准》，其中再次对信息的内涵进行了界定，指出："文件所述'信息'包括：信息系统内部储存的信息、信息系统外部的电子与电磁刻录载体所储存的信息、信息系统相关的纸质信息。"③ 2006 年 2 月 2 日，信息安全政策会议首次公布了日本第一份网络安全相关统合性政策文件《第一次信息安全基本计划》，该文件前言指出："近年来，伴随着信息通信基础的快速宽带化以及电子交易的日益频繁，世界规模的计算机病毒大肆蔓延，网络犯罪也不断增加，对国民生活以及社会经济紧密相关的基础设施的信息系统造成了巨大侵害，同时个人信息也在大量泄漏。因此，为了应对上述信息安全问题，

---

① The White House, "Cyberspace Policy Review: Assuring a Trusted and Resilient Information and Commu-nications Infrastructure", May 2009, http://www.whitehouse.gov/assets/documents/Cyberspace_Policy_Review_final.pdf.

② 情報セキュリティ対策推進会議：『情報セキュリティポリシーに関するガイドライン』、http://www.nisc.go.jp/active/sisaku/pdf/ISP_Guideline_20021128.pdf.

③ 情報セキュリティ政策会議：『政府機関の情報セキュリティ対策のための統一基準』、http://www.nisc.go.jp/active/general/pdf/k303 – 052.pdf.

日本有必要采取统筹性与实效性的对策。"① 可见，文件所述的"信息安全"问题的范畴与一般意义上讲的"网络安全"的范畴大致相当。

　　日本最初于 20 世纪末使用"信息安全"一词时，着重强调了信息通信技术的安全。然而，日本在制定相关政策时，并没有仅仅局限于对信息通信技术安全的维护。尤其是信息安全政策会议于 2005 年 5 月成立后，作为日本网络安全战略的最高决策机构，相继出台了《第一次信息安全基本计划》《第二次信息安全基本计划》和《守护国民的信息安全战略》等方针性文件。通过研读可以发现，上述文件虽然沿用了"信息安全"一词，但从其内容来看，文件中所述的"信息安全"早已超越了"信息通信技术安全"的内涵，其核心内涵就是为了维护日本网络空间的安全。后来，伴随着美国对"网络空间""网络安全"等概念的逐步明确以及该类词汇使用频度的逐渐加大，日本也在 2013 年 6 月通过发布《网络安全战略》，正式将"信息安全"的说法改为"网络安全"。《网络安全战略》中所述的战略内涵与战略措施的范畴基本延续了前几次以"信息安全"冠名的战略性文件的范畴。因此可以断定，日本所说的"信息安全"即是"网络安全"之义，两个词只不过是从不同角度阐述了同一内涵。本著在写作过程中，为了确保论述流畅与连贯一致，根据日本相关文件的名称而变换使用了"信息安全"与"网络安全"等词汇，在此统一说明：文章所述"信息安全"即为"网络安全"。

　　值得注意的是，日本国会于 2014 年 11 月 6 日通过了《网络安全基本法》，其中首次正式对"网络安全"这一概念进行了界定。法案指出："网络安全是指，为了防止以电子或电磁等方式

---

　　① 情報セキュリティ政策会議：『第 1 次情報セキュリティ基本計画』、http：//www. nisc. go. jp/active/kihon/pdf/bpc01_ts. pdf。

记录、发送、传递、接收的信息发生泄漏、丢失或损毁等对相关信息的安全管理采取必要措施，为了确保信息通信系统、信息通信网络的安全性和信赖性而采取必要措施，并对其安全状态进行适当的维护和管理。"①

此外，法案还规定日本将于 2015 年内成立"网络安全战略本部"，本部长由内阁官房长官担任。届时与"网络安全战略本部"基本具有相同机能和架构的"信息安全政策会议"将被废止；与此同时，"内阁网络安全中心"成立，并相应取代"内阁官房信息安全中心"。② 日本此举通过法律文件的方式正式将"网络安全"这一概念普及化，其主要目的则在于统一国内对相关概念的界定，并正式用"网络安全"取代"信息安全"。2015 年 1 月 9 日，日本正式成立了"网络安全战略本部"与"内阁网络安全中心"；与此同时，"信息安全政策会议"与"内阁官房信息安全中心"被废止。③ 可以说，在日本正式使用"网络安全"这一概念之前，其政策方针与实践内容虽然冠以"信息安全"的名义，但其具体内涵则是与"网络安全"相契合。所以，不能单纯地认为日本只有正式使用了"网络安全"一词才具有了网络安全战略。这也再次显示了本著事前声明所述"信息安全"与"网络安全"内涵基本一致的重要意义。

二、战略与日本网络安全战略

本著的核心内容为对日本的网络安全战略进行研究，因此，

---

① 衆議院. 立法情報：『サイバーセキュリティ基本法』、http：//www. shugiin. go. jp/internet/itdb_gian. nsf/html/gian/honbun/houan/g18601035. htm.

② 情報セキュリティ政策会議：『第 41 回会合発表資料 1－1』、http：//www. nisc. go. jp/conference/seisaku/dai41/pdf/41shiryou0101. pdf。

③ 「サイバー攻撃対応：政府に司令塔 NISC90 人体制発足」、http：//mainichi. jp/select/news/20150110k0000m010041000c. html。

有必要厘清"战略"的概念以及"日本网络安全战略"的内涵。美国学者约翰·柯林斯指出："战略是在各种情况下运用国家力量的一门艺术和科学，以便通过威胁、武力、间接压力、外交、诡计以及其他可以想象到的手段，对敌方实施所需要的各种程度和各种样式的控制，以实现国家安全的利益和目标。"① 而战略研究的核心内容则是对战略要素的分析与解读。对于战略要素的划分，美国前参谋长联席会议主席玛克斯韦尔·泰勒认为是"战略＝战略目标＋战略方针＋战略手段"②；李锦坤等在《战略思维》一书中则认为，"战略要素应包括战略目的、战略判断、战略决策、战略实践与战略总结"。③

目前，日本及世界各国对日本网络安全战略的研究还不够深入，日本部分学者只是对日本网络安全战略的内涵进行过简单介绍，不够全面和具体；中国对日本网络安全战略的研究也处于起步阶段，研究成果也主要集中于对日本网络攻防力量方面的总结与归纳。日本虽然已于 2013 年公布了《网络安全战略》这一文件，但该文件并不代表日本网络安全战略的全部，只不过是日本网络安全战略丰富内涵中的一个政策方针，并没有对日本网络安全战略进行系统的梳理、总结与研究。本报告将结合日本及世界对"网络安全"这一概念的共识以及战略相关要素对日本网络安全战略进行系统研究，并将日本网络安全战略定义为：日本相关机构为了防止以电子或电磁等方式记录、发送、传递、接收的信息发生泄漏、丢失或损毁，并且为了确保信息通信系统、信息通信网络的安全性和信赖性，而制定相关政策方针、采取一系列相

① 约翰·柯林斯著：《大战略》，解放军军事科学院译，战士出版社，1978 年版，第 43 页。

② 张林宏：《美国战略思想源流考》，《国际政治研究》2002 年第 4 期，第 140 页。

③ 李锦坤、王建伟著：《战略思维》，天津社会科学出版社，2003 年版，第 62 页。

关措施的活动过程。

第二节　日本网络安全战略的实施机构

日本网络安全战略的实施机构作为日本网络安全战略实践中的基石，发挥着重要的支撑性、引导性、指挥性作用。相关机构涉及中央机构、省厅机构、法人机构三个层次，统筹明晰、分工明确、结构合理，同时具有融合性强、效率高等特点。

一、日本网络安全战略相关中央机构

2000 年 12 月 6 日，日本国会正式通过了《高度信息通信网络社会形成基本法》（《IT 基本法》），其中，第二十五条规定："为了迅速且着重推进高度信息通信网络社会的形成等相关政策和措施，在内阁设置高度信息通信网络社会推进战略本部（IT 统合战略本部）"；第二十八条规定："本部长由内阁总理大臣担任，负责统筹本部事务、指挥监督所属成员"。① 据此，日本内阁于 2001 年 1 月正式成立了 IT 统合战略本部，负责包括信息安全在内的信息通信领域中的一切事务。在 2014 年 10 月 15 日之际，IT 统合战略本部长为日本首相安倍晋三，副本部长为信息通信技术政策担当大臣山本一太、内阁官房长官菅义伟、总务大臣高市早苗、经济产业大臣小渊优子等 4 人，成员包括其他所有国务大臣及相关专家学者。在 IT 统合战略本部成立之前，为了确保信息通信的安全与畅通，日本政府于 2000 年 2 月 29 日正式决定成立了"信息安全对策推进会议"，并相应废止了"信息安全相关省厅局

---

① 『高度情報通信ネットワーク社会形成基本法（平成十二年十二月六日法律第百四十四号）』、http://law. e-gov. go. jp/htmldata/H12/H12HO144. html。

长联络会议"。"信息安全对策推进会议"议长为内阁官房副长官，成员主要包括各省厅长官官房长。与此同时，作为"信息安全对策推进会议"的实体事务机构，日本内阁官房设置了"信息安全对策推进室"。这两个机构在一定时期内作为日本网络安全战略相关的中央机构，发挥着分析考察网络安全态势、制定网络安全政策法规、组织协调各省厅开展网络安全相关事务等职能。

2004年12月7日，日本IT统合战略本部基于信息安全基本问题委员会"第一次建言"①的报告内容，正式通过了《重新审视政府在信息安全问题方面的作用与机能》决议方案，决议指出："为了强化制定、推进信息安全政策相关的基本战略等机能，并且为了确保能够顺畅协调、指导各省厅之间制定信息安全相关基准，应该在IT战略本部下设'信息安全政策会议'（临时名称），该会议将拥有'制定信息安全政策的相关基本战略'、'对基于基本战略的信息安全政策进行事前评价'、'对信息安全政策进行事后评价并公开评价结果'、'制定关于信息安全对策的政府统一基准'、'对各相关省厅的信息安全对策进行建议'、'应对信息安全相关紧急事态'等6项基本职能。此外，为了以政府统合机构的身份顺畅制定、推进信息安全政策相关基本战略，并且为了强化统筹各省厅实施的信息安全对策，应该强化并扩充现有的内阁官房"信息安全对策推进室"，在内阁官房下设"国家信息安全中心"（临时名称），该中心将拥有'制定基本战略草案并提交信息安全政策会议讨论'、'促进政府各机关对统合对策的执行'、

① 情報セキュリティ基本問題委員会：『第1次提言』、http：//www.nisc.go.jp/conference/kihon/teigen/pdf。

'支援政府各机关应对相关事态'等三项基本职能。"①

2005 年 4 月 21 日，日本"内阁官房信息安全对策推进室"根据《重新审视政府在信息安全问题方面的作用与机能》，正式决定于 4 月 25 日设置"内阁官房信息安全中心"（NISC），以替代"内阁官房信息安全对策推进室"在今后发挥统筹推进信息安全相关战略的机能。② 随后，2005 年 5 月 30 日，日本 IT 统合战略本部正式决议设置"信息安全政策会议"，并规定："议长为内阁官房长官，代理议长为信息通信技术担当大臣，成员包括国家公安委员会委员长、防卫厅长官、总务大臣、经济产业大臣及相关专家学者。同时废止信息安全对策推进会议。"③ 通过比较可以发现，在议长及成员级别的配置方面，"信息安全政策会议"要高于"信息安全对策推进会议"。由此可以推断，日本政府愈加重视信息安全的相关工作。自此，"信息安全政策会议"与"内阁官房信息安全中心"作为日本网络安全战略的两个中央核心机构发挥着统筹管理全国相关事务的机能。

值得一提的是，伴随着日本网络安全战略在国际合作领域的不断拓展，自 2012 年 1 月 24 日的第 28 届信息安全政策会议开始，外务大臣也列席会议。此外，伴随着各省厅间网络安全事务的协调需求逐渐加大，日本政府又于 2010 年 12 月 27 日再次恢复了由各省厅官方长构成的"信息安全对策推进会议"，并将其设置在信息安全政策会议之下。2015 年 1 月 9 日，日本正式成立了

---

① 高度情報通信ネットワーク社会推進戦略本部：『情報セキュリティ問題に取り組む政府の役割・機能の見直しに向けて』、http：//www. kantei. go. jp/jp/singi/it2/kettei/041207minaosi. pdf。

② 内閣官房情報セキュリティ対策推進室：『内閣官房情報セキュリティセンター（NISC）の設置について』、http：//www. nisc. go. jp/press/pdf/nisc_press. pdf。

③ 高度情報通信ネットワーク社会推進戦略本部：『情報セキュリティ政策会議の設置について』、http：//www. nisc. go. jp/conference/seisaku/pdf/050530seisaku-press. pdf。

"网络安全战略本部"与"内阁网络安全中心";与此同时,"信息安全政策会议"与"内阁官房信息安全中心"被相应废止。①
新的战略本部将遵循2014年11月通过的《网络安全基本法》进行运作,并与NSC和IT综合战略总部开展合作。新的"内阁网络安全中心"由国家安全保障局次长高见泽将林担任第一把手;主要成员由外务、防卫、警察等各部门外派职员及IT相关企业的职员等人组成。对此,日本政府相关人士指出:"网络空间的危险性正在全球范围内加剧。"② 目前,战略总部和内阁网络安全中心将致力于强化国际合作和确保专业人才。

二、日本网络安全战略相关省厅机构

如上所述,"信息安全政策会议"与"内阁官房信息安全中心"作为网络安全战略的中央机构,发挥着制定网络安全相关战略、统筹全国网络安全事务的机能。而总务省、经济产业省、外务省、防卫省、警察厅等5个部门的下属相关机构则主要负责具体安全基准的制定与具体事务的执行。

总务省主要负责日本网络安全战略中有关通信与网络政策的事务。其责任机构为2007年7月组建的信息流通行政局。该局主要包括:总务课、信息流通振兴课、信息通信作品振兴课、信息通信利用促进课、地域通信振兴课、放送政策课、放送技术课等。其中,信息流通振兴课下设信息安全对策室,该室具体执行和协调日本网络安全方面的相关事务。总务省在日本网络安全战略的实施方面发挥着重要作用,自2001年开始,每年出台一部

---

① 『サイバー攻撃対応:政府に司令塔 NISC90人体制発足』、http://mainichi.jp/select/news/20150110k0000m010041000c.html。

② 《日政府将把阁僚会议升级为"网络安全战略总部"》,http://china.kyodonews.jp/news/2015/01/89714.html。

《信息通信白皮书》，并在其中公布"信息安全相关威胁的近期动向""国民关于信息安全的意识调查""日本在确保信息安全的行动"等内容。此外，总务省还设置有专门网站"为了国民的信息安全网站"①；开设有"信息安全顾问团研究会"② 和"智能手机·云安全研究会"。③ 上述研究会主要由专家学者组成，为总务省制定相关政策提供建言。另一方面，总务省还同经济产业省一起设置了"密码技术研讨会"④，并同经济产业省、警察厅一起，依据《不当侵入行为禁止法》，从2009年开始每年定期公布一次"不当侵入行为发生状况及登录控制机能相关技术研究开发状况"的报告。

经济产业省主要负责日本网络安全战略中有关信息政策的事务。其责任机构为2001年1月组建的商务信息政策局。该局主要包括：信息政策课、信息经济课、信息处理振兴课、信息通信机器课等。其中，信息政策课下设的信息安全政策室以及信息处理振兴课，主要负责日本网络安全战略方面相关事务的执行与协调工作。经济产业省开设有"网络攻击解析协议会""控制系统安全讨论小组""网络安全与经济研究会"等常设会议，并定期组织在电力、燃气、建筑、化学等重要基础设施领域举行网络安全演习。在网络安全战略方面，经济产业省主要负责八大业务：协助企业经营者建立信息安全管理机制、面向国民进行相关普及教育事业、贯彻《电子署名及其认证业务法》中的相关制度规定、

---

① 総務省：『国民のための情報セキュリティサイト』、http：//www. soumu. go. jp/main_sosiki/joho_tsusin/security/index. html。

② 総務省：『情報セキュリティアドバイザリーボート』、http：//www. soumu. go. jp/main_sosiki/kenkyu/ictsecurity/index. html。

③ 総務省：『スマートフォン・クラウドセキュリティ研究会』、http：//www. soumu. go. jp/main_sosiki/kenkyu/smartphone_cloud/index. html。

④ 『暗号技術検討会』、http：//www. cryptrec. go. jp/index. html。

评价 IT 相关产品的安全性能、贯彻信息安全管理与检查制度、评价密码技术、处理应对软件及网站漏洞、指导应对网络钓鱼事件。

外务省主要负责日本网络安全战略中有关国际合作的事务。日本在最初制定并实施网络安全战略的阶段，并没有将外务省作为重要支撑部门加以考虑。然而，伴随着日本不断拓展在网络安全方面开展国际业务的需求，外务省统合外交政策局安全保障政策课开始承担大量的相关工作。外务大臣自 2012 年 1 月开始列席信息安全政策会议，并于 2013 年 5 月正式成为信息安全政策会议成员，开始参与日本网络安全战略相关问题的讨论与决策。为了更好地协调日本网络安全战略中的国际合作事务，外务省还专门设置了网络政策担当大使。到目前为止，在外务省相关机构的协调参与下，日本分别和美国、英国、印度、爱沙尼亚、越南等国家建立了定期网络对话交流机制；此外，在相关框架下，日本还同欧盟、东盟等地区性组织建立了定期网络安全磋商机制；同时，日本还积极参与了伦敦会议、布达佩斯会议、首尔会议等与网络安全相关的国际会议，并签署了一系列重要文件。2014 年 10 月 21 日，中日韩三国为了共同打击网络犯罪、维护国际网络秩序与安全，于北京召开了"中日韩网络协议会"，日本派出了由外务省网络政策担当大使河野章领队，由内阁官房、总务省、经济产业省、防卫省、警察厅等相关人员组成的代表团与会。可见，外务省已成为日本网络安全战略实施过程中的重要支撑部门。

警察厅主要负责日本网络安全战略中网络犯罪的应对工作。伴随着网络普及化的进展及网络犯罪案件的增多，警察厅于 1998 年 6 月公布了"高技术犯罪对策重点推进项目"，提出了建立"网络警察"体制的构想。1999 年 4 月，警察厅在其信息通信局下设置了"信息技术解析课"（最初命名为"技术对策课"），用以指导解决各都道府县警察本部在侦破网络犯罪案件中的技术问题。"信息技术解析课"下设的网络恐怖主义对策技术室被称为"网络力量中心",负责常态监视互联网治安态势以及对相关情报进行搜集和分析,并在东京、札幌、仙台、埼玉、名古屋、大阪、广岛、高松、福冈等 9 个地方设置了网络力量据点。与此同时,日本 47 个都道府县的警察本部均相继设立了网络犯罪对策室①,并配备了相应职能的网络犯罪搜查官。此外,警察厅生活安全局下设的网络犯罪对策课则主要负责相关政策的制定及相关活动的组织协调,该网络犯罪对策课下设有统合安全对策会议,召集相关专家学者就警察厅与产业界在网络安全方面的合作展开讨论。

防卫省主要负责日本网络安全战略中国家安全保障方面的工作。其责任机构为 2008 年 3 月组建的指挥通信系统队。该队由统合幕僚监部指挥通信系统部的指挥通信系统运用课改编而成,队员包括陆海空自卫队员及相关技术人员。为了进一步强化对网络攻击的应对,指挥通信系统队于 2014 年 3 月 26 日成立了网络防卫队。日本防卫省在其《关于组建网络防卫队一事》的公告中指出:"网络防卫队将 24 小时监视自卫队的互联网并时刻准备应对网络攻击事态的发生,与此同时,还将统一从事对网络攻击的相关情报进行收集、分析和调查研究。自卫队将以网络防卫队为核心机构同相关省厅展开合作,强化日本应对网络攻击事态的能力。"② 另一方面,陆上自卫队通信团下属的系统防护队主要负责防止陆上自卫队的计算机运行系统遭受网络攻击等任务,该防护队成立于 2001 年 1 月,起源于 2000 年日本中央省厅网站遭受攻

---

① 东京都警视厅将其设置的相应机构命名为"高技术犯罪对策统合中心"。

② 防卫省:『サイバー防衛隊の新編について』、http://www.mod.go.jp/j/press/news/2014/03/25d.html。

击的事件，其驻地为东京市之谷。此外，陆上自卫队警务队下属的中央警务队也拥有着应对网络攻击方面的机能。

三、日本网络安全战略相关法人机构

除了内阁官房信息安全中心这一中央机构以及相关省厅机构外，信息通信研究机构（INCT）、信息处理推进机构（IPA）、日本信息经济社会推进协会（JIPDEC）、日本网络信息中心（JPN-IC）、日本网络安全协会（JNSA）、日本计算机应急处理队协调中心（JPCERT/CC）等法人机构也在日本网络安全战略中发挥着不可替代的重要作用。

信息通信研究机构（INCT）为总务省下管的独立行政法人，成立于 2004 年 4 月 1 日，主要负责信息通信技术的研究开发以及信息通信领域的事业支援等工作。该机构下设 4 个部门、6 个研究所、5 个研究中心、3 个研究室，其中，位于东京都小金井市本部的网络安全研究所以及网络攻击对策统合研究中心主要担负着该机构维护日本网络安全的相关责任。网络安全研究所下设网络安全研究室、安全体系研究室、安全基础研究室，三个研究室分别负责研究开发用以观测、跟踪、分析、应对、预防网络攻击的网络安全技术、包含有移动信息终端、云结构、新世代网络等内容的安全体系技术，从现代密码理论到量子安全领域的安全基础技术。网络攻击对策统合研究中心下设两个研究室。其中，网络防御战术研究室以 INCT 开发的网络攻击事故分析系统（INC-TER）为依托，主要从事于目标型攻击的观测技术、实用通信量的实时分析技术、主机型入侵检测系统和网络型入侵检测系统的融合技术等内容的研究开发；网络攻击验证研究室则主要从事网络攻击事件的再现与模拟、网络安全技术性能的检测与评价等工作。

信息处理推进机构（IPA）为经济产业省下辖的独立行政法人，成立于 2004 年 1 月 5 日，主要负责全面提升日本软件领域的国际竞争力等相关工作。该机构下设的安全中心（IPA／ISEC）根据经济产业省相关公告，对电脑病毒、不当入侵等事件进行受理，并在掌握相关网络事故信息的基础上，公布处理事故的指导性信息，调查、评价密码技术，评价、认证操作系统的安全性能等，同时发布相关信息，对国民的网络利用进行指导与建议。目前，信息处理推进机构还负责全日本"IT 安全评价及认证制度"与"密码模块测验与认证制度"的执行。该机构基于 ISO／IEC15408 国际标准，对日本 IT 关联产品的安全性能进行评价与认证；基于内阁官房信息安全中心相关文件，对日本密码模块进行测验与认证。此外，该机构还开设有 IPA 信息安全研讨会，并定期公布《安全白皮书》《信息安全意识调查》《信息安全事故状况调查》《信息安全读本》《互联网安全教室》等与日本网络安全相关的研究报告及文件。

日本信息经济社会推进协会（JIPDEC）为总务省和经济产业省共同管辖的一般财团法人。该协会组建于 2011 年 4 月 1 日，主要从事个人隐私保护标志制度、电子署名和认证制度、信息安全管理系统（ISMS）适用性评价制度的执行等工作。此外，该协会还负责组织面向高校学生的"20 岁以下人员程序设计比赛"的评奖活动。

日本网络信息中心（JPNIC）为总务省、经济产业省、文部科学省共同管辖的一般社团法人。该中心成立于 1997 年 3 月 31 日，主要负责分配 IP 地址、管理日本根服务器等工作。此外，该中心还定期召开日本互联网管理会议、及时更新相关统计数据、系统公布互联网相关知识等。

日本网络安全协会（JNSA）为特定非盈利活动法人。该协会成立于 2001 年 7 月 12 日，包含 158 家会员单位，下设信息安全教育事业者联络会、日本安全合作事业者协议会、产学信息安全人才育成研讨会、安全竞技执行委员会等机构，主要从事启发和普及网络安全的重要性、提供网络安全相关信息、组织网络安全相关教育活动、制定网络安全相关基准、研究开发网络安全相关技术、促进网络安全相关团体间合作与国际交流等活动。此外，该协会还定期举办面向中小企业信息安全、面向 IT 产品安全性能等内容的各种研讨会，并设立了"JNSA 奖"，用以鼓励为信息安全事业做出贡献的团体及个人。

日本计算机应急处理队协调中心（JPCERT/CC）为一般社团法人，成立于 1996 年 10 月，并在 2009 年 6 月 18 日正式更名于此。该中心主要负责运用互联网定点观测系统（ISDAS）、受理应对日本国内网络安全事故报告、提供网络安全事故状况相关信息等工作。

此外，日本数据通信协会、产业技术统合研究所、日本产业协会、日本通信贩卖协会、著作权信息中心、信息处理学会电脑安全研究会、电子信息通信学会信息安全研究会、国民生活中心等法人，也在日本网络安全战略中发挥着一定的作用。

第三节　日本网络安全战略的政策方针

步入 21 世纪后，日本网络安全战略逐渐明朗起来。信息安全基本问题委员会两次建言及文化安全专门委员会报告，奠定了日本网络安全战略的基础；两次信息安全基本计划确立了日本"打造信息安全先进国家"的基本理念，并勾勒出了日本网络安全战略实践过程中的基本架构；《守护国民的信息安全战略》进一步揭示了日本网络安全战略的相关理念、机制与应对模式；《网络安全战略》是日本第一部以"网络安全"来命名的网络安全相关统合性政策方针，为日本网络安全战略体制机制的进一步改革提供了基础性框架。

一、信息安全基本问题委员会两次建言及安全文化专门委员会报告

2004 年 7 月 27 日，为了应对作为信息技术社会基础的信息安全相关问题，同时为了制定国家层次的相关战略并采取相关措施，IT 统合战略本部在信息安全专门调查会下设置了信息安全基本问题委员会。该委员会共 6 人，委员长为日本电气株式会社社长金杉明信。信息安全基本问题委员会精炼、短时、高效，历时10 个月，共召开 5 次会议、提出两份建言性报告，奠定了当代日本网络安全战略的基础。[①]

2004 年 11 月 16 日，信息安全基本问题委员会发布《第一次建言——重新审视政府在应对信息安全问题时的机能与作用》。[②]该报告分为三大部分。第一部分，首先明示了日本政府在应对信息安全问题时的基本态度，并表露了 9 点共识：确保信息领域内所有要素的安全性能、将信息安全的相关设计由"后配型"改为"固有型"、及时应对信息领域的变化和发展、引入"失效保护"的概念、确保合法性和透明性及对人权的保障、创造可持续发展的结构机制、集思广益、持有责任分担的意识、根据影响力设置改革优先度。其次，第一部分还揭示了日本对信息安全相关问题的定位，指出：信息安全是国家安全保障的一项重要内涵，要从

---

① 内閣官房情報セキュリティセンター：『情報セキュリティ基本問題委員会の概要』、http：//www. nisc. go. jp/conference/kihon/index. html。

② 情報セキュリティ基本問題委員会：『第 1 次提言』、http：//www. nisc. go. jp/conference/kihon/teigen/pdf。

危机管理的框架内应对信息安全相关问题。在此基础上，第一部分明确了日本当代网络安全战略的基本框架，包括一个总体目标和三项内涵。其中，总体目标是指：确立信息安全相关宏观设计、采取实效性对策和措施，构筑信息安全政策相关的完整体制；三项内涵分别为：政府自身的信息安全对策、重要基础设施相关信息安全对策、企业与个人相关信息安全对策。第一次建言主要针对总体目标和三项内涵进行了规划设计，即：第一，讨论政府所有相关机制在制定宏观战略、实施有效对策方面是否完善；第二，讨论政府各省厅机构的信息安全对策是否有效。第二部分则主要论述了上述两大问题的现状及对于解决现实问题的建议，指出：为了推进政府信息安全政策的统筹执行，应充实制定和执行信息安全相关基本战略的机能、促进信息安全相关的研究开发和技术开发；为了提高政府省厅机构的应对机能，应制定统一的安全基准并对各省厅进行对策性指导、促使相关部门强化对信息安全事故的处理能力、在各省厅职员中培育信息安全相关人才。第三部分作为具体的行动计划，建议设立"信息安全政策会议"与"国家信息安全中心"，并就两者的机能、结构及相互关系进行了说明。

2005 年 4 月 22 日，信息安全基本问题委员会发布《第二次建言——强化我国重要基础设施相关信息安全对策》。① 报告对包括通信、金融、航空、铁路、电力、燃气、行政服务等行业在内的重要基础设施领域相关的信息安全对策进行了讨论和建议，明确了政府及相关事业者在确保相关信息安全中的责任。2005 年 5 月 30 日，伴随着信息安全政策会议的诞生，信息安全基本问题委员会被废止，而其后续工作则交由信息安全政策会议下设的安全

---

① 情報セキュリティ基本問題委員会：『第 2 次提言』、http：//www. nisc. go. jp/conference/kihon/teigen/pdf/2teigen_hontai. pdf。

文化专门委员会执行。2005 年 11 月 17 日，安全文化专门委员会发布《报告书——强化企业与个人相关信息安全对策》。① 该报告在论述企业与个人信息安全对策相关背景与发展趋势的基础上，针对现实问题提出了解决问题的若干建议。

依据上述三个文件，日本政府相继成立了内阁官房信息安全中心和信息安全政策会议，并对相关省厅机构的信息安全对策进行了强化与改革。由此，日本当代网络安全战略纵向与横向的基本架构被设计完成。

二、第一次、第二次信息安全基本计划

2006 年 2 月 2 日，信息安全政策会议公布了《第一次信息安全基本计划》。② 该计划设定时间为 3 年，以官民合作为施政核心，首次明确了信息安全的基本理念，并就政府机关、重要基础设施、企业、个人的责任与相互间合作进行了规划设计。该计划共包含 4 章内容，分别为：第一章"基本理念"；第二章"构筑新型官民合作模式及各主体的作用与相互间合作"；第三章"今后三年的施政重点——构筑新型官民合作模式"；第四章"政策推进体制与连续改善型结构"。该计划第一章首先列举了日本当前的三大目标，即：利用信息技术实现经济大国的可持续发展、利用信息技术实现国民更高的生活水平、利用信息技术确保国家安全保障；然后明确了信息安全在上述三大目标中的定位，并确立了"安全立国""打造信息安全先进国家"的基本理念；最后，在此基础上总结了日本在应对信息安全问题上的四项基本方针：

① セキュリティ文化専門委員会：『報告書』、http：//www. nisc. go. jp/conference/sei-saku/bunka/common/pdf/bunka_rep. pdf。

② 情報セキュリティ政策会議：『第 1 次情報セキュリティ基本計画』、http：//www. nisc. go. jp/active/kihon/pdf/bpc01_ts. pdf。

统一官民各主体关于信息安全对策的相关认识，研究、开发、引进相关先进技术，强化公共部门的应对机能，推进官民各主体间的互助与合作。该计划第二章分两节内容明确了"构筑新型官民合作模式"过程中各主体的作用与相互间合作。首先，计划明确了作为参与主体的政府机关、重要基础设施、企业、个人在保护信息安全方面的责任、义务与注意事项；其次，计划明确了作为施政主体的政府机关、教育和研究机关、信息相关产业者和信息相关非盈利组织、新闻媒体在促进解决信息安全问题方面的责任、义务与分工。第三章详细列举了日本今后三年在信息安全领域的施政重点，主要包括：推进信息安全技术战略的实施、确保信息安全人才的培育、强化信息安全方面的国际合作、打击网络犯罪与保护国民相关利益。第四章则就改善相关体制结构提出了具体意见：强化内阁官房信息安全中心的机能、强化政府各省厅相关机能、每年制定"信息安全年度计划"并对实施效果进行评价、确立信息安全评价的相关指标、每三年修订一次基本计划。

根据这一基本计划，日本分别于 2006 年 6 月 15 日、2007 年 6 月 14 日、2008 年 6 月 19 日公布了信息安全年度计划《安全的日本（2006 年、2007 年、2008 年）》，并于 2009 年 2 月 3 日公布了《第二次信息安全基本计划》。① 第二次计划共包含四章内容：第一章"第一次信息安全基本计划下的应对及 2009 年情况"、第二章"第二次信息安全基本计划的基本思考与 2012 年预测"、第三章"今后三年的施政重点"、第四章"政策推进体制与连续改善型结构"。计划的第一章对第一次计划的实施效果进行了评估，并对当前（2009 年）日本网络安全战略的基本态势进行了总结与梳理。第二章明确指出第二次计划将从"持续推进对新型课题的

---

① 情報セキュリティ政策会議：『第 2 次情報セキュリティ基本計画』、http://www. nisc. go. jp/active/kihon/pdf/bpc02_ts. pdf。

具体应对”“强化预防机能”“实现最适化管理”三个方面延续和发展第一次计划，并从“打造能够安心使用信息技术的社会环境”“促进'安全立国'思想的宣传”“提高参与主体信息安全意识”“明确施政领域”等四个角度揭示了第二次计划的基本思考，同时还对 2012 年的信息安全形势进行了预测和任务部署。第三章从“提高对策实施四领域的应对能力”与“构建横向信息安全基础”两个方面详细进行了重点任务部署。第四章则再次明确了每年公布信息安全年度计划并对该年度相关情况进行总结与评价的机制。在此机制下，日本于 2009 年 6 月 22 日公布了年度计划《安全的日本（2009）》。

由此可见，在日本当代网络安全战略基本架构整备完成的基础上，信息安全政策会议公布了第一次和第二次信息安全基本计划。两次基本计划建立了官民合作模式的基本构想，并以政府机构、重要基础设施、企业、个人等 4 个相关领域为依托，勾勒出了日本网络安全战略的实施脉络。

三、守护国民的信息安全战略

2010 年 5 月 11 日，信息安全政策会议公布了《守护国民的信息安全战略》。① 作为信息安全政策相关的统合性文件，该报告首次在标题中使用了“战略”一词，由此标志着日本对信息安全问题重视程度的再次提升。此外，正如该报告前言中指出的那样：“《第二次信息安全基本计划》公布后，美韩等国相继发生了大规模网络攻击事件及大规模个人信息泄露事件；尤其是大规模网络攻击事件的发生，为经济活动与社会生活高度依存于信息通

---

① 情報セキュリティ政策会議：『国民を守る情報セキュリティ戦略』、http://www.nisc.go.jp/active/kihon/pdf/senryaku.pdf。

信技术的日本敲响了警钟。在此背景下，日本当前的应对体制已经不能适应信息安全风险的多样化、高度化、复杂化趋势，而且，美国近期也通过设置网络安全协议官等措施对其网络安全问题的应对进行了改革。为了切实应对信息安全环境的变化，日本今后将在《第二次信息安全基本计划》所确立的官民各主体共同应对的体制机制的基础上，对政府的应对措施进行改革。尤其是要通过强化防护与国民经济社会生活息息相关的重要基础设施，来消除信息通信方面的风险；同时要继续从安全保证与危机管理的角度推进体制机制的改革。本战略实施时间包含《第二次信息安全基本计划》的规划时间，历时 4 年（2009—2013 年度），同时在该战略实施时间段内，每年定期公布相关年度计划。"

《守护国民的信息安全战略》主要包括三部分内容。第一分部重新审视了日本在信息安全领域的基本思考，包括"基本方针""背景""重点举措"三节内容。第一部分指出，日本在信息安全相关体制机制改革中的基本方针为"以网络攻击的发生为预防重点，针对性强化应对机制""应对新型环境变化，确立信息安全政策""摒弃被动的信息安全对策，实施主动的信息安全对策"。随后，第一部分分析了改革的背景，即：大规模网络攻击事件等安全威胁不断增大，社会经济活动对信息通信技术依存度不断提高，新型技术革新以及全球化等带来的新型环境变化；第一部分最后明确了 5 项重点举措："克服 IT 风险，实现安全、安心的国民生活""强化网络空间的安全保障与危机管理相关政策，确保作为社会经济活动基础的信息技术安全""重视保护国民与使用者的信息安全""确立服务于经济成长战略的信息安全政策""强化国际合作"。第二部分列举了相关战略目标，指出："截至 2020 年，日本要克服互联网与信息系统等信息通信技术方面的脆弱性问题，构筑起所有国民都能安心使用的信息通信环境，成为世界上最先进的'信息安全国家'。"第三部分分别从"整备应对大规模网络攻击事件的态势"与"强化应对新型环境变化的信息安全政策"两个方面规定了日本在维护信息安全方面的具体举措。在该战略的基础上，日本分别于 2010 年 7 月 22 日、2011 年 7 月 8 日、2012 年 7 月 4 日公布了年度计划《信息安全（2010 年、2011 年、2012 年)》。

由此可见，《守护国民的信息安全战略》是对两次信息安全基本计划所确立体制的补充和改进，此次战略的出台昭示了日本对网络安全的重视程度不断加大，并着重突出了对网络攻击事态的应对以及对新型网络安全环境变化的应对。该战略中揭示的理念、机制与应对模式与以往相比都有了明显不同，并为 2013 年《网络安全战略》的出台在概念解析、机制创新等方面提供了理论与实践基础。

四、网络安全战略

2013 年 6 月 10 日，信息安全政策会议公布了《网络安全战略》。① 这是日本首次在相关统合性文件的标题中使用"网络安全"这一词汇。该文件效仿美国、欧洲等在网络安全领域处于先进地位的国家，提出了"网络空间"等一系列核心概念，并对 2010 年《守护国民的信息安全战略》所搭建的体制机制重新进行了审视与改革。该报告在前言中指出："信息安全政策会议成立八年来，相继出台了《第一次信息安全基本计划》《第二次信息安全基本计划》《守护国民的信息安全战略》等网络安全战略相关政策方针，并在确保信息自由流通

---

① 情報セキュリティ政策会議：『サイバーセキュリティ戦略』、http: // www. nisc. go. jp/active/kihon/pdf/cyber-security-senryaku-set. pdf。

与应对网络风险之间取得了合理的平衡，提高了日本的信息安全水平。然而，信息安全环境急速变化，社会经济生活的任何方面都与信息安全紧密相关。信息安全已成为国民安定生活、经济稳定发展的直接关联课题。日本一直致力于成为世界最先进的 IT 国家，因此必须确保与之相应的安全网络空间。今后应在继续确保信息安全的基础上，进一步推进对网络空间安全的维护。故将此次战略文件定名为'网络安全战略'。"可见，正如第一章所述，日本并没有对信息安全与网络安全的概念进行过清晰的界定，其之前公布文件所使用的"信息安全"与该文件使用的"网络安全"同义。

《网络安全战略》共分为四部分内容，分别为网络安全环境的变化、基本方针、施政领域、推进体制。第一部分首先指出了"网络空间正与实体空间不断融合，并朝着一体化方向发展，同时，网络空间中存在的风险在不断加大"这一背景；其次梳理了日本在《第一次信息安全基本计划》《第二次信息安全基本计划》《守护国民的信息安全战略》等网络安全战略相关政策方针下构筑的体制机制，并指明日本当前的体制机制已经不能应对网络安全环境的变化；随后介绍了美国、英国、法国、德国、韩国等国家对当前网络安全问题的应对态势。第二部分揭示了日本在今后应对网络安全问题的基本思考：确保信息自由流通；针对不断增大的网络风险采取新型应对措施；强化对风险数据库的构筑与利用；促进官、公、学、产、民之间的互助。第三部分从"构筑强韧的网络空间""构筑有活力的网络空间""构筑领先世界的网络空间"等三个角度分别详细列举了今后确保网络安全的具体举措，其内容涉及"网络空间的卫生""网络空间的犯罪对策""网络空间的防卫""相关技术的研究开发""人才培育""国际合作"

等多个项目。第四部分就推进体制与评价机制的改革做了详细部署，包括"在 2015 年度内将内阁官方信息安全中心改组为网络安全中心""每年公布年度计划"等内容。随后，日本分别于 2013 年 6 月 27 日和 2014 年 7 月 10 日公布了《网络安全（2013 年、2014 年）》年度报告。从年度报告名称的改变也可以看出日本今后将逐渐用"网络安全"来取代"信息安全"。

《网络安全战略》是日本第一部以"网络安全"来命名的网络安全相关统合性政策方针。该战略文件为日本网络安全战略体制机制的改革提供了基础性参考，日本今后将更加重视对"网络空间"安全的维护；与此同时，日本网络安全战略中的相关概念也将进一步得到明确。

第四节 日本网络安全战略的实践内容

日本相关机构在网络安全战略相关政策方针的指导下，采取了一系列构筑网络安全的措施。其实践内容主要包括技术开发、人才培育、官民合作、国际合作等四个方面。

一、网络安全与技术开发

2005 年 7 月 14 日，日本信息安全政策会议正式决定成立技术战略专门委员会，以专门处理网络安全战略中技术开发及其相关成果利用的事务，并制定相关政策文件。截至 2014 年 12 月 1 日，技术战略专门委员会共召开 25 次会议，制定了多份网络安全技术开发方面的战略文件，并对总务省、经济产业省、信息通信研究机构、产业技术统合研究所等专门从事网络安全相关技术开发的职能部门进行了统一部署和工作指导。2012 年 6 月，技术战略专门委员会出台《信息安全研究开发规划图》①，将日本当前进行的网络安全技术开发工作总结归纳为 12 个重点领域 33 个项目，并制定了相关改进措施及具体目标。目前，日本网络安全相关技术开发的 12 个重点领域为：融合现实世界与计算机虚拟世界的新时代网络相关信息安全基础技术；由上而下自动保证系统安全设定的相关技术；针对故障可以自动恢复的计算机网络构筑技术；统合 ID 管理和生体信息的系统设计构筑技术；基于攻击者行动分析的预防基础技术；大规模网络中的广域观测技术与恶意软件行动分析技术的统合；促进个人信息利用的个人信息控制技术；支援刑事侦破等行动的数据管理、追踪技术；从理论到实践的 IT 风险体系化；信息安全研究的基础体系化；保证安全硬件正确安装的产品评价认证技术；具备信息理论安全性的密码技术。

　　具体而言，日本总务省主要负责预防、应对网络攻击相关技术以及云存储相关安全技术的研究开发工作。2011 年度，总务省共花费 11.9 亿日元用于国内外网络攻击信息的分析以及网络攻击预防技术的确立；此外，该年度总务省还花费了 6.8 亿日元用于对隐私保护型处理技术、安全层次可视化技术、安全后备技术、认证基础技术、隐密型生体认证技术的研究开发。② 日本经济产业省则主要从事于以维护重要基础设施的控制系统为目的的网络安全验证技术的研究开发。其任务重点主要包括三个方面：云计算相关安全对策技术；信息家电、职能电网等非计算机末端相关安全对策技术；登录控制技术。③ 此外，信息通信研究机构、产业技术统合

　　① 技術戦略専門委員会：『情報セキュリティ研究開発ロードマップ』、http://www.nisc.go.jp/conference/seisaku/strategy/dai21/pdf/21shiryou02.pdf。

　　② 情報セキュリティ政策会議：『総務省資料』、http://www.nisc.go.jp/conference/seisaku/strategy/dai20/pdf/20shiryou0201.pdf。

　　③ 情報セキュリティ政策会議：『経済産業省資料』、http://www.nisc.go.jp/conference/seisaku/strategy/dai20/pdf/20shiryou0202.pdf。

研究所等机构在网络安全技术方面都取得了一定的成绩。

2014 年 7 月 10 日，日本信息安全政策会议制定了《信息安全研究开发战略（修正版）》。① 其中总结概括了日本网络安全技术开发的 5 个趋势：（1）提高对网络攻击的觉察、防御能力；（2）强化社会系统防护领域的安全技术；（3）开发研究 IT 产业新型领域方面的安全技术；（4）维护信息安全方面的核心技术；（5）强化国际合作领域中的研究开发。总之，日本相关机构正投入大量人力、物力、财力致力于网络安全技术的研究开发，并在觉察和预防网络攻击、ID 认证和登录控制、智能手机和云存储等 IT 产业服务、新时代网络安全、控制系统安全、安全设计、软件安全性能验证、隐私保护、个人信息灵活利用、数据管理和追踪技术、行业标准制定、信息安全理论体系化、密码技术等重点领域取得了一定的成果。

从 2017 年度开始，日本政府致力于推进基础设施防范网络攻击设备的国产化。此前，防范黑客盗取或者篡改电脑内储存信息的设备主要来自以美国为主的海外电脑网络系统公司。在全日本范围内使用的防范系统中，日本企业开发的产品不足 10%。有基础设施行业人士指出，如果完全依赖外国产品，一旦遭受严重的网络攻击，应对速度跟不上，有可能导致大面积受害。他们要求国内企业进行研发的呼声很高。为此，作为"战略创新创造项目"的一环，政府决定在 2017 年度预算中纳入超过 25.5 亿日元（约合 2162 万美元）的经费用于助推民间企业的研发工作。具体包括，促进在开发基础设施网络防御系统方面经验丰富的大企业之间的合作，针对输电网、铁路运行控制系统等方面防范网络攻击开展专项技术研发。日立制作所将承担早期探知攻击并进行分

---

① 情报セキュリティ政策会議：『情报セキュリティ研究開発戦略（改定版）』、http：//www. nisc. go. jp/active/kihon/pdf/kenkyu2014. pdf。

析的技术研发，防范机密情报外泄方面则由松下公司负责，日本电报电话公司将就如何防范来自外部的非法操作进行研究。各大企业除了加强系统维护和售后服务外，还将强化在紧急时刻保持联络的态势。[①]

二、网络安全与人才培育

注重人才培育工作，一直是日本各个领域的共同特点，网络安全战略方面也不例外。2011年7月8日，信息安全政策会议决定成立"普及启发·人才培育专门委员会"。截至2014年12月1日，该委员会共召开十一次会议，对总务省、文部科学省、经济产业省等机构的网络安全相关人才培育工作进行了详细的战略部署和任务规划。

总务省主要通过组织"网络攻击防御演习"（CYDER）来践行网络安全人才的培育工作。该演习作为"网络攻击解析·防御实践演习"的重要一环，在2013年度共实施了10次，法务省、防卫省以及独立行政法人和民间团体等共计33个机构292人进行了参与。该演习通过角色扮演让参与者结合实践操作，感受网络攻击应对过程中的体会和经验；与此同时，参与人也肩负着将相关网络安全知识与感受传播开来的义务。文部科学省主要负责对中小学生及大学生进行网络安全教育方面的指导工作。2013年，文部科学省共投入5.4亿日元通过与相关大学、企业以及学术团体合作，对大学中网络安全相关专业的人才培育事业进行了援助与支持。[②] 经济产业省主要负责组织"信息处理技术者考试"，并

---

① 《日力推网络防御系统国产化》，《参考消息》2017年1月5日。

② 普及啓発·人材育成専門委員会：『文部科学省説明資料』、http://www.nisc.go.jp/conference/seisaku/jinzai/dai11/pdf/shiryou020402.pdf。

通过这一考试制度来提高日本全体国民的信息安全相关知识及 IT 读写能力；此外还致力于推进信息安全人才的发掘、培育与利用工作。另一方面，经济产业省自 2004 年开始组织"安全·野营训练"活动，免费对 22 岁以下的 400 余名学生进行网络安全相关知识与技能的培训。值得一提的是，从 2000 年开始，经济产业省还设立专项资金用于发掘和培育顶级 IT 人才的工作，截至 2014 年年底，该项目共培育约 1600 人。①

目前，日本相关机构主要在 6 个方面从事着网络安全人才培育的相关工作。第一，致力于企业经营者与业务工作者的相关意识改革。日本政府主要通过举办面向企业经营者的研讨会等形式，增进经营者对信息安全重要意义的理解，并通过强化业务工作者对信息安全与事业风险相关性的意识，来协助提高中小企业维护信息安全的能力和水平。第二，强化系统工程师、网络工程师及程序员等相关人员的网络安全技能。据日本信息安全政策会议统计资料显示：目前，日本缺乏高质量网络安全人才约 16 万人，而每年大学等高等教育机构培养出的信息安全专业人才仅为 1000 人。② 因此，日本主要通过组织相关资格考试、开发相关培训教材、提供参加相关教育与训练的机会等措施，促进各行各业的网络安全相关工作人员提高自身技能。第三，发掘、培育高度专门性人才及具有突出能力的人才。日本主要通过强化高等教育相关能力及完善发掘培育尖端人才的相关机制，来对部分能力突出的网络安全人才进行重点关注。第四，培育全球化水平的网络安全人才。为了应对具有全球化性质的网络攻击，日本致力于培

---

① 普及啓発・人材育成専門委員会：『経済産業省説明資料』、http://www.nisc.go.jp/conference/seisaku/jinzai/dai11/pdf/shiryou0205.pdf。

② 情報セキュリティ政策会議：『新・情報セキュリティ人材育成プログラム』、第 16 頁。

养外语能力优秀、具备应对全球网络攻击能力、能够在国际相关会议上进行顺畅交流、在相关专业领域具备尖端知识与技能的全球化水平网络安全人才。为此，日本政府大力协助大学等教育机构对国际最新动向进行关注，以及与国内外大学、企业间进行合作；同时，还积极促进日本相关机构同美国国际标准技术研究所、韩国互联网振兴院等国外尖端机构进行信息交换与业务合作。第五，确保政府机构内网络安全人才的培育。政府机构作为全国网络安全相关工作的统筹、管理、监督、指导机构，必然对相关人才有着迫切的需求。日本主要通过录用、培育能够应对网络风险的职员，启发政府全体职员的网络安全意识，组织实施相关研修与训练，突出培育重要基础设施相关事业中的网络安全人才等手段，来确保政府相关工作的顺利开展。第六，充实教育机关中信息通信技术方面的教育工作。目前，日本主要通过确保初等、中等教育阶段信息通信技术的普及，强化高等教育阶段提高实践能力方面的演习，培育信息安全相关教员等措施充实网络安全相关的教育工作。

三、网络安全与官民合作

2010 年 12 月 27 日，日本政府根据《守护国民的信息安全战略》的规定，成立了新的信息安全对策推进会议（亦称各省厅信息安全最高责任人联络会议），该会议议长为内阁官房副长官，成员为各省厅官房长，用以审议各省厅信息安全报告书，并协调商讨各省厅相关制度措施及任务分工。在协调统一政府各机构网络安全行动与策略的基础上，信息安全对策推进会议于 2011 年 10 月 14 日成立了"强化官民合作分科会"，同"普及启发·人才培育专门委员会"一道，致力于政府机构与民间企业在维护网络安全方面的合作。该分科会主要就以下四个方面进行研讨：（1）政府应该采取的措施，尤其是政府在协调工作中对作为协调对象的企业所进行的信息安全相关要求；（2）政府与企业间的联络、合作方式；（3）政府在产业界进行相关应对时所应提供的协作与信息；（4）企业中安全意识的普及和安全企业内部体质的培育。①

日本在维护网络安全方面建立官民合作体制的主要目的，在于应对目标型网络攻击。目标型网络攻击是指：以特定机构为攻击目标，针对目标的特性及其所用网络技术特性采取多种手段，从而达到窃取机构内情报、破坏机构业务等目的；此外，为了实现攻击目标，攻击者可能对多个目标发起一系列攻击以确保攻击效果。② 该种攻击类型也是当前世界各国在维护网络安全中主要应对的内容。为此，日本政府要求各省厅、企业、重要基础设施产业等机构，均应建立各自的信息安全紧急应对小组（CSIRT），并通过强化各小组间的情报交流、业务合作等方式，完善网络安全战略中的官民合作相关体制机制。在此基础上，日本以 CSIRT 机制为核心，在官民合作方面，主要开展了以下实践活动。（1）确保企业在缔结涉及到国家安全重要情报的合同时严格遵守信息安全方面的相关规定；（2）强化企业 CSIRT 同日本计算机应急处理队协调中心（JPCERT/CC）、信息安全事业者合作中心、信息处理推进机构、内阁官房信息安全中心等 CSIRT 横向组织间的合作与情报交换；（3）完善警察厅网络情报共有机构、经济产业省网络情报共有小组、总务省通信情报官民协议会同 NISC 情报共有网之间的信息合作与交流；（4）召开官民研讨会就各机构

① 情報セキュリティ対策推進会議：『官民連携の強化のための分科会の設置』、http：//www. nisc. go. jp/conference/suishin/ciso/dai3/pdf/1. pdf。

② 情報セキュリティ対策推進会議：『情報セキュリティ対策に関する官民連携のあり方について』、http：//www. nisc. go. jp/conference/suishin/ciso/dai4/pdf/1 - 1. pdf。

CSIRT 整备、信息安全人才培育、目标型攻击应对等进行意见交流；等等。

2014 年 12 月 8 日，内阁官房信息安全中心举办了第九届"重要基础设施领域横向演习"。此次演习为历届规模之最，参与机构涉及信息通信、金融、航空、铁路、电力、天然气、政府和行政服务、医疗、自来水、物流、化学、信贷、石油等 13 个重要基础设施的相关业者；日本政府机关中的金融厅、厚生劳动省、总务省、经济产业省、国土交通省也都派出相关人员进行了参与，总计有 90 个机构的 270 名人员参加了此次 IT 故障应对演习。通过此次演习，日本政府与企业共同应对网络安全问题的机制得到进一步加强，并有效解决了重要基础设施相关企业维护网络安全、确保经营利益的部分问题。此系列演习自 2006 年举办以来，作为日本网络安全战略中官民合作的具体体现，切实发挥了保障日本重要基础设施的作用。

四、网络安全与国际合作

伴随着日本网络安全战略的日臻成熟与完善，其相关国际合作也变得日益活跃起来。2013 年 10 月 2 日，日本出台了《网络安全国际合作方针》，其中明确了日本在网络安全领域开展国际合作的四项基本原则：（1）确保信息自由流通；（2）以新型方式应对日益严峻的网络安全风险；（3）强化风险数据库的应对机能；（4）构筑基于国际社会责任的各国互助体制。[①]

日本在参与网络安全国际合作方面，积累了丰富的经验。首先，日本积极致力于构建网络攻击事件的全球动态应对体制。在

---

① 情報セキュリティ政策会議：『サイバーセキュリティ国際連携取組方針』，http://www.nisc.go.jp/active/kihon/pdf/InternationalStrategyonCybersecurityCooperation_j.pdf。

应对网络攻击时，为了能够迅速解析病毒特性及 IP 地址等信息，日本通过多种渠道加强了同各国相关机构间的情报交流，并努力构建网络安全应对领域中的情报共享体制。而且，在打击网络犯罪方面，日本也通过向联合国相关机构及各国搜查机关派驻办案人员强化了国际合作体制。其次，日本积极致力于构筑应对网络安全问题的国际合作基础能力。在协助组建国际净化活动的同时，日本还通过举办网络安全国际意识启发活动等来培养技术人才，并强化了国际合作中的研究开发活动。再次，日本积极致力于网络安全相关国际规则的制定。2013 年，日本成立了控制系统安全中心（CSSC），并以此为基点，积极参与控制系统安全认证、评价相关国际标准的制定等。

此外，日本在国际合作方面，积极开展了双边、多边协商机制。2006 年，日本防卫省同美国防卫省缔结了《信息保障与计算机网络防御相关合作备忘录》，双方一致同意就今后共同应对网络攻击及制定 IT 政策时进行紧密合作，并定期举行应对网络攻击的演习。2010 年 11 月，日美两国召开了第一届"互联网经济相关政策合作对话"，并于 2014 年 3 月召开了第五届对话会议，日方总务省、外务省、经济产业省、内阁官方信息安全中心、IT 统合战略室、消费者厅等机构进行了参加。另一方面，2013 年 5 月和 2014 年 4 月，日美两国分别召开了第一、二届"日美网络对话"，就应对网络犯罪、保护重要基础设施等相关领域进行了意见交换。① 与此同时，日本于 2012 年 6 月同英国召开了"日英网络协议会"；2012 年 11 月，同印度召开了"日印网络协议会"。在多边机制领域，自 2009 年以来，截至 2014 年底，日本与东盟共召开了 7 届"日·ASEAN 信息安全政策会议"，就应对网络攻

① 外務省：『第 2 回日米サイバー対話の開催』、http：//www. mofa. go. jp/mofaj/press/release/press4_000833. html。

击、强化人才培育、保护重要基础设施等领域的合作达成了一致。① 此外，伴随着日本企业在东盟的不断拓展，为了协助东盟地区国家构筑良好的网络安全环境，日本和东盟还于2014年4月举办了"日·ASEAN 信息安全意识启发研讨会"。另外，2013年12月，日本同欧盟召开了第二届"日 EU·ICT 安全研究会"，就互联网安全相关的最新政策动向进行了意见交换，同时积极听取了日欧产业界的相关意见。2014年10月21日，中日韩三国召开了首届"网络安全事务磋商机制会议"，三方各自就网络安全政策和相关机制架构进行了介绍，探讨了建立网络安全负责任国家行为规范、打击网络犯罪和网络恐怖主义、构筑互联网应急响应合作机制等问题。

第五节 日本网络安全战略的特点与启示

综上所述，日本已具有相当成熟的网络安全战略，其实践内容也囊括了诸多领域。日本网络安全战略主要具有"体制机制完善""法律体系健全""宣传教育积极""社会参与全面"的特点，并给中国网络安全战略的构筑与完善提供了一定的参考价值。

一、日本网络安全战略的特点

日本的网络安全战略发端于20世纪末，当时，个别相关部门只是为了应对通信技术的安全与发展等问题，采取了一些措施。伴随着网络技术的发展以及网络犯罪全球化、高端化等趋势的出

---

① 内閣官房情報セキュリティセンター：『第7回日・ASEAN 情報セキュリティ政策会議の結果』、http：//www.nisc.go.jp/press/pdf/aseanj_meeting20141008.pdf。

现，日本的网络安全战略也逐步成形，并在体制机制建设、法律体系构筑、宣传教育、社会共享等方面表现出如下特点。

第一，体制机制完善。目前为止，日本网络安全战略相关横向与纵向体制机制建设已趋完善。首先，在中央统筹层面上，日本于 2005 年 5 月设置了信息安全政策会议，负责统筹制定网络安全战略相关方针政策，协调各省厅、企业团体、个人在维护网络安全中的行动与措施；作为信息安全政策会议的事务部门，日本内阁官房设置有内阁官房信息安全中心，负责相关事务的具体执行与操作。根据 2014 年 11 月通过的《网络安全基本法》，日本将于 2015 年度内，将信息安全政策会议改组为"网络安全战略本部"，将内阁官房信息安全中心改组为"内阁网络安全中心"。届时，"网络安全战略本部"将与"内阁网络安全中心"一起，发挥着日本网络安全战略中中央统筹机构的机能。其次，日本总务省、经济产业省、外务省、防卫省、警察厅等 5 个相关核心部门都设置有专门机构来负责日本网络安全战略的具体实践。总务省信息流通行政局信息流通振兴课信息安全对策室主要负责日本网络安全战略中有关通信技术与网络政策的事务；经济产业省商务信息政策局信息政策课与信息处理振兴课主要负责日本网络安全战略中信息政策的事务；外务省网络政策担当大使办公室主要负责日本网络安全战略中国际合作的事务；防卫省指挥通信系统队主要负责日本网络安全战略中国家安全保障方面的工作；警察厅信息通信局信息技术解析课主要负责日本网络安全战略中打击网络犯罪的事务。再次，信息通信研究机构（INCT）、信息处理推进机构（IPA）、日本信息经济社会推进协会（JIPDEC）、日本网络信息中心（JPNIC）、日本网络安全协会（JNSA）、日本计算机应急处理队协调中心（JPCERT/CC）等法人机构，也在日本网络安全战略中发挥着沟通企业和民众、培育相关人才、组织网络安全演习、协助制定专业技术标准、组织实施相关考试等重要机能。如此一来，日本建立了顺畅、高效、完善的网络安全战略相关体制机制。

第二，法律体系健全。为了维护良好的网络安全环境，确保企业和团体及国民的"知识产权""著作权""公众送信权""财产权""隐私权"等合法权益，有效打击"计算机欺诈罪""信息业务妨碍罪""名誉损毁罪""网络威胁罪""不当入侵网络系统罪"等各种罪行，日本相继制定并通过了一系列法律。1999年8月13日，日本公布了《不当登录行为禁止法》，并伴随着网络安全环境的变化进行了数次修正，其中明确规定了通过电气通信途径对计算机进行犯罪的种类及相应处罚措施，有效维护了电气通信等网络空间的良好秩序。2002年4月17日，日本公布了《特定电子信息送信规正法》，明令禁止了网络环境中不正规的广告宣传信息。2003年6月3日，日本公布了《约会网站规制法》，严厉打击了日本社会中此前出现的利用约会网站组织儿童卖淫等不法行为，同时也规制了约会网站的相关业务及组织形式。2005年4月15日，日本公布了《手机不当利用防止法》，其中严格规定了手机与本人身份进行绑定的制度，并严令禁止了所有不能进行身份绑定的行为，如此，日本在查处手机诈骗犯罪、维护手机终端网络安全等方面构筑了良好的法制基础。2008年6月18日，日本公布了《青少年网络规制法》，严格限制了网络中对青少年造成不良影响的有害信息，为青少年能够安全、安心使用手机网络与计算机网络等提供了可靠的法制保障。此外，日本还制定并通过了《著作权法》《儿童色情规制法》《文化产业内容健全化法》《不当竞争防止法》《互联网接入商责任限度法》等法律，健全了其网络安全相关的法律体系。如此一来，通过网络安全相关法制建设，日本有力维护了其网络安全的良好环境。

第三，宣传教育积极。据日本总务省调查统计：截至 2013 年底，日本使用互联网的用户已经超过 1 亿人，人口普及率达到了 82.8%，其中 13—59 岁年龄段的使用人口比率超过 90%。[①] 为了确保全体国民能够安全、安心使用互联网，切实维护好企业、团体、个人的财产安全、隐私安全等网络安全相关权益，日本政府开展了积极的宣传教育活动。自 2009 年开始，日本每年都实施了"信息安全月"活动，集中对全体国民进行网络安全知识的教育与普及。此外，日本相关机构还定期举办"网络安全日""网络训练日"等活动；与此同时，自 2012 年以来，日本每年 10 月份还定期举办"信息安全国际宣传活动"，并通过召开国际研讨会等方式同欧美等国家共同商讨网络安全知识的普及教育。另一方面，日本各机构还通过开设专门性网站来推动网络安全相关宣传教育的开展。内阁官房信息安全中心开设有"守护国民的信息安全网站"，总务省开设有"为了国民的信息安全网站"，独立行政法人信息处理推进机构（IPA）开设有"从这里掌握安全"等专门性网站。通过上述网站，网络用户可以免费浏览其中的网络安全知识及电子教材，从而学习到免于被攻击的技巧与操作方法；还能够在网站上进行维权投诉。

第四，社会参与全面。日本政府、企业团体、个人等社会元素在网络安全的构筑方面进行了广泛的参与。日本相关机构在实践网络安全战略的过程中，为社会全体人员提供了广泛的参与空间。首先，日本政府、重要基础设施产业、中小企业等都建立有各自的信息安全紧急应对小组（CSIRT），且各应对小组相互间都存在着紧密的横向、纵向联系，从而提高了日本整体应对网络安全问题的协调性与效果。其次，日本政府每年定期组织囊括社会

---

① 情报セキュリティ政策会議：『新・情报セキュリティ普及啓発プログラム』、ht-tp：//www. nisc. go. jp/conference/seisaku/jinzai/dai11/pdf/shiryou0101. pdf。

全体的网络安全演习、网络安全宣传教育等活动，从而极大地保证了社会参与的广泛性。再次，日本针对不同年龄段人群的特点，制定了全面参与的体制机制。针对在校中小学、大学学生，各学校在相关机构的协助下，提供了丰富的网络安全相关教育与实践的机会；针对企业经营者、员工等人群，日本相关机构通过召开讲习会等方式来提高其参与度；针对接触网络较少或对网络安全关心度不高的人群，日本相关机构也采取了相应的措施。

二、日本网络安全战略的启示

2014 年 11 月 24 日至 30 日，我国举行了"首届国家网络安全宣传周"活动。本次活动由中央网络安全和信息化领导小组办公室（中央网信办）会同中央机构编制委员会办公室（中央编办）、教育部、科技部、工业和信息化部、公安部、中国人民银行、新闻出版广电总局等部门联合举办，以"共建网络安全，共享网络文明"为主题，围绕金融、电信、电子政务、电子商务等重点领域和行业网络安全问题，针对社会公众关注的热点问题，举办了网络安全体验展等系列主题宣传活动。由此可见，我国越来越重视对于网络安全的维护与管理。据国家互联网应急中心监测发现，仅 2014 年上半年，中国境内就有 625 万余台主机被黑客利用作木马或僵尸网络受控端，1.5 万个网站链接被用于传播恶意代码，2.5 万余个网站被植入后门程序，捕获移动互联网恶意程序 3.6 万余个，新出现信息系统高危漏洞 1243 个[①]。目前，我国在应对网络安全问题方面，仍需要进一步改善。日本网络安全战略的相关内容，对我国应对网络安全问题具有如下启示。

---

① 《首届国家网络安全宣传周 有哪些看点?》，http://sh.qihoo.com/kandian/kd4/1235098976736444.html。

第一，将网络安全战略提升至国家安全战略层次的高度。伴随着网络技术的发展及广泛运用，网络空间已成为继陆海空天之后的第五大重要战略领域。网络安全与国家政治、军事、经济、外交等诸多安全利益紧密相关，"网络战争"已经成为国家必须认真面对的问题。世界上，美国、日本等国家已经相继制定了完善的网络安全战略，并采取了积极的应对措施。中国在信息网络领域的起步相对较晚，且在国际竞争中存在一定的不利条件，如若不能充分重视网络安全问题，则可能在未来发展中处处受制于人，并丧失一定的历史机遇。目前，我国并没有制定出系统、全面的网络安全战略，在应对过程中也存在着统筹管理不足、顶层设计不充分等战略层次方面的漏洞。因此，我国有必要从国家核心战略的高度来重视网络安全问题、明晰网络安全对国家安全的重要意义、将网络安全问题视为关乎国计民生的长远大计、制定出全面系统的网络安全战略。

第二，确立合理完善的网络安全保障体制。日本网络安全战略的实施体系"纵横交错"，相关中央机构、省厅机构、法人机构、重要基础设施产业、中小企业、个人等在参与网络安全实践的过程中都能清晰明确地承担起各自的责任和义务。与此同时，日本网络安全战略相关行政体制、法律体制、人才培养体制等均在处于不断完善的阶段。因此，我国在对网络安全问题进行应对时，应确立合理完善的网络安全保障体制。首先，应该建立健全自上而下的立体式网络安全应对体制，确保社会各个成员都能结合自身特点承担起相关责任和义务；其次，应进一步完善法律保障体制，继续出台相关法律制度，对不正规的网络行为进行约束与管理；再次，应出台系统性政策方针，通过各种手段进一步完善网络安全相关人才的培养体制。

第三，进一步强化对网络安全知识的普及与宣传。在应对网络安全问题的实践过程中，中小企业、个人，尤其是重要基础设施产业相关从业者扮演着重要的角色。我国在网络安全战略实践的过程中，应充分调动起重要基础设施产业相关从业者、中小企业、个人等的参与热情，积极构筑起全面参与、全民受益的网络安全环境。首先，应积极组织广泛参与的网络安全演习活动，让参与者在参演过程中掌握与体验网络安全知识在日常工作、生活中的运用；其次，应进一步扩展"网络安全宣传周"的宣传内容及参与范围，在各大城市、社区、乡村等不同地区普遍举办相关宣传活动；再次，针对不同人群，开展形式多样、效果显著的宣传教育活动。

第四，提高网络技术自主研发能力。伴随着网络技术的不断发展，其对国家安全利益、综合竞争力等方面的影响越来越大。未来世界中，网络技术能力越强的国家将在网络领域、经济领域、军事领域等竞争中拥有更多的主动性和优势。目前，我国网络核心技术还对美国等网络技术发达国家具有很强的依赖性，网络硬件与网络软件在很大程度上都依赖于进口，从而导致我国在国际网络空间政治角力中处处受制于人，并导致我国经济、军事及重要基础设施产业的安全存有较大隐患。有鉴于此，我国应尽早制定出网络技术开发的专门性战略、大力度培养网络技术高端人才、积极鼓励新型技术的研究与开发、抢占网络安全技术领域的领先地位。

第五，增强网络安全领域的国际合作。鉴于网络空间的自身特点，我国有必要积极强化网络安全领域的国际合作。首先，积极参与网络安全相关国际标准及国际共识的谋划与制定，并在参与过程中树立网络安全领域相关国际形象；其次，共同打击打击国际网络犯罪行动，切实维护好国家重要基础设施、中小企业以及个人的经济财产安全及相关安全利益；再次，强化网络安全技术的交流与合作，深化同传统友好国家间的网络技术研发活动；最后，积极构筑网络安全国际合作中的人才培养体制，积极鼓励相关人员强化国际交流、建立国际化视野，在充分了解国外网络安全相关体制机制、法律制度、技术能力等内容的同时，切实维护好我国网络空间的安全。

后　　记

本书是课题组成员分工合作的成果。具体情况如下：课题组负责人徐万胜主要负责课题的框架结构设计，承担了第五章的部分撰写及其他章节的修订工作，并对整个书稿进行了审校；刘雅楠承担了第一章的撰写工作；黄冕承担了第二章的撰写工作；李京桁承担了第三章的撰写工作；张光新承担了第四章的撰写工作；栗硕承担了第五章的部分撰写工作。

因著者浅见拙识，文中不足乃至谬误在所难免，恳请学界同仁批评指正。

图书在版编目（CIP）数据

秩序构建与日本的战略应对/徐万胜，张光新，栗硕等著.
—北京：时事出版社，2018.2
ISBN 978-7-5195-0170-9

Ⅰ.①秩⋯ Ⅱ.①徐⋯②张⋯③栗⋯ Ⅲ.①国家战略—
研究—日本 Ⅳ.①D731.3

中国版本图书馆 CIP 数据核字（2018）第 000343 号

出 版 发 行：时事出版社
地　　　址：北京市海淀区万寿寺甲 2 号
邮　　　编：100081
发 行 热 线：（010）88547590　88547591
读者服务部：（010）88547595
传　　　真：（010）88547592
电 子 邮 箱：shishichubanshe@ sina. com
网　　　址：www. shishishe. com
印　　　刷：北京朝阳印刷厂有限责任公司

开本：787×1092　1/16　印张：19.25　字数：232 千字
2018 年 2 月第 1 版　2018 年 2 月第 1 次印刷
定价：98.00 元
（如有印装质量问题，请与本社发行部联系调换）